井冈山大学人文学院汉语言文学省一流专业建设丛书
丛书主编 刘晓鑫 龚奎林

插上飞翔的翅膀
——初中语文写作教程

陈冬根 欧阳伟 朱宝琴 编著

江西高校出版社

图书在版编目(CIP)数据

插上飞翔的翅膀:初中语文写作教程/陈冬根,欧阳伟,朱宝琴编著.--南昌:江西高校出版社,2022.6(2024.9重印)

(井冈山大学人文学院汉语言文学省一流专业建设丛书/刘晓鑫,龚奎林主编)

ISBN 978-7-5762-2916-5

Ⅰ.①插… Ⅱ.①陈… ②欧… ③朱… Ⅲ.①作文课—初中—教学参考资料 Ⅳ.①G634.343

中国版本图书馆 CIP 数据核字(2022)第 094286 号

出 版 发 行	江西高校出版社
社 　 　 址	江西省南昌市洪都北大道96号
总编室电话	(0791)88504319
销 售 电 话	(0791)88522516
网 　 　 址	www.juacp.com
印 　 　 刷	固安兰星球彩色印刷有限公司
经 　 　 销	全国新华书店
开 　 　 本	700mm×1000mm　1/16
印 　 　 张	18.5
字 　 　 数	284 千字
版 　 　 次	2022 年 6 月第 1 版 2024 年 9 月第 2 次印刷
书 　 　 号	ISBN 978-7-5762-2916-5
定 　 　 价	58.00 元

赣版权登字 -07-2022-670

版权所有　侵权必究

图书若有印装问题,请随时向本社印制部(0791-88513257)退换

《井冈山大学人文学院汉语言文学省一流专业建设丛书》编委会名单

主任：刘晓鑫　龚奎林

委员：邓声国　邱　斌　丁功谊　陈冬根
　　　朱中方　吴翔明　曾纪虎　田祥胜
　　　汪剑豪　刘梅珍　赵庆超　赵永君
　　　刘云兰　刘禀诚

《插上飞翔的翅膀——初中语文写作教程》编委会名单

主任：陈冬根　朱宝琴　欧阳伟　龚奎林

委员（按姓氏笔画排序）：

　　　王淑茹　匡菊招　刘良驹　刘　莎
　　　刘海明　刘海春　刘　娟　刘雪丹
　　　李桂珍　杨日启　杨日照　杨岳如
　　　肖胜美　肖　盈　肖莉萍　邱露华
　　　张丽荣　陈凤珍　陈丽坤　陈晓明
　　　罗晓锋　罗嘉丽　庞　艳　胡华平
　　　徐晓璐　黄文韬　彭　莉　喻亚娟
　　　谢秀媚　黎敏施　黎燕云　颜　艳

总 序

  井冈山大学人文学院是学校办学历史最为悠久和重点发展的教学院系之一,下辖中文系、历史系和新闻系三个教学系,内设井冈山大学庐陵文化研究中心、井冈山大学非物质文化遗产研究中心、井冈山大学新闻与影视制作研究中心、井冈山大学江西文学评论与创研中心、井冈山大学书法研究院五个研究机构。其中,井冈山大学庐陵文化研究中心是江西省高校人文社会科学重点研究基地。汉语言文学专业为学校传统优势专业,1958年学校建校时就创办了中文科,1997年开始招收本科生;2005年被列入江西高校品牌专业;2008年被遴选为国家级特色专业;2012年被遴选为江西省普通本科高校专业综合改革试点建设专业;2013年在全国高校第一批录取线招生;2019年被列入江西省一流专业建设名单;2020年入选江西省一流本科专业建设点名单;2021年,汉语言专业研究成果获批教育部首批"新文科"项目。

  汉语言文学专业恪守"以文化人,以德铸魂"的办学理念和以"新文科"为导向的专业定位,坚持立德树人,坚持OBE成果导向,立足井冈,服务地方,培养具有道德规范和教育情怀、专业基础扎实、教学创新能力强、具有综合育人和终身学习发展能力的较高素质的教师教育及应用型人才。根据省一流本科专业和新文科项目建设要求,坚守"以生为本,全面发展"的理念,整合并优化课程结构,打造六大菜单式课程模块——课程思政模块、文学模块、语言模块、中学语文教学模块、创意写作模块与实践实训模块。老师们兢兢业业,勤勉教学,刻苦钻研,积极推进"学生主体"的教学改革,打造在线开放课程,加大新形态教材的探讨力度。

重视学生创作和研究能力的培养一直是学院的传统。在老师们的辛勤指导下,学生创作取得了不俗的成绩。学院建立江西文学评论与创研中心校级平台,恢复学生社团——露珠诗社,一直开展创意写作教学。在曾纪虎、龚奎林、汪剑豪等老师的指导下,学生在《十月》《诗刊》《星火》《作品》《青春》《名作欣赏》《西湖》《中州大学学报》《当代文坛》《现代艺术》《长江丛刊》等省级以上刊物发表文学评论和文学作品多篇。

为了推动汉语言文学专业的高质量发展,感谢老师们的辛勤付出,我们将多年探索的教学成果汇编为《井冈山大学人文学院汉语言文学省一流专业建设丛书》,作为我们主持的教育部首批新文科研究与改革实践项目"地方高校新文科'中文+'人才培养模式改革与实践——以井冈山大学汉语言文学专业为例"的阶段性成果。该丛书分为5类。第一类是特色教材(8本):《文秘写作》(朱中方、刘云兰、赵永君主编)、《口语表达实训教程》(张睥、吴翔明主编)、《诗歌写作与实训》(曾纪虎、龚奎林主编)、《中国古典文献学概论》(邓声国主编)、《语言调查导论》(田祥胜、龙安隆主编)、《文学评论写作与实训》(龚奎林、汪剑豪、赵庆超主编)、《庐陵文化概论》(邓声国、陈冬根主编)、《电影剧本写作实用教程》(汪剑豪主编);第二类是学生作品(2本):《那山花开——井冈山大学人文学院学生文学作品集(2015—2018年度)》(曾纪虎、龚奎林主编)、《时间的痕迹——井冈山大学人文学院学生文学作品集(2019—2021年度)》(曾纪虎、陈冬根主编);第三类是师范技能教学书籍(2本):《中学语文教学设计与案例分析教程》(刘梅珍主编)、《插上飞翔的翅膀——初中语文写作教程》(陈冬根、欧阳伟、朱宝琴编著);第四类是美育素养书籍(2本):《文学欣赏》(刘晓鑫主编)、《影视欣赏》(龚奎林、许苏、张莹主编);第五类是学术专辑《庐陵学术》(邓声国、丁功谊主编)。期待以后有更多的人才培养成果,以展示学院的精气神。

是为序。

井冈山大学人文学院院长　刘晓鑫

2021年10月

前言

　　新时代教学改革背景下，人们普遍发现，中学教育无论怎么改，语文都是极其重要的一环或者说一个板块，甚至有人说，未来中考、高考是"语文为王"。而语文中又是以"作文为重"，谁作文胜出，谁考试胜出的概率就大。可以说，对于一名中学生而言，作文写好了，语文就基本学好了；语文考好了，升学就有保障了。如此，作文成了中学语文的重中之重，而写作教学成了中学一线语文教师全部工作的关键。谁掌握了写作教学的"金钥匙"，谁就开启了中学生语文学习的大门，掌握了主动权。这些话虽然有点儿夸张，但在中学语文教学实践中，写作教学永远占据着最重要的地位是不争的事实。

　　不过，一线教师都知道，写作不是那么容易教好的。因为它是全面检验一个学生语文知识、能力和素养的复杂的"系统工程"，牵涉到诸多方面，非一朝一夕可以成就。很多大学老师发现，现在的大学生普遍写作能力很差。许多学生，要其写一篇千把字的小文章，都是非常艰难的事；即使勉强写出来，也是寡淡无味。究其原因，就是中学时代作文课程没有学好。

写作难，教好写作更难，这已成为中学特别是初中一线语文教师的共识。如何教写作？是很多中学一线语文教师琢磨多年的老问题、难问题。本团队大部分成员是中学一线语文教师，其中不乏中学特级教师、语文教学名师。本团队对上面提到的这些问题有过多次交流和探讨，最后，我们得出基本一致的意见，那就是写作难在"写作素养的生成"。要提升学生的写作能力，关键是提升其写作素养。

何谓写作素养？简单说，就是一个学生所具备的写作综合能力，包括运用字词、打磨文句、观察和思考生活、收集与分析素材、组织语言、生成与论述论点，等等。但是，写作素养并不是素材的简单积累，也不是字词句的锻造，而是语言思维的深度呈现。可以形象地说，每一篇佳作，都是一朵盛开的思维之花。

当下，市面上通行的初中写作教材大多聚焦写作技巧的复制和华丽语言的堆砌，导致作文训练花样百出、效率低下。初中语文一线写作教学因此出现了"不教则已，一教就死"的局面，甚至不少学校写作教学处于无本、无序、无时的状态，杂乱无章。为此，本教材重点就是要解决初中写作教学无本和无序的问题，让初中语文的写作教学有法可依，有章可循。

本教材编写过程中，我们着力于思维模型的构建，从而使一线教师的经验主义教学转变为有目标、有步骤、有方法、有效果的基于写作思维建模的训练模型。我们将以统编教材为纲，以单元写作为目，把思维建模运用到写作教学之中，力求把中学生写作变得更具操作性。作为系统解决写作教学的一种方案，我们不仅从理论上解决写作教学对于思维训练的本质要求，还从操作层面解决学生作文难写和教师作文难教的现实紧要问题。

体例结构上，我们按照年级和单元递进逻辑，一个单元独立一篇,集中解决一个问题的思路。全书以思维建模为突破点,重点突出写作素材、写作建模、写作训练和写作评价,建设"学—导—练—评"的写作课堂模式。

我们将结合《中学语文课程标准》对初中生写作能力的要求,开发学生写作思维,提升学生写作素养。本教材结构合理,体系完整,可操作性强;内容既注重基本理论介绍,又突出训练操作,对培养学生的写作思维与写作能力具有较大参考价值。

本教材编写秉承严谨、规范之原则,文章中所引用的示例文段和相关数据等材料,皆有正规出处或依据。本书所选录文章或段落主要为统编教材中的名家篇章,少部分来自正规报刊。

本教材编写预设使用对象有三类:一是普通高校汉语言文学专业(师范类)学生,作为其中学语文教学法类相关课程的辅助教材,同时也作为他们教育实习时的重要参考资料;二是中学一线语文教师,尤其是那些走上教学岗位不久的新教师,为其快速掌握写作教学提供帮助;三是初中生朋友,孩子们可以借助本教材进行自学,并通过里面的训练环节进行模拟写作,提升自己的写作素养和能力。当然,其他比如中学生家长、语文教研员等有关人员,也可以浏览本教材。只要认真看过了,就绝不会没有收获。

本书的编撰,要感谢一大批来自中学一线教师的辛勤付出。本书编写者主体来自两个地区:一是广东省东莞市,二是江西省吉安市。广东是发达地区,广东教师观念新潮,思维活跃,视野相对开阔;江西是内陆省份,江西教师勤奋刻苦,基本功扎实。二者之间具有非常大的互补性,可以取长补短。为此,我们别出心裁地邀请两地的一线教师来共同编写这套写作教程,希望开出别样的美丽花朵。

本次编写分工情况大抵是这样:七年级上、下,八年级上三册的内容,由东莞市各中学教师完成;八年级下和九年级上、下三册,则是由吉安市各中学教师撰写。两部分分别由东莞市松山湖北区学校初中语文高级教师欧阳伟和吉安市青原区思源实验学校教务主任朱宝琴老师统稿。参与本写作教材撰写的教师名单,具体如下:

东莞方面 常平镇振兴中学杨日启、厚街镇圣贤学校罗晓锋、长安振安初级中学喻亚娟、中堂镇实验中学黎燕云、东莞中学南城学校黎敏施、竹溪中学王淑茹、南城阳光实验中学邱露华、茶山中学陈凤珍、望牛墩中学杨日照、厚街湖景中学彭莉、横沥中学肖胜美、松山湖实验中学杨岳如、寮步宏伟初级中学黄文韬、东坑中学谢秀媚、常平中学初中部庞艳、东莞中学南城学校徐晓璐、寮步中学陈丽坤。

吉安方面 吉安市白鹭洲中学张丽荣、吉安市第十三中学陈晓明、吉安市第十三中学颜艳、吉安市第十三中学匡菊招、吉安市第十三中学刘娟、泰和中学刘海春、泰和县沙市初中罗嘉丽、泰和县石山初级中学肖盈、泰和县第三中学刘莎、泰和县第三中学刘良驹、泰和县第三中学胡华平、泰和县第五中学肖莉萍、泰和县桂花实验学校刘雪丹、吉安市青原区思源实验学校刘海明、吉安市青原区思源实验学校李桂珍。

本书最后由井冈山大学人文学院中文系主任陈冬根博士统筹,井冈山大学发展规划处副处长龚奎林教授参与了本书的编写策划和文稿审读。

编　者
2022 年 5 月

目 录 CONTENTS

七年级上第一单元　热爱生活,热爱写作 …………………… 杨日启（001）
七年级上第二单元　学会记事 ……………………………… 罗晓锋（007）
七年级上第三单元　写人要抓住特点 ………………………… 欧阳伟（012）
七年级上第四单元　思路要清晰 ……………………………… 喻亚娟（020）
七年级上第五单元　如何突出中心 …………………………… 黎燕云（031）
七年级上第六单元　发挥联想与想象 ………………………… 黎敏施（039）
七年级下第一单元　写出人物的精神 ………………………… 王淑茹（048）
七年级下第二单元　学习抒情 ………………………………… 邱露华（055）
七年级下第三单元　抓住细节 ………………………………… 陈凤珍（061）
七年级下第四单元　怎样选材 ………………………………… 杨日照（069）
七年级下第五单元　文从字顺 ………………………………… 彭　莉（081）
七年级下第六单元　语言简明 ………………………………… 肖胜美（087）
八年级上第一单元　新闻写作 ………………………………… 杨岳如（096）
八年级上第二单元　学写传记 ………………………………… 黄文韬（104）
八年级上第三单元　学习描写景物 …………………………… 谢秀媚（112）

八年级上第四单元	语言要连贯	庞　艳	(120)
八年级上第五单元	说明事物要抓住特征	徐晓璐	(127)
八年级上第六单元	表达要得体	陈丽坤	(137)
八年级下第一单元	学习仿写	罗嘉丽	(146)
八年级下第二单元	说明的顺序	肖　盈	(155)
八年级下第三单元	学写读后感	刘　莎	(163)
八年级下第四单元	撰写演讲稿	胡华平	(172)
八年级下第五单元	学写游记	肖莉萍	(181)
八年级下第六单元	学写故事	刘雪丹	(190)
九年级上第一单元	尝试创作	李桂珍	(197)
九年级上第二单元	观点要明确	朱宝琴	(207)
九年级上第三单元	议论要言之有据	张丽荣	(213)
九年级上第四单元	学习缩写	张丽荣	(222)
九年级上第五单元	论证要合理	刘海明	(229)
九年级上第六单元	学习改写	李桂珍	(236)
九年级下第一单元	学会扩写	刘　娟	(242)
九年级下第二单元	审题立意	陈晓明	(249)
九年级下第三单元	布局谋篇	颜　艳	(257)
九年级下第四单元	修改润色	颜　艳	(264)
九年级下第五单元	有创意地表达	匡菊招	(272)

后记 …………………………………………………………… (280)

七年级上第一单元　热爱生活,热爱写作

东莞市常平镇振兴中学　杨日启

导语:

　　宋朝大诗人陆游说,写诗"工夫在诗外"。大自然的春花秋月、校园的一草一木、家庭的平凡琐事、社会的点滴见闻等都是我们的写作素材。积累生活素材,不仅要用眼睛看,更重要的是用心去思考生活、感悟生活。如此看来,写作真的不是高不可攀,更不需要多高超的写作技法,写作的真谛就是自己生活真体验、真感受的自然流露。热爱生活,热爱写作;做生活的有心人,我手写我心。每个人都是天生的写作高手。加油!

一、课前导学

分点一:用孩童的眼光看世界

　　鸟又可以开始丈量天空了。有的负责丈量天的蓝度,有的负责丈量天的透明度,有的负责用那双翼丈量天的高度和深度。而所有的鸟全不是好的数学家,他们吱吱喳喳地算了又算,核了又核,终于还是不敢宣布统计数字。

——张晓风《春之怀古》

分点二:把平凡的小事写有趣

　　在低低的呼唤声传过之后,整个世界就覆盖在雪白的花荫下了。丽日当空,群山绵延,簇簇的白色花朵像一条流动的江河。仿佛世间所有的生命都应约前来,在这刹那里,在透明如醇蜜的阳光下,同时欢呼,同时飞旋,同时幻化成无数游离浮动的光点。这样的一个开满了白花的下午,总觉得似曾相识,总觉得是一场能够放进任何一种时空里的聚合。

——席慕蓉《桐花》

分点三:化抽象的表达为具象

　　还有那条绕着山脚的小河,也泛出绿色,那是另外一种绿,明晃晃的,像是抹了油似的;至于山,仍是绿色,却是一堆浓郁郁的黛绿,让人觉得,无论从哪里

下手,都不能拨开一条小缝的,让人觉得,即使刨开它两层下来,它的绿仍然不会减色的。此外,我的纱窗也是绿的,极浅极浅的绿,被太阳一照,当真就像古美人的纱裙一样缥缈了。

——张晓风《绿色的书简》

分点四:以典型的环境刻画人物

我也不相信妈就再也不能看我,就在春天,妈还给我削苹果呢。我相信我能从无数个削好的苹果中,一眼就能认出她削的苹果,每一处换刀的地方,都有一个她才能削出的弧度,和她才能削出的长度,拙实敦厚;就在几个月前,妈还给我熬中药呢……我翻开她的眼睑,想要她再看我一眼。可是小阿姨说,那样妈就永远闭不上眼睛了。

——张洁《世界上最疼我的那个人去了》

分点五:用语言倾诉内心的声音

君主与公卿尽可造就教授与机要参赞,尽可赏赐他们头衔与勋章;但他们不可能造就伟大的人物,不能造成超临庸俗社会的心灵……而当像我和歌德这样两个人在一起时,这般君侯贵胄应当感到我们的伟大。昨天,我们在归路上遇见全体的皇族。我们远远里就已看见。歌德挣脱了我的手臂,站在大路一旁。我徒然对他说尽我所有的话,不能使他再走一步。于是我按了一按帽子,扣上外衣的纽子,背着手,望最密的人丛中撞去。亲王与近臣密密层层;太子鲁道尔夫对我脱帽;皇后先对我打招呼——那些大人先生是认得我的。为了好玩起见,我看着这队人马在歌德面前经过。他站在路边上,深深地弯着腰,帽子拿在手里。事后我大大地教训了他一顿,毫不同他客气……

——[法]罗曼·罗兰《贝多芬传》,傅雷译

二、课前练笔

题目:

我的新校园

思维建模:

1.上了初中,新校园给你的感受如何?哪些地方给你留下了深刻印象?

2.怎样才能把新校园给你的感受写具体?

要细心观察,借助于景物的描写、刻画表现出来;不能泛泛地表述,要将踏

入新校园所看到的、听到的、想到的具体描述下来。

3.怎样才能把新校园给你的感受写生动？

可以运用比喻、拟人等修辞手法。

4.怎样才能把新校园给你的感受写清楚？

按一定的顺序进行描述,如时间顺序、空间顺序、逻辑顺序。

习作展示：

我的新校园

初一(2)班 赵凯文

秋风闪烁着金光,吹拂着那坚韧的小草。而我,也跨入了中学的殿堂！走进校园,便得到一片"新"的美丽桃源。（感受新奇、独特）

首先映入眼帘的是一片片嫩绿的小草,仿佛荡漾着一片碧绿的"汪洋"。然而,这些小草似乎不再与小学的嫩草相同,更像是一株株挺拔的"大树",正在与扶直它们腰板的风儿做告别仪式,而这草一离开风儿,不得不四处摸索方向,准备开始"独闯天涯"了。仔细一想,这草比起小学的草,还真有些焕然一新了。（观察细致,比喻生动）

再往前走,只见两侧茂盛的棕榈树正在向我招手,它们仿佛张开一个个绿色的大怀抱,我按捺不住了,迫不及待地投入它们的怀中。记得小学的校门口也有两排同样茂盛的大树,但是初中的大树却散发出一种磅礴的气势。这又令我感到了点儿奇怪——这树的气势是从哪儿来的？而且这树怎么那么神采奕奕,精神抖擞。（运用对比）

我觉得,这肯定是被中学老师和同学们耳濡目染的结果吧！我不禁对中学生活有了一种向往与遐想,初中三年,我必和这大树相伴而行了,一种激动油然而生。（想象丰富）

绕过树丛,便是红色的教学主楼,穿过风琴一般的楼道,我走到了窗明几净的教室。只见同学们微笑着望着我,老师亲切地把我排到座位上,一股股暖流直入我心。我不禁感慨：这是一个多么棒的班级,我一定要团结同学,尊敬师长,爱护班集体,争当一名好学生！（融情入境）

在这个美丽的地方,我即将开启初中生活的新篇章。我要独立自强,抖擞精神,在这景美人更美的校园里继续创造美！（情感升华）

点评：

这篇习作的小作者观察细致,并按空间方位顺序先后描述新校园的小草、大树、教学楼、教室的景致,运用比喻、拟人等修辞手法,融入主观情感,写出了新校园催人奋进的独特感受。

三、课中练习

题目:

我的新老师(同学)

思维建模:

1. 刚上初中,哪位新老师(同学)给你留下了深刻印象?为什么?

2. 因为哪些事情(场景),这位新老师(同学)给你留下了深刻印象?你会选择哪些事情(场景)?

3. 如何将这位新老师(同学)给你留下了深刻印象写具体?

4. 如何通过抒情、心理描写、引用来融入自己的心境心绪?

习作展示:

我的新老师

初一(1)班　胡玉洁

崭新的一切孕育着希望,新的生活里,新的人群中,遇见新的欢乐与感动,也遇见新的自己。

我喜欢严格的老师,因为"严师出高徒";可我又喜爱有趣搞怪的老师,那样的课堂一定轻松愉快。我本以为这两者不会有交点,可我却有幸遇见了现今的班主任兼语文老师——集严格与搞怪于一身的杨老师。

开学已经两周了,每当我翻开那一本蓝色的语文笔记本,心情总会澎湃翻腾。那里面记录着的不仅是读书的方法,更是一位资深语文老师长时间读书阅历的积累。这些读书方法的总结再配上老师通俗易懂的话语,让我受到启发。

"以前因为生活艰难,有些父母只能先把食物嚼碎再喂给小宝宝吃!"杨老师故意顿一顿,接着问,"这样做你们觉得怎么样呀?"(语言描写生动)

"不卫生!""很恶心!""没营养!"同学们你一言我一语地讨论着,心中不明白杨老师为什么要讲这个话题。

"是的!读书也是这样,别人的理解你听了,可终究不是自己通过思考得来的,那会怎样呢?你不是也变成那些宝宝了吗?"

同学们立即懂得了杨老师的寓意,都赞同地点点头。而杨老师前一刻还在严肃地讲着,转眼又立即按住身边一位同学的肩膀,嘴巴做咀嚼状:"啊,乖宝宝,张开嘴巴,爸爸喂你饭哈!"说罢,他还做出滑稽的动作。霎时,同学们的笑声如同海啸席卷而来,淹没了整个教室。(动作、神态描写生动,场景具体)

这一节语文课,我既得到启发,又觉得脸红。因为有时练习题的答案我并不是通过自己的思考得来的,而是看着参考书有样学样地抄下来的。而现在,我已下定决心不再那样做!

到了初中,我也更加感受到老师的辛苦。相比较而言,现在的老师比小学的老师工作量更大。我们班级各个老师都给我留下了深刻印象,不仅因为他们教学认真,还因为他们的责任心令人感动。(融入自己的心境心绪)

英语老师总是很温柔地和我们交谈,每一次同学的发言都微笑着聆听。在课堂上,她说的知识总是能让人记忆深刻,每一天,她从课堂开始到结束总是笑意盈盈。这样温柔的人,也是位十分坚强的女性。当得知家人去世的消息,她前一刻还在办公室听着电话哭着应答,却又在下一堂课恢复平静,就像什么都没发生似的为我们上课,与我们交谈,与往日没有任何的区别,依旧是那位温柔的英语老师。这件事我还是从班主任口中才得知,否则,我想我一辈子都不可能知道。(略写)

"春蚕到死丝方尽,蜡炬成灰泪始干。"我想我不可以落后,必须做得更好,新的目标随着这些念头迸发。(融入自己的心境心绪)

四、课后巩固

题目:

在成长过程中,每个人都会有欢笑,有感动,当然也会有泪水,有悲伤……这些都是人生必不可少的体验,一点一滴都是生命中宝贵的财富。在你成长的过程中,有什么经历让你深受触动,难以忘怀?回忆一下,把它写下来。题目自拟,不少于500字。

思维建模:

1. 选择哪一件事呢?

回忆成长经历中让你动情的一些事,先与同学交流,看看他们的反应,再从中选择一件事落笔。

2. 怎样写好这件事呢?

要交代清楚事情的几个要素,如时间、地点、人物等,写出事情的起因、经过、结果。

3. 为什么要写这件事呢?

在结尾处表达一下自己的感受,比如你受到了怎样的触动,它在你的成长中留下了怎样的印记等,可起到点题的作用。

写作训练:

(作文格)

五、写作评价

评价指标	评价方式	评价标准		
		是	一般	否
事情是否写清楚	自评			
	互评			
	师评			
详略是否得当	自评			
	互评			
	师评			
感受是否深刻	自评			
	互评			
	师评			

七年级上第二单元　学会记事

东莞市厚街镇圣贤学校　罗晓锋

导语：

古有结绳记事，让远古文明得以传播；今有新媒介，帮助我们记录生活中每时每刻的精彩。不同时期有不同的记事方式，让我们对大家的故事"身临其境"和"感同身受"。诺贝尔文学奖获得者莫言谈到写作时说："我该干的事情其实很简单，那就是用自己的方式，讲自己的故事。"善于"讲故事"，就是擅长"记事"。学会记事，写作就会变得简单起来。

一、课前导学

分点一：灵活交代要素，使记事内容灵动

铃声一响，全班42双黑眼睛一齐望向教室门。须臾，一个头方耳大、矮胖结实的中年人夹着一本厚书和一个大圆规、一个大三角板挤进门，眨眼工夫就站到了讲台上。

胖人能走这么快？全班同学大吃一惊，教室里更安静了，静得只听见周围深沉的呼吸。

——马及时《王几何》

分点二：巧用记叙顺序，使记事中心突出

我没有理由了。我想到他们马上会逼我去向万芳要回羚羊，心里难过极了。他们不知道，万芳是个多么仗义的好朋友。

上幼儿园的时候我们就在一起。她学习很好，人一点也不自私。我们俩形影不离，语文老师管我俩叫"合二而一"。

上星期一次体育课，我们全班都穿上刚买的新运动衣。跳完山羊，我们围着小树逮着玩。一不小心，我的裤子被树杈划了一道长长的口子。我坐在树底下偷偷地抹眼泪，又心疼裤子，又怕回家挨说。万芳也不玩了，坐在我旁边一个劲地叹气。忽然，她跳起来拍着屁股说："咱俩先换过来，我妈是高级裁缝，她能把裤子上的大口子缝得一点儿都看不出来。"

——张之路《羚羊木雕》

分点三：融入真情实感，使记事充满生命

现在，梦中思念故乡的情绪，又如此浓烈，究竟是什么道理呢？实在说不清楚。

我是从十二岁，离开故乡的。但有时出来，有时回去，老家还是我固定的窠巢，游子的归宿。中年以后，则在外之日多，居家之日少，且经战乱，行居无定。及至晚年，不管怎样说和如何想，回老家去住，是不可能的了。

是的，从我这一辈起，我这一家人，就要流落异乡了。

人对故乡，感情是难以割断的，而且会越来越萦绕在意识的深处，形成不断的梦境。

那里的河流，确已经干了，但风沙还是熟悉的。屋顶上的炊烟不见了，灶下做饭的人，也早已不在。老屋顶上长着很高的草，破漏不堪。村人故旧，都指点着说："这一家人，都到外面去了，不再回来了。"

——孙犁《老家》

分点四：增加抒情议论，使记事凸显主题

我总觉得妈妈的心脏会永远地跳动着，却从来没想到，我们刚大学毕业的时候，妈妈却突然地倒下了，而且再也没有起来。妈妈，请您在天之灵能原谅我们，原谅我们儿时的不懂事，而我永远也不能原谅自己。我知道在这个世界上，我什么都可以忘记，却永远不能忘记您给予我们的一切……

世上有一部永远写不完的书，那便是母亲。

——肖复兴《忆母亲》

二、课前练笔

题目：

升入初中，相信你有很多新鲜有趣的事情，请用200字左右记录下来。写好后跟同学们分享，让同学们也从你的故事中感受生活的快乐吧！

思维建模：

1. 故事发生的时间、地点、人物、事件（起因、经过、结果）要明确。

2. 记录的时候，你都是通过什么形式语言对这些要素进行表达的？

3.事件是通过什么顺序来记录的?

4.事件中有哪些具体的人、事、物,给了你怎样的情感感受?

5.用一两句抒情或议论的句子,表达下你对这个事件的态度。

片段展示:

"丁零丁零",上课铃响了,我飞快地跑回了教室,在抽屉里翻找着英语课本与英语练习册。(清晰地交代时间、地点要素)

我一边读书一边想:这次我可是认真写的,一定能被评上班级优秀作业前五名。(事件的起因)

老师走了进来,我一脸期待地看着老师。"同学们,我念一下这次被评上的同学的名字。"随着一个又一个的名字被念出来,我的眼神逐渐暗淡下去,竟然没有我!"还有,你为什么没交?"老师指着我,满脸怒气地吼了一声。(事件反转,重点交代事情的经过)

"怎么可能!我明明交给组长了。"我一脸不可思议。

"我这里没有你的,你给抄一篇!"老师更生气了。

"知道了。"我心不在焉。(人物对话真实还原事件,流露真情实感,感情充沛)

三、课中练习

题目:

将上面所写的片段扩展成一篇以记事为主的记叙文。题目自拟,不少于500字。

思维建模:

1.这是一件什么事,它让你觉得是新鲜还是有趣?

2.这件事发生在什么时间、地点?都有哪些人物参与?

3.这件事情发生的起因是什么?

4.交代事件发展的脉络,明确用哪种记叙的顺序来写——可以借助记叙的顺序来凸显要表达的主题。

5.事件中,人都说了什么,做了什么?事情发展出现了哪些变化,有哪些冲突情节?

6.这件事中,你觉得新鲜或有趣的地方是什么?谈出你的感受和想法(可以是抒情或者议论)。

习作展示：

那一次，我真后悔

邹晓晓

"丁零丁零"，上课铃响了，我飞快地跑回了教室，在抽屉里翻找着英语课本与英语练习册。

我一边读书一边想：这次我可是认真写的，一定能被评上班级优秀作业前五名。(清晰地交代了六要素)

老师走了进来，我一脸期待地看着老师。"同学们，我念一下这次被评上的同学的名字。"随着一个又一个的名字被念出来，我的眼神逐渐暗淡下去，竟然没有我！"还有，你为什么没交？"老师指着我，满脸怒气地吼了一声。

"怎么可能！我明明交给组长了。"我一脸不可思议。

"我这里没有你的，你给抄一篇！"老师更生气了。

"知道了。"我心不在焉。(事件起因，反转冲突的记叙中展开)

中午了，我走在回家的路上，看着阴沉的天空，心情低落。一旁的小草也耷拉着脑袋，树上的蝉叫声也不像以前那般悦耳动听了。"为什么不见了呢？我明明交了的呀，老师那里没有，我那里也没有，难道在组长那？回去时翻一下组长的抽屉？不行，班主任说过不应该怀疑班干部，可没在她那，又会在哪儿呢？"我一路纠结，直到下午到校，也没决定好怎么办。

"咦？我的本子怎么在我桌子上？"

"你同桌给你的。"

我一听，顿时火冒三丈，对着同桌就一通数落："你为什么把我的作业藏起来……"(情绪的流露，真情实感)

同桌全程一声不吭，我说完了，气也消了，拿着作业就去找老师了。

后来我才知道，我的本子是同桌在组长课桌上找到的。我后悔不已，一脸歉意地向他说"对不起"，可我们的友谊再也回不去了。(平淡的描写中，凸显文章主题)

四、课后巩固

题目：

在现实生活中有多少事使你感到快乐，有多事使你感到苦恼，又有多少事使你感到尴尬,而每件事又发生在一瞬间,又有多少令你难忘的"那一次"……

请以"那一次,我真_____"为题写一篇记叙文,不少于500字。把题目补充完整,然后作文。

思维建模:

1.这是半命题作文,需要补充一个表达情感或心理活动的词语,如"快乐、开心、感动、后悔、失落"等。

2.要求以记事为主,注意记叙的六个要素,要能够将这件事写得清楚、完整,并且有重点。

3.要注意有重点地展开叙述,突出事件中触动你情感的部分。叙述中也要使用一些表达情感的语句,这样才能扣住题目,也才能让叙写的事件蕴含丰富的感情。

4.文末采用抒情或者议论的句子结尾,让文章主题得到彰显。

写作训练:

(作文格)

五、写作评价

评价指标	评价方式	评价标准		
		是	一般	否
记叙要素是否清晰	自评			
	互评			
	师评			
事件中心是否明确	自评			
	互评			
	师评			
感情表达是否真挚	自评			
	互评			
	师评			

七年级上第三单元　写人要抓住特点

东莞市松山湖北区学校　欧阳伟

导语：

日常生活中，我们会接触到千姿百态的人，进而演绎着五彩缤纷的故事。在我们熟悉的人中，他们有的勤劳，有的懒惰，有的大公无私，有的自私自利，有的铺张浪费，有的勤俭节约……写人，要通过对人物言行举止的刻画，表现人物的思想、情感和个性特征，使他们的形象栩栩如生，跃然纸上。

世界上没有完全相同的两片树叶，同样也没有完全一样的两个人。我们写作的时候，往往不能很好地凸显人物的特点，在写人的作文中如何抓住人物的特点，进行细致的刻画，将人物形象鲜明生动地展现在我们眼前，将是我们本篇重点学习的内容。

一、课前导学

分点一：细致刻画，使人物更逼真

他没有什么模样，使他可爱的是脸上的精神。头不很大，圆眼，肉鼻子，两条眉很短很粗，头上永远剃得发亮。腮上没有多余的肉，脖子可是几乎与头一边儿粗；脸上永远红扑扑的，特别亮的是颧骨与右耳之间一块不小的疤——小时候在树下睡觉，被驴啃了一口。他不甚注意他的模样，他爱自己的脸正如同他爱自己的身体，都那么结实硬棒；他把脸仿佛算在四肢之内，只要硬棒就好。是的，到城里以后，他还能头朝下，倒着立半天。这样立着，他觉得，他就很像一棵树，上下没有一个地方不挺脱的。

——老舍《骆驼祥子》

分点二：简笔勾勒，使人物更传神

黄里带白的脸，瘦得叫人担心；头上直竖着寸把长的头发；牙黄羽纱的长衫；隶体"一"字似的胡须；左手里捏着一枝黄色烟嘴，安烟的一头已经熏黑了。

——唐弢《一面》

分点三:分解动作,使人物更简练

那大圣双手捂着眼,正自搓揉流涕,只听得炉头声响。猛睁眼看见光明,他就忍不住,将身一纵,跳出丹炉,忽喇一声,蹬倒八卦炉,往外就走。慌得那架火、看炉,与丁甲一班人来扯,被他一个个都放倒,好似癫痫的白额虎,风狂的独角龙。老君赶上抓一把,被他一摔,摔了个倒栽葱,脱身走了。

——吴承恩《西游记》

分点四:描绘个性,使人物形象更深刻

"天下真有这样标致的人物,我今儿才算见了!况且这通身的气派,竟不像老祖宗的外孙女,竟是个嫡亲的孙女。怨不得老祖宗天天口头心头一时不忘。只可怜我这妹妹这样命苦,怎么姑妈偏就去世了。"说着,便用帕拭泪。贾母笑道:"我才好了,你倒来招我。你妹妹远路才来,身子又弱,也才劝住了,快休提前话。"这熙凤听了,忙转悲为喜道:"正是呢!我一见了妹妹,一心在他身上了,又是喜欢,又是伤心,竟忘记了老祖宗。该打,该打。"

——曹雪芹《红楼梦》

分点五:描摹神态,使人物更生动

巡捕见问,立刻趋前一步,说了声:"回大帅的话:有客来拜。"话言未了,只见拍(啪)的一声响,那巡捕脸上早被大帅打了一个耳刮子。接着听制台骂道:"混账忘(王)八蛋!我当初怎么吩咐的!凡是我吃着饭,无论什么客来,不准上来回。你没有耳朵,没有听见!"说着,举起腿来又是一脚。那巡捕挨了这顿打骂,索性泼出胆子来,说道:"因为这个客是要紧的,与别的客不同。"制台道:"他要紧,我不要紧!你说他与别的客不同,随你是谁,总不能盖过我!"巡捕道:"回大帅:来的不是别人,是洋人。"那制台一听"洋人"二字,不知为何,顿时气焰矮了大半截,怔在那里半天;后首想了一想,蓦地起来,拍挞(啪嗒)一声响,举起手来,又打了巡捕一个耳刮子;接着骂道:"混账忘(王)八蛋!我当是谁,原来是洋人!洋人来了,为什么不早回,叫他在外头等了这半天?"

——李伯元《官场现形记》

分点六:揣摩心理,使人物更细腻

不想刚走进来,正听见湘云说"经济"一事,宝玉又说:"林妹妹不说这些混账话,要说这话,我也和他生分了。"

黛玉听了这话,不觉又喜又惊,又悲又叹。所喜者:果然自己眼力不错,素日认他是个知己,果然是个知己。所惊者:他在人前一片私心称扬于我,其亲热厚密,竟不避嫌疑。所叹者:你既为我的知己,自然我亦可为你的知己,既你我为知己,又何必有"金玉"之论呢?既有"金玉"之论,也该你我有之,又何必来一宝钗呢?所悲者:父母早逝,虽有铭心刻骨之言,无人为我主张。况近日每觉神思恍惚,病已渐成,医者更云:"气弱血亏,恐致劳怯之症。"我虽为你的知己,但恐不能久待;你纵为我的知己,奈我薄命何!——想到此间,不禁泪又下来。

——曹雪芹《红楼梦》

分点七:侧面描写,使人物更丰满

旁坐有两人,其一人低声问那人道:"此想必是白妞了罢?"其一人道:"不是。这人叫黑妞,是白妞的妹子。他的调门儿都是白妞教的,若比白妞,还不晓得差多远呢!他的好处人说得出,白妞的好处人说不出。他的好处人学的(得)到,白妞的好处人学不到。你想,这几年来,好顽(玩)耍的谁不学他们的调儿呢?就是窑子里的姑娘,也人人都学,只是顶多有一两句到黑妞的地步,若白妞的好处,从没有一个人能及他十分里的一分的。"

——刘鹗《老残游记》

二、课前练笔

题目:

从班上选择你熟悉的一个同学,用200字左右给他"画"一幅肖像。写好后,读给同学们听,看看他们能否猜出你写的是谁。如果被很多同学猜中了,那就说明你写得很棒!

思维建模:

1. "他"的头发怎样,是长还是短?"他"的眉毛形状如何,是粗浓还是细浅?

2. 不同情绪状态下,眉毛有怎样的变化?

3. "他"是什么肤色?"他"的眼睛有什么特点?"他"的鼻子有什么特点,是挺拔还是小巧?配上五官整体印象如何?

4. "他"的嘴唇是薄还是厚?牙齿是整齐还是不整齐,是大还是小?"他"是能说会道还是不苟言笑?

5. "他"平时的衣着如何?整体的身材是瘦还是胖抑或匀称?

片段展示：

我的同窗好友

一头乌黑的短发，齐刷刷地披在肩上；一绺齐整的刘海，服帖地挂在眉间。她一笑，细弯的眉毛微微舒展；她一怒，鼻梁上的眉头紧蹙；她一哭，飞扬的眉毛黯然落场。（抓住发型、眉毛的特点来写，辅以脸部表情神态。眉毛是重点刻画之处，突出她的哭笑怒和张扬的个性。）她总是埋怨自己的皮肤，山东高密红高粱乡的血脉赋予她健康的小麦肤色，以及灵巧的棕色圆眸。挺拔的鼻子，端正地挂在脸上。（抓住皮肤、眼睛和鼻子大小以及五官的比例来写她的外貌特点。）鲜红的双唇薄薄的，一聊起天来，神采飞扬，露出一排方正的大白牙；害羞时，紧闭的嘴角又抑制不住苹果肌的张扬。和老师交谈，她收放自如，游刃有余；和同学说话，她有理有据，头头是道。（着重从她的嘴唇、牙齿和脸颊的特点来写。这是另一重点刻画之处，细细描绘说话时的神态，突出她的自信。）一身宽大的校服，在她挺拔壮实的身板上显得格外合身，为她增添了一抹运动员般的色彩。（抓住整个身体的形态特征来写，突出她的壮实。）这就是我的同窗好友×××。

点评：

片段重点描写了同窗的肖像，抓住了人物特征进行着力刻画，使用了一系列的形容词如"细弯""飞扬""灵巧""挺拔""饱满""壮实"来突出人物的外貌特征，又用动词"舒展""紧蹙""张扬"来突出人物的情态，让人物更鲜活。

三、课中练习

题目：

将上面所写的片段扩展成一篇以写人为主的记叙文。题目自拟，不少于500字。

思维建模：

1. "他"的外貌怎样？最大的特点是什么？
2. "他"身上有哪些优秀的品质值得我们学习？
3. 你是怎样知道"他"身上的这些品质的，是眼见为实还是道听途说？
4. 你看到"他"身上这些品质，你心里有什么感受？赞叹还是敬佩？

5.除了这些,"他"身上还有没有什么特别之处?哪一件事可直接表明?在这件事当中,他是如何表现出来的?是语言、动作,还是神情?

6.在这件事当中,有没有其他人参与,他们又是怎样的表现?说了什么?想了什么?做了什么?

7.你在这个事件中有什么特别的收获和感受?你如何来描述你同学?

习作展示:

我的同窗好友

一头乌黑的短发,齐刷刷地披在肩上;一绺齐整的刘海,服帖地挂在眉间。她一笑,细弯的眉毛微微舒展;她一怒,鼻梁上的眉头紧蹙;她一哭,飞扬的眉毛黯然落场。她总是埋怨自己的皮肤,山东高密红高粱乡的血脉赋予她健康的小麦肤色,以及灵动的棕色圆眸。挺拔的鼻子,端正地挂在脸上。鲜红的双唇薄薄的,一聊起天来,神采飞扬,露出一排方正的大白牙;害羞时,紧闭的嘴角又抑制不住苹果肌的张扬。和老师交谈,她收放自如,游刃有余;和同学说话,她有理有据,头头是道。一身宽大的校服,在她挺拔壮实的身板上显得格外合身,为她增添了一抹运动员般的色彩。这就是我的同窗好友×××。(细腻生动的肖像描写,抓住人物特点进行细致刻画。)

在嬉笑怒骂间,她的身体蕴藏着巨大的能量。无论在哪里,她都是全场瞩目的焦点,在宿舍她是温馨快乐的创造者,在小组她是活跃和谐的促进者,在班级她是"叱咤风云"的管理者。

作为班干部,她尽职尽责,更让人钦佩的是她的气魄。"啪!"讲台传来一声巨响。"你们在干什么!那么大的人了还不懂事吗?"教室里回荡着她愤怒的声音。她是语文科代表,又像小小的语文老师,同学吵闹时,她怒其不争;教室里几位"小霸王"乖乖读书时,她脸色由阴转晴,欣慰地点点头。记得有一次,一位"小霸王"获进步奖上台发言,他犹豫道:"嗯,嗯,有一个人我想感谢。"全班同学屏息敛声,竖起耳朵聆听。"她骂过我,我当时很不服气,气得她火冒三丈。但是我想起老爸说的:'批评你的人才是对你最好的人',就向她道歉了。没想到,我上课没听到时,她借笔记给我抄,还帮我抽背古诗。她就是……"话音未落,全班同学的目光已齐刷刷地投向了她,教室里响起了前所未有雷鸣般的掌声。看着她涨红的脸和羞涩的眼神,我顿时从心里生出无限的崇拜。我心想,别小看这小小的科代表，"文治武功"并行不悖，既能雷厉风行又能和风细雨，让人感受到她的大能量。（通过人物对话，运用侧面描写烘托了主人公作为班干部敢做敢当的性格特征。）

更让人惊讶的是，原本以为生性直爽的她，竟然也有"梨花带雨"的时候。

那是运动会足球赛，所有的女同学一听说要踢足球，纷纷唉声叹气避而远之。是她，号召"女将"，领衔上场。绿茵茵的草坪上，她从队员脚下接过球，一路避开对方球员的铲抢。对方球员面对她，显得弱不禁风。她眼睛盯着前方，坚毅而果敢，冲到球门前，对方守门员神色慌张地扑了过来。那一刻，几乎所有人都屏住了呼吸。伴随着我们殷切的眼神与兴奋的尖叫声，她毫不畏惧，奋力一踢，足球像一列突然加速的火车，进了！然而，再强的队员也有体力不支的时候，对方球员跃过她的疲惫的身躯，踢进一球！随后，对方一记妙传，又进一球！比赛失利，我班球员个个撑着腿，叉着腰，大口大口地呼气，有的直接瘫坐在地上。她只是静静地站在球门边，泛红的脸蛋挂着一串细微的汗珠，夹杂着晶莹的泪珠流淌而下。"别哭了，你们真的很棒，代表班级上场，做了我们不敢做的事情！"班主任抚着她的背，和"女将"们拥抱在一起。我知道，她的泪珠里，有踢球的辛酸与劳累，但更多的，是不能为班级争光的遗憾与懊恼。这是第一次，我看到这平日里强悍的女子落泪，她的柔弱使她的勇敢更显弥足珍贵。（运用正面描写，详写其踢足球时的动作、神情，描述形象，直接展现了人物敢闯敢拼的性格特征。以她的"落泪"与往常的"强悍"做对比，突出了她敢闯敢当背后的温情与柔弱，让描写真实可见，塑造了有血有肉丰满的人物形象。）

这就是我的同窗好友，有笑有泪，有怒有情，敢闯敢当，闪耀着大能量的小盛。（寥寥几笔，首尾呼应，再次概括人物特征。）

四、课后巩固

题目：

你有自己的偶像吗？是曹操、关羽、李白那样的古代人物，还是毛泽东、鲁迅、钱学森这样的近现代名人？是现实生活中的歌星、影星、球星，还是文学影视形象孙悟空、哈利·波特、蜘蛛侠？试围绕"我的偶像"这个话题，完成一篇以写人为主的记叙文。题目自拟，不少于500字。

思维建模:

1.他或她是怎样的一个人?哪些词能够形容他或她的外貌特征?

浓眉大眼、慈眉善目、器宇轩昂、高大魁梧、英姿飒爽、衣着得体、一表人才、风度翩翩……这些词语能够形容他或她的外貌特征。

2.他或她有怎样的性格特征?哪些词能体现你对他或她的认识?

幽默、真诚、豪爽、耿直、成熟、果断、健谈、机敏、热情、乐观、坚强、负责、和蔼、朴素、善良、开朗、活泼、好动、轻松、愉快、豁达、稳重……这些词体现他或她的性格特征。

3.选取一件最能表现他或她人物性格特征的事来写,哪件事给了你这样的印象?你会运用哪些描写?

某一次活动、某一场演出、某一个突发事件,由这些可以看出人物的性格特点,可运用人物的语言、动作、神态、细节等。

4.除此之外,他或她还有没有你欣赏的其他性格特点?你又是怎样获知的?你又会运用哪些描写?

憨厚、急躁、温和、刚正不阿、独立等具有浓厚个性化色彩的人物特点,可以从书籍、新闻等媒介或其他渠道获知人物特点,试着运用本节课所学习到的正面描写或者侧面描写。

5.他或她引发了你怎样的思考?其他人是怎样评价他或她的?你是如何评价他或她的?

注意正面引导,从这些人物特点或品质引发你对社会、对生活甚至对人生的思考。注意你的评价要有个性化的情感表达,切忌用空泛的套话让人物特点变得模糊。

写作训练:

(作文格)

五、写作评价

评价指标	评价方式	评价标准		
		是	一般	否
人物特点是否清楚	自评			
	互评			
	师评			
详略安排是否得当	自评			
	互评			
	师评			
人物描写是否生动	自评			
	互评			
	师评			

七年级上第四单元　思路要清晰

东莞市长安振安初级中学　喻亚娟

导语：

古人云："言有序，章有法。"读一本书或一个故事，无论是长还是短都会有一条线，顺着这条线，可读出作者想表达的情感及思想，这就是行文思路。思路，是个比喻的说法，把一番话、一篇文章比作思想走的一条路。那么，思想从什么地方出发，怎样一步一步向前走，最后如何到达这条路的终点，都要踏踏实实摸清楚，这就是思路的开展。可见要想写好一篇文章，思路清晰至关重要。因此，对于初中生来说，让文章思路清晰，是写好一篇文章的关键之所在。

一、课前导学

分点一：整体构思，确定文章线索和中心

世上的漂亮动人的女子，每每像是由于命运的差错似的，出生在一个小职员的家庭；我们现在要说的这一个正是这样。她没有陪嫁的资产，没有希望，没有任何方法使得一个既有钱又有地位的人认识她，了解她，爱她，娶她；到末了，她将将就就和教育部的一个小科员结了婚。

…………

她觉得自己本是为了一切精美的和一切豪华的事物而生的，因此不住地感到痛苦。由于自己房屋的寒碜，墙壁的粗糙，家具的陈旧，衣料的庸俗，她非常难过。这一切，在另一个和她同等的妇人心上，也许是不会注意的，然而她却因此伤心，又因此懊恼，那个替她照料琐碎家务的布列塔尼省的小女佣（用）人的样子，使她产生了种种忧苦的遗憾和胡思乱想。她梦想着那些静悄悄的接待室，如何蒙着东方的帷幕，如何点着青铜的高脚灯檠，如何派着两个身穿短裤子的高个儿侍应生听候指使，而热烘烘的空气暖炉使得两个侍应生都在大型的圈椅上打盹。她梦想那些披着古代壁衣的大客厅，那些摆着无从估价的瓷瓶的精美家具；她梦想那些精致而且芬芳的小客厅，自己到了午后五点光景，就可以和亲切的男朋友在那儿闲谈,和那些被妇女界羡慕的并且渴望一顾的知名男子在那儿闲谈。

…………

"我从前还给你的是另外一串完全相同的。到现在,我们花了十年工夫才付清它的代价。像我们什么也没有的人,你明白这件事是不容易的……现在算是还清了账,我是结结实实满意的了。"

伏来士洁太太停住了脚步:

"你可是说从前买了一串金刚钻项链来赔偿我的那一串?"

"对呀,你从前简直没有看出来,是吗?那两串东西原是完全相同的。"

说完,她用一阵自负而又天真的快乐神气微笑了。

伏来士洁太太很受感动了,抓住了她两只手:

"唉。可怜的玛蒂尔德,不过我那一串本是假的,顶多值得五百金法郎!……"

——[法]莫泊桑《项链》

分点二:合理安排记叙顺序

从小学跨进初中校园,一切都是新鲜的,特别是几何那门全新的功课。所以,我们初一上第一节几何课时,大家睁圆了眼睛,认真而安静地坐在教室里,心中充满了好奇和渴望。

几何老师会是怎样一个人呢?

铃声一响,全班42双黑眼睛一齐望向教室门。须臾,一个头方耳大、矮胖结实的中年人夹着一本厚书和一个大圆规、一个大三角板挤进门,眨眼工夫就站到了讲台上。

胖人能走这么快?全班同学大吃一惊,教室里更安静了,静得只听见周围深沉的呼吸。

可是,一分钟过去了,那矮胖老师一句话不说,像一尊笑面佛一样,只是站在讲台上哑笑。眉梢、眼角、鼻孔、嘴巴、耳朵,可以说,他脸上的每一个器官,每一条皱纹,甚至每一根头发都在微笑!

矮胖老师足足又哑笑了两分钟。

太神奇了,他该不是聋哑学校的老师吧?全班同学再也忍不住了,大家弯腰,摇头,挤眉,弄眼,一齐哄堂大笑!

矮胖老师依然不说一句话,但却渐渐收起了笑容,用黑板刷轻轻敲击着讲台上的课桌,待全班同学安静下来,他突然面向课堂,反手在背后的黑板上徒手画了一个篮球大的圆,紧接着,又反手画了一个等边三角形。

那生动地站在黑板上的圆和等边三角形又标准,又好看,于是全班同学都呆呆地想:用圆规和三角板画,恐怕也不过如此吧?

矮胖老师站在讲台上,双目含笑,右嘴角微微斜翘,胖脸上一副得意扬扬的表情。待全班42双黑眼睛惊讶得每一双都放大半公分(厘米)后。他突然转过身去,面向黑板,挥手写下了排球大的三个字:王玉琳。

"这就是我的大名!"他说,声音出奇的洪亮。

全班男女同学被他那金属般的声音镇住了,大气也不敢出,一个个睁大双眼,屏息静听。

"上几届的同学,承蒙他们的特别关爱,私下里给本老师取了个绰号。"矮胖老师缓缓转过身去,挥手在黑板上优雅地又写了三个大字:王几何。

真是太幽默了,全班男生、女生哄堂大笑。

王老师却毫不理会满教室的笑声,继续用他那金属般的声音说:"这就是那些老同学给我取的绰号。天啦,本人太喜欢这美妙的绰号了!可惜,从来没有一个同学当面喊我王几何……"

老师在黑板上公布自己的绰号,并且希望大家以绰号相称,在那些做什么事都严肃认真、呆板教条的年代,这样的稀奇事,不是太离谱了吗?但少年时代总是充满了叛逆,越离谱的事大家越喜欢,于是全班同学兴趣高涨,一个个洗耳恭听这矮胖幽默的绰号叫"王几何"的老师到底还要说些什么有趣的话。

矮胖老师继续用黑板刷轻敲课桌,以镇住教室里的嘈杂声。"上几届有的同学说:王老师你画的那圆圈有啥了不起?我们也会画!"

胖得像弥勒佛一般的王老师,站在讲台上眉开眼笑:"现在,我就请同学们一个个上台来,用不着反手,只是正面徒手画圆和三角形……"

简直要让人笑破了肚子,几何课竟变成了图画课!如此喜剧的事大家岂肯放过?转眼间,只见男女同学轮番走上讲台。

可是,大家哪里是用粉笔在黑板上画圆和画三角形?笑得双手发抖的同学们,一个个变得笨手笨脚,画的全是鸡蛋、鸭蛋、苹果、梨!

人人都笑得满脸泪水,喉咙发肿。

几十年后,我依然可以对天发誓:这是我这辈子笑得最得意忘形、最舒畅、最厉害的一次。

几何老师在同学们快乐得泪流满面的大笑中结束了第一堂课。

王老师下课前的结束语是:"请注意,我并不是要大家死板地学我画圆、画三角形。我教了20多年中学几何,是一个一辈子热爱几何教学的教书匠,我反手画圆,只是向大家说明一个简单朴素的道理——只要功夫深,铁杵可以磨成针!我要大家牢记的是一种热爱知识和持之以恒的学习精神……"

奇怪的是,王老师说这番话时,竟第一次严肃得面无一丝笑容,一时间满教室鸦雀无声。

同学们对王老师第一堂课的评价只有两个字:痛快!

这堂课的喜剧效果让42个中学生一辈子铭记在心,让42个少年永远记住他们的中学时代:有一位业务水平极高、人人都盼望他上课的幽默风趣的老师,他的名字叫作王玉琳,绰号叫作王几何。

——马及时《王几何》

分点三:列好提纲,合理地分解层次

说起冬天,忽然想到豆腐。是一"小洋锅"(铝锅)白水煮豆腐,热腾腾的。水滚着,像好些鱼眼睛,一小块一小块豆腐养在里面,嫩而滑,仿佛反穿的白狐大衣。锅在"洋炉子"(煤油不打气炉)上,和炉子都熏得乌黑乌黑,越显出豆腐的白。这是晚上,屋子老了,虽点着"洋灯",也还是阴暗。围着桌子坐的是父亲跟我们哥儿三个。"洋炉子"太高了,父亲得常常站起来,微微地仰着脸,觑着眼睛,从氤氲的热气里伸进筷子,夹起豆腐,一一地放在我们的酱油碟里。我们有时也自己动手,但炉子实在太高了,总还是坐享其成的多。这并不是吃饭,只是玩儿。父亲说晚上冷,吃了大家暖和些。我都喜欢这种白水豆腐;一上桌就眼巴巴望着那锅,等着那热气,等着热气里从父亲筷子上掉下来的豆腐。

又是冬天,记得是阴历十一月十六日晚上,跟S君、P君在西湖里坐小划子。S君刚到杭州教书,事先来信说:"我们要游西湖,不管它是冬天。"那晚月色真好,现在想起来还像照在身上。本来前一晚是"月当头";也许十一月的月亮真有些特别吧。那时九点多了,湖上似乎只有我们一只划子。有点风,月光照着软软的水波;当间那一溜儿反光,像新研的银子。湖上的山只剩了淡淡的影子。山下偶尔有一两星灯火。S君口占两句诗道:"数星灯光认渔村,淡墨轻描远黛痕。"我们都不大说话,只有均匀的桨声。我渐渐地快睡着了。P君"喂"了一下,才抬起眼皮,看见他在微笑。船夫问要不要上净寺去;是阿弥陀佛生日,那边蛮热闹的。到了寺里,殿上灯烛辉煌,满是佛婆念佛的声音,好像醒了一场梦。这已是十多年前的事了,S君还常常通着信,P君听说转变了好几次,前年是在一个特税局里收特税了,以后便没有消息。

在台州过了一个冬天,一家四口子。台州是个山城,可以说在一个大谷里。只有一条二里长的大街。别的路上白天简直不见人;晚上一片漆黑。偶尔人家窗户里透出一点灯光,还有走路的拿着的火把;但那是少极了。我们住在山脚下。有的是山上松林里的风声,跟天上一只两只的鸟影。夏末到那里,春初便走,却好像老在过着冬天似的;可是即便真冬天也并不冷。我们住在楼上,书房临着大路;路上有人说话,可以清清楚楚地听见。但因为走的人太少了,间或有点说话的声音,听起来还只当远风送来的,想不到就在窗外。我们是外路人,除上学校去之外,常只在家里坐着。妻也惯了那寂寞,只和我们爷儿们守着。外边虽老是冬天,家里却老是春天。有一回我上街去,回来的时候,楼下厨房的大方窗开着,并排地挨着她们母子三个;三张脸都带着天真微笑地向着我。似乎台州空空的,只有我们四人;天地空空的,也只有我们四人。那时是民国十年(1921),妻刚从家里出来,满自在。现在她死了快四年了,我却还老记着她那微笑的影子。

无论怎么冷,大风大雪,想到这些,我心上总是温暖的。

——朱自清《冬天》

分点四:写好过渡句,使文章过渡自然

门前的木盆里,煮好的芦苇叶,早已泡在清水中。眼睛瞟到,心里的欢乐,就要蹦出胸口来,知道要包粽子吃了。大人们这时若支使我们去做什么,我们都会脆脆地应一声,跑得比兔子还快。至于插艾蒿,那完全不用大人们动手的,门上、柜子上、蚊帐里,到处都被我们插满了。一屋的艾蒿味,微苦。大人们说,避邪。我们虽对这风俗习惯一知半解,但知道,插上艾蒿,就代表过端午了。于是很欢喜。

眼下,站在城郊的小河边,望着满眼的艾蒿,我油然联想到远方的友人。

朋友是湖北人,也是写作的,曾与我在一次笔会上相遇。后来,她去了美国。她的家乡,过端午也有插艾蒿的习俗,她也曾于小小年纪里去采过艾蒿。昨天,我收到她发来的邮件,她说,国内这个时候又该粽子飘香了吧。并不想粽子,美国一些华人超市里有卖。却想艾蒿,想坐在艾蒿味道里吃粽子的童年,温和的中药味,把人包裹得很结实、很温暖。

就是这样,故乡隔得再远,有些味道,注定是忘不掉的。

我的儿子,他第一次认识了艾蒿,觉得奇怪,捧着一把艾蒿问我:"为什么过端午要插艾蒿呢?"我这样回答他:"这是祖上流传下来的风俗。""避邪呢!"我又补充。口气酷似当年我的母亲。继而想,若干年后,我的儿子的记忆里,一定也有艾蒿,而且,端午节一到,他定会带着自己的孩子去采艾蒿,艾蒿的味道将永远弥漫在民间。

——丁立梅《采一把艾蒿回家》

分点五:首尾呼应、升华主题

燕子去了,有再来的时候;杨柳枯了,有再青的时候;桃花谢了,有再开的时候。但是,聪明的,你告诉我,我们的日子为什么一去不复返呢?——是有人偷了他们罢:那是谁?又藏在何处呢?是他们自己逃走了罢:现在又到了哪里呢?

我不知道他们给了我多少日子,但我的手确乎是渐渐空虚了。在默默里算着,八千多日子已经从我手中溜去;像针尖上一滴水滴在大海里,我的日子滴在时间的流里,没有声音,也没有影子。我不禁头涔涔而泪潸潸了。

去的尽管去了,来的尽管来着;去来的中间,又怎样地匆匆呢?早上我起来的时候,小屋里射进两三方斜斜的太阳。太阳他有脚啊,轻轻悄悄地挪移了;我也茫茫然跟着旋转。于是——洗手的时候,日子从水盆里过去;吃饭的时候,日子从饭碗里过去;默默时,便从凝然的双眼前过去;我觉察他去的(得)匆匆了,伸出手遮挽时,他又从遮挽着的手边过去。天黑时,我躺在床上,他便伶伶俐俐地从我身上跨过,从我脚边飞去了。等我睁开眼和太阳再见,这算又溜走了一日。我掩着面叹息,但是新来的日子的影儿又开始在叹息里闪过了。

在逃去如飞的日子里,在千门万户的世界里的我能做些什么呢?只有徘徊罢了,只有匆匆罢了。在八千多日的匆匆里,除徘徊外,又剩些什么呢?过去的日子如轻烟,被微风吹散了,如薄雾,被初阳蒸融了;我留着些什么痕迹呢?我何曾留着像游丝样的痕迹呢?我赤裸裸来到这世界,转眼间也将赤裸裸的(地)回去罢?但不能平的,为什么偏要白白走这一遭啊?

你聪明的,告诉我,我们的日子为什么一去不复返呢?

——朱自清《匆匆》

二、课前练笔

题目:

请以"_____二三事"为题,写一篇记人的文章,要求结构完整,记叙顺序恰当,中心突出。

思维建模:

1. 确定好题目和所要突出的中心,并思考围绕这一中心可以写哪几件事。
2. 思考所写事件先写什么后写什么,整体上用什么写作顺序。
3. 在记叙事件的过程中,列好提纲,思考如何分解层次。
4. 文章在写事件时,安排好过渡句,使情节合乎情理。
5. 开头结尾安排好呼应,想想如何在结尾处升华主题。

片段展示:

奶奶的二三事

我的奶奶是一位73岁的老人。她有一头苍白的头发,额上是深深的皱纹,脸上总是挂着和蔼的笑容。那双布满褶皱的手总是黑乎乎的,因此我也不怎么喜欢她。(描写奶奶的外貌,突显奶奶的苍老和其貌不扬的特征,欲扬先抑。)

奶奶的手虽然总是黑乎乎,但她在生活中非常爱干净,整天都戴着个老花镜,拿着针线在衣服上缝缝补补。让她再买一件新衣服,她总说:"别,别,别,还能穿呢!花啥钱呀!"(略写生活中奶奶的节俭。)

在我年幼时,父母因为要到外地打工没时间照顾我,就把我送到奶奶身边。可我那时十分讨厌她,甚至觉得是她才让我和爸妈分开的。冬天的夜晚,我总喜欢踢被子,再加上被子也不怎么厚实,一天早上我竟发烧了。奶奶把热毛巾敷在我额头上,嘴里还不断念叨着:"妮儿,是不是又踢被子了?这不行呀,不能踢啊。这不感冒了……"我因为发烧感冒心情不好,冲她吼道:"你就不能大方点买床棉被吗?就算我踢被子也不会感冒了。"奶奶愣住了,沉默片刻后应声道:"好,奶奶知道了。妮儿乖乖,感冒会好起来的。"晚上,奶奶拿着一大包东西来到我屋里,高兴地对我喊道:"妮儿!看奶奶买了啥?"打开一看,原来是一床大棉被。我开心极了,立马把棉被盖在身上,对奶奶说:"奶奶,真暖和!"奶奶听后,乐呵呵地笑了。(详写了奶奶对"我"大方——买来棉被。)

后来,我到了上小学的年纪,每天从家里去学校都要花半个多小时。有一天,我来学校,看到同学们都带着一把伞,突然才记起,老师昨天让我们带把伞来学校,今天会下雨。放学时,天空果然下起了大雨。看着同学们撑着伞陆续回家,我伤心地哭了起来。这时,一把巨大的油布伞出现在我头顶上,眼前的风景被一具庞大的身躯挡住。抬头一看,是奶奶！奶奶和蔼地笑着,弯下腰,伸手帮我擦拭眼泪,安慰我:"妮儿乖,不哭了。奶奶来了,带我的妮儿回家了。"说着,她便把我抱起,拿出糖果:"妮儿看！是你喜欢的糖,奶奶抱着你走。"下雨了,路上全是泥泞。我开心地吃着糖,对奶奶说:"奶奶,我今天学了首新歌,我唱给你听。""好,妮儿唱吧。"奶奶说道。"让我们荡起双桨,小船儿推开波浪……"终于,我俩回到家中。进门时,我无意间看到奶奶的鞋已经满是泥巴,对奶奶说:"奶奶,你鞋脏了。"一向爱干净的奶奶却挥了挥手说:"没事,妮儿。洗洗就行了。"

如今我已经上了初中,虽然现在我回到了父母的身边,奶奶还在老家,只有放假才可以看到她,但是,我想对奶奶说——我爱你！(点出中心,直抒胸臆,表达对奶奶的爱。)

点评:

这篇文章写了奶奶在生活中对孙女的爱,记叙顺序明确,结构完整,时间叙述详略得当,思路清晰。如再写一件事,补充内容,或者插叙下棉被的由来,可以更加升华主题,突出奶奶对"我"的爱。

三、课中练习

题目:

将上面所写的片段再次升格,使文章主题更鲜明、思路更清晰、感情更真挚。

思维建模:

1. 记叙奶奶对我的爱中,哪件事最重要,如何体现？
2. 记叙奶奶的事件中,哪件事要安排在前,哪件在后,哪件事可以升华主题？
3. 记叙中,可否安排插叙的记叙顺序,衬托奶奶的形象？
4. 奶奶对你的爱,你心里有什么感受和感想？
5. 结尾你的情感是怎样的？对奶奶,你是感恩还是感激？

习作展示：

奶奶的二三事

龙丽盈

我的奶奶是一位73岁老人。她有一头苍白的头发，额上是深深的皱纹，脸上总是挂着和蔼的笑容。那双布满褶皱的手总是黑乎乎的，因此我也不怎么喜欢她。（描写奶奶的外貌，突显奶奶苍老和其貌不扬的特征，欲扬先抑。）

奶奶的手虽然总是黑乎乎，但她在生活中非常爱干净。整天都戴着个老花镜，拿着针线在衣服上缝缝补补。让她再买一件新衣服，她总说："别，别，别，还能穿呢！花啥钱呀！"（略写生活中奶奶的节俭。）

在我年幼时，父母因为要到外地打工没时间照顾我，就把我送到奶奶身边。可我那时十分讨厌她，甚至觉得是她才让我和爸妈分开的。冬天的夜晚，我总喜欢踢被子，再加上被子也不怎么厚实，一天早上我竟发烧了。奶奶把热毛巾敷在我额头上，嘴里还不断念叨着："妮儿，是不是又踢被子了？这不行呀，不能踢啊。这不感冒了……"我因为发烧感冒心情不好，冲她吼道："你就不能大方点买床棉被吗？就算我踢被子也不会感冒了。"奶奶愣住了，沉默片刻后应声道："好，奶奶知道了。妮儿乖乖，感冒会好起来的。"晚上，奶奶拿着一大包东西来到我屋里，高兴地对我喊道："妮儿！看奶奶买了啥？"打开一看，原来是一床大棉被。我开心极了，立马把棉被盖在身上，对奶奶说："奶奶，真暖和！"奶奶听后，乐呵呵地笑了。（运用细节描写、人物对话，写出了奶奶对"我"的爱，感人至深。）

后来，我到了上小学的年纪，每天从家里去学校都要花半个多小时。有一天，我来学校，看到同学们都带着一把伞，突然才记起，老师昨天让我们带把伞来学校，今天会下雨。放学时，天空果然下起了大雨。看着同学们撑着伞陆续回家，我伤心地哭了起来。这时一把巨大的油布伞出现在我头顶上，眼前的风景被一具庞大的身躯挡住。抬头一看，是奶奶！奶奶和蔼地笑着，弯下腰，伸手帮我擦拭眼泪，安慰我："妮儿乖，不哭了。奶奶来了，带我的妮儿回家了。"说着，她便把我抱起，拿出糖果："妮儿看！是你喜欢的糖，奶奶抱着你走。"下雨了，路上全是泥泞。我开心地吃着糖，对奶奶说："奶奶，我今天学了首新歌，我唱给你听。""好，妮儿唱吧。"奶奶说道。"让我们荡起双桨，小船儿推开波浪……"终于，我俩回到家中。进门时，我无意间看到奶奶的鞋已经满是泥巴，对奶奶说："奶奶，你鞋脏了。"一向爱干净的奶奶却挥了挥手说："没事，妮儿。洗洗就行了。"（再次运用细节描写，升华了奶奶对"我"的爱。）

再后来，从邻居那里才得知，那床棉被是奶奶坐着牛车到镇里花了三百多块钱买来的上好棉被，那双满是泥巴的鞋洗了三四回才洗干净。为了治好那双黑乎乎的手，奶奶到处去打听偏方，反复洗刷，好让孙女亲近她。（插叙，解释说明了棉被的由来，再次点出奶奶对"我"的爱。）

我的奶奶，她不是什么名媛贵妇，也不是什么盖世英雄，但她对我的爱比黄金还耀眼，比宝石还珍贵，让我原来灰暗的生活变得五彩缤纷。奶奶，我爱你！（结尾升华主题，写出了对奶奶的感激之情。）

点评：

文章在结构的安排上为总分式，思路清晰，在介绍奶奶的事件时，详略得当，多处运用细节的描写，刻画奶奶的形象。文章选取的事件比较典型，还穿插了插叙的记叙顺序，升华了主题，点出了中心，感人至深。

四、课后巩固

题目：

以"这天，我回家晚了"为题，写一篇记叙文。自定立意，不少于500字。

思维建模：

1. 这天，我为什么回家晚？回家后的结果如何？

出去玩/帮助同学；被父母批评委屈/被父母表扬开心。

2. 文章的中心事件是什么？交代清楚这件事的来龙去脉，突出主题。

一件乐于助人的事、一件调皮捣蛋的事，这些事都可以体现文章的主题。

3. 要采用什么记叙顺序，让文章的整体结构完整、层次分明？

插叙、倒叙等，都可以体现文章思路是否清晰。

4. 写过渡句，过渡句能不能引出主题或升华主题？

由事到人，由一件小事到社会现象都可以升华主题，引发人思考。

5. 首尾呼应，深化主题。

可以先写这天发生的事在你心中留下的印象或者感触，结尾处可以再次点出这件事对自己的收获和影响等，再次突出中心，深化主题。

写作训练：

（作文格）

五、写作评价

评价指标	评价方式	评价标准		
		是	一般	否
写作结构是否完整	自评			
	互评			
	师评			
事件安排是否突出中心	自评			
	互评			
	师评			
文章线索是否明确	自评			
	互评			
	师评			
记叙顺序是否恰当	自评			
	互评			
	师评			
层次分解是否合理	自评			
	互评			
	师评			
文章过渡是否自然	自评			
	互评			
	师评			
首尾是否照应、升华主题	自评			
	互评			
	师评			

七年级上第五单元　如何突出中心

东莞市中堂镇实验中学　黎燕云

导语：

　　文章的中心，就是文章的思想主题，是作者在文章中要表达的贯穿全文的核心，是提纲挈领的道理，是作者在文章中努力通过各种细节来阐明的中心议题。简单地说，中心思想就是作者要告诉我们的道理和内涵。比如《散步》的中心：通过记叙祖孙三代在一起散步的平凡小事，表现了一家人互敬互爱的真挚感情，体现了中华民族尊老爱幼的传统美德。写作时，只有中心突出，才能使文章的立意更加高远，更能吸引读者，引起共鸣。

一、课前导学

分点一：线索贯穿，显露中心

"那只羚羊哪儿去啦？"妈妈突然问我。

　　妈妈说的羚羊是一件用黑色硬木雕成的工艺品。那是爸爸从非洲带回来给我的。它一直放在我桌子的犄角上。这会儿，我的心怦怦地跳了起来，因为昨天我把它送给了我的好朋友万芳。（查问木雕）

　　…………

　　这时，妈妈从柜子里拿出一铁盒糖果对我说："不是妈妈不懂道理，你把这盒糖送给你的好朋友……那只羚羊，就是爸爸妈妈也舍不得送人啊！"我从妈妈的眼睛里看出了羚羊的贵重。她和爸爸一起看着我，像是在等待着什么。我知道事情已经无可挽回了，眼泪顺着我的脸颊流下来。屋子里静极了。奶奶突然说："算了吧，这样多不好。"妈妈一边递过糖盒一边说："您不知道那是多么名贵的木雕！"（赠送木雕）

　　…………

　　万芳看了我一眼，跑进屋去。过了一会儿，她拿着那只羚羊出来了。她妈妈接过来一看说："哎呀！你怎么能拿人家这么贵重的东西呢！"她把羚羊递到我的手上,"好好拿着,别难受,看我待会儿揍她!"

我把小刀递到她的手上说:"阿姨!羚羊是我送她的,都怪我……"当我抬起头来的时候,万芳已经不见了,她不会再跟我好了……(取回木雕)

——张之路《羚羊木雕》

《羚羊木雕》以"羚羊木雕"为线索,通过"查问木雕—赠送木雕—取回木雕"几个情节,表现了一家人不同的心态,表达了小朋友之间纯洁的友谊,含蓄地批评了爸爸妈妈重财轻义的行为。

分点二:主次分明,凸显中心

每一穗花都是上面的盛开、下面的待放。颜色便上浅下深,好像那紫色沉淀下来了,沉淀在最嫩最小的花苞里。每一朵盛开的花就像是一个小小的张满了的帆,帆下带着尖底的舱。船舱鼓鼓的,又像一个忍俊不禁的笑容,就要绽开似的。那里装的是什么仙露琼浆?我凑上去,想摘一朵。

但是我没有摘。我没有摘花的习惯。我只是伫立凝望,觉得这一条紫藤萝瀑布不只在我眼前,也在我心上缓缓流过。流着流着,它带走了这些时一直压在我心上的关于生死的疑惑,关于疾病的痛楚。我浸在这繁密的花朵的光辉中,别的一切暂时都不存在,有的只是精神的宁静和生的喜悦。

——宗璞《紫藤萝瀑布》

文章详细描写了眼前的紫藤萝的生长形态,而略写了十多年前那段关于"生死""疾病"的往事,突出了眼前的紫藤萝的茂密繁荣给"我"带来了欣喜,使我感悟到人生的美好和生命的永恒这一中心主题。

分点三:开门见山,引出中心

北京的冬季,地上还有积雪,灰黑色的秃树枝丫叉于晴朗的天空中,而远处有一二风筝浮动,在我是一种惊异和悲哀。

——鲁迅《风筝》

"五月五,是端午。门插艾,香满堂。吃粽子,撒白糖,龙舟下水喜洋洋。"又是一年端午节,这一天人们除了赛龙舟、吃粽子、喝雄黄酒外,还要去采几束艾草,插在自家的门楣上。我对插艾草这一习俗情有独钟,那一缕袅袅清香的温馨味道,好像母亲的手,把我轻轻牵进思念的故乡。

——钟芳《艾香悠悠溢端午》

分点四:卒章显志,突出中心

我上前牵了母亲的手,像多年前,她牵着我的手一样,我不会再松开母亲的手。大街如潮的人群里,我们只是一对很寻常的母女。如果可以这样爱你,妈妈,让我做一回母亲,你做女儿,让我的付出天经地义,而你,可以坦然地接受。

——丁立梅《如果可以这样爱你》

初中毕业后,我离乡背井,走南闯北,风霜雪雨,历经坎坷,多少次陷入谗言的沼泽,多少次卷进是非的旋涡,多少次面临人生的绝境,但在我最困难的时候,我就会想起奶奶说的这句话:一觉醒来是早晨!于是,我恢复了自信和勇气;于是,我振作起来舔舔伤口继续与命运拼搏;于是,我奇迹般地走出沼泽,游出旋涡,战胜绝境,柳暗花明又一村。

——沈石溪《一觉醒来是早晨》

分点五:环境烘托,关照中心

秋末冬初,天坛里那排白色的藤萝架,上边的叶子已经落得差不多了。想起春末,一架紫藤花盛开,在风中像翩翩飞舞的紫蝴蝶——还是季节厉害,很快就将人和花雕塑成另外一种模样。

——肖复兴《笔下犹能有花开》

几声鸟鸣隐入稠密的枝叶,阳光在叶隙间跳荡,你闻到樟树的香气,像闻到一股源自光阴的醇酿。临别时,和同行的文艺家们在大樟树下合影留念,身后是一排红色大字:"幸福,都是奋斗出来的。"你体味着一座村庄的前世今生,仿佛自己也变成了一棵樟树,立于时间之中,枝叶婆娑,周身浸透绿意。

——朝颜《樟树下,外婆家》

分点六:情境再现,表现中心

一天,当落日的余晖渐渐褪去,正在公园悠闲散步的我,看到一位妇人推着一位坐在轮椅上的男子,两人有说有笑,女子的脸上丝毫没有艰难行走的辛苦,男子的脸上也无病痛折磨的痛苦。那幅画面好美……

——王丽环《守护希望》

时间总是过得很快,又是一年秋天,又是一年的思念。当泪水模糊了我的视线时,我隐约地看见一位老妇人拄着拐杖,颤颤巍巍地向我走来,她笑着从怀里掏出一个梨子放到我的手上,轻轻地说:"乖,不哭,吃梨。"

——袁秋茜《最后一颗秋梨》

分点七:抒写感受,点明中心

17年埋在泥土中,出来就活一个夏天,为什么呢?朋友说:那本来的生活历程就是这样。它为了生命的延续,必须好好地活着。哪管是 90 年,90 天,都要好好地活过。

哦!那是蝉的生命意义!

斜阳里,想起秋风的颜色,就宽恕了那烦人的聒聒!

——小思《蝉》

白杨不是平凡的树。它在西北极普遍,不被人重视,就跟北方农民相似;它有极强的生命力,磨折不了,压迫不倒,也跟北方的农民相似。我赞美白杨树,就因为它不但象征了北方的农民,尤其象征了今天我们民族解放斗争中所不可缺的朴质,坚强,以及力求上进的精神。

让那些看不起民众、贱视民众、顽固的倒退的人们去赞美那贵族化的楠木(那也是直挺秀颀的),去鄙视这极常见、极易生长的白杨罢,但是我要高声赞美白杨树!

——茅盾《白杨礼赞》

抬头看见花!这非常值得期待。在喧嚣忙碌的生活里,累了、乏了、倦了的时候,猛然一抬头,与一树花对视,这是多大的幸福啊!但四时有序,花开有时,那一束花开常常被辽阔的苍茫代替,被嘈杂的市声淹没。在没有花开的时节,乐观的人们从不等待,他们用自己的双手和智慧,用纯洁而向美的心灵去创造,让寒冬开花,让枯枝开花,让石头开花……

——张金凤《抬头看见花》

二、课前练笔

题目:

书包是我们每个人都必备的学习用品,在上学和放学的路上,它与我们形影不离。假如要以"书包"为话题写一篇文章,请你想一想,可以从哪些角度确立中心呢?

思维建模:

1. 将"我"的书包视作客观事物,着眼于介绍、说明,可以写写书包的功能、外观设计和内部构造等。

2. 想象如果"我"是书包。让我们化身为书包,去听听它的心声:是为主人负担重而鸣不平,还是因主人乱扔乱放而暗自委屈?设身处地,发挥想象,看看你能想到些什么。

3. "我和书包"着眼于书包和主人的关系。你第一个书包是谁送给你的？你和书包之间有着怎样的故事？……都可以作为确立中心的角度。

片段展示：

我是一个书包

我是一个书包，自打出生起，便随着众多兄弟姐妹走向全国各地。我懵懵懂懂地来到一个小镇，被店主挂在一个显眼的地方做展品。

八月的一天，一位母亲带着她的宝贝女儿来到这个店里。一踏进店，小女孩就直盯着我看，脸上满是笑容，跟她妈妈撒娇说："妈妈，这个书包好看，我要这个。"店主取下我，小女孩的妈妈仔细打量着我，一会儿看看我的脸，一会儿摸摸我的肩，最后说："蛮漂亮的，就这个吧！"就这样，我来到了新的家，小女孩成为我的新主人。（开篇直接点明"我"的新主人。）

开学了，主人天天背着我上学读书，回家还会帮我擦擦洗洗，把我收拾得干干净净，我开心得不得了。可是好景不长，没过多久，小女孩慢慢地不那么在乎我了。她不但不给我洗脸，反而在我身上乱写乱画；生气时就拿我出气，把我乱扔乱摔；什么东西都往我肚子里塞，也不管我受不受得了。（通过小女孩对"我"的前后态度，突出她对"我"的情感变化。）唉，话说回来，有些事也不能全怪她，她的课业负担实在太重，那些课本呀，字典呀，练习册呀，还有各种各样的资料，不往我肚子里塞，还能往哪里塞呢？（对"我"的心理描写，突出"我"对小女孩行为的理解。）

那天放学，小女孩和几个同学玩得特别开心。大概觉得背着我有些碍事吧，小女孩把我丢到一旁，自顾自地疯去了，完全忘记了我的存在。不知不觉，天色已晚，小女孩跟她的同学不见了踪影。

点评：

本文运用拟人的手法，以书包为陈述者，记录了书包跟小女孩从相遇到跟随再到被遗忘的整个过程，用童话形式揭示了课业负担过重的问题。作者借书包的命运展示出一个小姑娘的成长过程，以书包的身份去看、去想，选材贴近生活。

三、课中练习

题目:

将上面所写的片段扩展成一篇中心明确的记叙文。题目自拟,不少于500字。

思维建模:

1. 小女孩最初对"我"的态度怎样?
2. 小女孩后来对"我"的态度有了怎样的变化?
3. "我"认为小女孩对"我"的态度变化的主要原因是什么?
4. 当"我"差点儿被遗弃,"我"是怎么想的?
5. 正当"我"绝望时,小女孩的出现让"我"有了怎样的反应?
6. 在这个事件发生的过程中,大概是什么原因让小女孩突然"醒悟"?
7. 你在这个故事中有什么特别的收获和感受?

习作展示:

我是一个书包

我是一个书包,自打出生起,便随着众多兄弟姐妹走向全国各地。我懵懵懂懂地来到一个小镇,被店主挂在一个显眼的地方做展品。

八月的一天,一位母亲带着她的宝贝女儿来到这个店里。一踏进店,小女孩就直盯着我看,脸上满是笑容,跟她妈妈撒娇说:"妈妈,这个书包好看,我要这个。"店主取下我,小女孩的妈妈仔细打量着我,一会儿看看我的脸,一会儿摸摸我的肩,最后说:"蛮漂亮的,就这个吧!"就这样,我来到了新的家,小女孩成为我的新主人。

开学了,主人天天背着我上学读书,回家还会帮我擦擦洗洗,把我收拾得干干净净,我开心得不得了。可是好景不长,没过多久,小女孩慢慢地不那么在乎我了。她不但不给我洗脸,反而在我身上乱写乱画;生气时就拿我出气,把我乱扔乱摔;什么东西都往我肚子里塞,也不管我受不受得了。唉,话说回来,有些事也不能全怪她,她的课业负担实在太重,那些课本呀,字典呀,练习册呀,还有各种各样的资料,不往我肚子里塞,还能往哪里塞呢?

那天放学,小女孩和几个同学玩得特别开心。大概觉得背着我有些碍事吧,小女孩把我丢到一旁,自顾自地疯去了,完全忘记了我的存在。不知不觉,天色已晚,小女孩跟她的同学不见了踪影。

我孤孤单单地蜷缩在路边,心里害怕极了。

这时,一个捡垃圾的老汉经过,他看了看我,叹息道:"唉,现在的孩子越来越调皮了,到处乱扔垃圾。"我非常生气地说:"我不是垃圾!"可惜他听不见,他随手把我扔进了不远处的垃圾堆。垃圾堆又臭又脏,我又气又急,伤心地哭泣起来。正当我快要绝望时,小女孩带着她的妈妈来寻找,东瞅西瞧地总算发现了我。我扑到小女孩怀里,紧紧地抱着她不松手。

自此以后,小女孩好像懂事多了,也比以前更爱惜我了。我要好好陪伴我的主人,尽我的力量实现小女孩的理想。

四、课后巩固

题目:

我们每天都和家人一起吃饭,在餐桌前,大家会谈论些什么?是当天发生的事,还是正在看的电视节目?请以"餐桌前的谈话"为题,写一篇作文。自定立意,不少于500字。

思维建模:

1. 地点是"餐桌前",内容是"谈话",参与的人有哪些?谈话的内容是什么?

参与的人可以是父母、爷爷、奶奶等长辈,也可以是你的老师、朋友。

2. 谈话的内容是什么?是一次内容宽泛的聊天,还是一次有针对性的谈话?

谈话的内容可能是学习上的,或者是生活上,又或者是人际关系方面的。

3. 选取的这一次餐桌前的谈话,有什么特别的意义?

这次谈话可能让你对某些事件有了新的认识、新的想法。

4. 经过这一次谈话,是否让你对谈话者在某些事情上的态度有了不一样的感受?

之前也许觉得对方是一个特别难沟通的人,但这次谈话后终于理解了对方的内心。

5. 这次谈话引发了你产生哪些深刻的心得体会?

最好写出自己前后情感的变化。

写作训练:

(作文格)

五、写作评价

评价指标	评价方式	评价标准		
		是	一般	否
中心是否明确	自评			
	互评			
	师评			
详略安排是否得当	自评			
	互评			
	师评			
中心是否突出	自评			
	互评			
	师评			

七年级上第六单元　发挥联想与想象

东莞中学南城学校　黎敏施

导语：

读《荷叶·母亲》，我们为母亲对孩子深深的爱而感动；读《西游记》，我们为孙悟空的神通广大而着迷。假如你也想写出如此有感染力的诗，你也想写出引人入胜的故事，那就为你的作品插上联想与想象的翅膀吧。

一、课前导学

分点一：将物拟人，进入联想和想象空间

白杨不是平凡的树。它在西北极普遍，不被人重视，就跟北方农民相似；它有极强的生命力，磨折不了，压迫不倒，也跟北方的农民相似。我赞美白杨树，就因为它不但象征了北方的农民，尤其象征了今天我们民族解放斗争中所不可缺的朴质，坚强，以及力求上进的精神。

让那些看不起民众、贱视民众、顽固的倒退的人们去赞美那贵族化的楠木（那也是直挺秀颀的），去鄙视这极常见、极易生长的白杨罢，但是我要高声赞美白杨树！

——茅盾《白杨礼赞》

分点二：触景生情，进入联想和想象空间

> 成功的花，
> 人们只惊羡她现时的明艳！
> 然而当初她的芽儿，
> 浸透了奋斗的泪泉，
> 洒遍了牺牲的血雨。

——冰心《成功的花》

分点三：运用比喻，使联想和想象生动形象

>不，这些都还不够！
>
>我必须是你近旁的一株木棉，
>
>作为树的形象和你站在一起。
>
>根，紧握在地下；
>
>叶，相触在云里。
>
>每一阵风过，
>
>我们都互相致意，
>
>但没有人，
>
>听懂我们的言语。
>
>你有你的铜枝铁干，
>
>像刀，像剑，也像戟；
>
>我有我红硕的花朵，
>
>像沉重的叹息，
>
>又像英勇的火炬。

——舒婷《致橡树》

随着一声刺耳的爆响，空气里升起一股烟酒混合的强烈臭味，一个胡子拉碴、身穿一件破烂外套的矮胖子突然出现在他们面前。两条短短的罗圈腿，一头又长又乱的姜黄色头发，一双肿胀充血的眼睛，使得他看上去像是一只短腿猎狗那样愁苦。

——[英]J.K.罗琳《哈利·波特与凤凰社》，马爱新、马爱农、蔡文译

分点四：运用夸张，使联想和想象更有艺术感染力

昔者共工与颛顼争为帝，怒而触不周之山，天柱折，地维绝。天倾西北，故日月星辰移焉；地不满东南，故水潦尘埃归焉。

——刘安《淮南子》

译：

从前，共工与颛顼争夺天帝之位，(共工在大战中惨败)，(共工)愤怒地用头撞击不周山，把支撑着天的柱子撞断了，把拴系着大地的绳索也撞断了。天向西北方向倾斜，所以日月、星辰都向西北方向移动了；大地的东南角塌陷了，所以江河积水泥沙都朝东南角流去了。

〔正官〕〔端正好〕碧云天,黄花地,西风紧,北雁南飞。晓来谁染霜林醉?总是离人泪。

〔滚绣球〕恨相见得迟,怨归去得疾。柳丝长玉骢难系,恨不倩疏林挂住斜晖。马儿迍迍的行,车儿快快的随,却告了相思回避,破题儿又早别离。听得道一声"去也",松了金钏;遥望见十里长亭,减了玉肌:此恨谁知?

(红云)姐姐今日怎么不打扮?(旦云)你哪知我的心里呵!

〔叨叨令〕见安排着车儿、马儿,不由人熬熬煎煎的气;有甚么心情花儿、靥儿,打扮得娇娇滴滴的媚;准备着被儿、枕儿,只索昏昏沉沉的睡;从今后衫儿、袖儿,都揾做重重叠叠的泪。兀的不闷杀人也么哥?兀的不闷杀人也么哥?久已后书儿、信儿,索与我凄凄惶惶的寄。

——王实甫《西厢记》

译:

〔正官〕〔端正好〕碧蓝的天空,开满了菊花的大地,西风猛烈吹,大雁从北往南飞。清晨,是谁把经霜的枫林染红了?那总是离人的眼泪。

〔滚绣球〕恨相见得太迟,怨离别得太快。柳丝虽长,却难系住远行人的马,恨不能使疏林一直挂住那斜阳。张生的马慢慢地走,我和车紧紧地跟随,刚刚结束了相思之苦,却又早开始了别离之愁。听他说"要走了",人顿时消瘦下来;远远地望见十里长亭,人更消瘦了:这离愁别恨有谁能理解?

(红娘说)姐姐今天怎么不打扮?(莺莺说)你哪里知道我的心里呵!

〔叨叨令〕看见准备离去的车马,不由得使我难过生气;还有什么心情去插花儿、贴靥儿,打扮得娇娇滴滴的;准备好被子、枕头,只要昏昏沉沉地闷睡,从今后,那衫儿、袖儿,只会揩满流不断的泪。怎么不愁杀人呀?怎么不愁杀人呀?从今往后,张生你要赶紧给我寄书信。

分点五:丰富多彩的细节描写,使联想和想象更为真实

坐在窗边的那个姑娘抬起了头。她长着一头乱蓬蓬、脏分分、长达腰际的金黄色头发,眉毛的颜色非常浅,两只眼睛向外凸出,这使她老有一种吃惊的表情。哈利立刻明白为什么纳威情愿放过这间包厢了。这姑娘身上明显地透着一种疯疯癫癫的劲儿。这也许是因为她为了保险起见,居然把魔杖插在了左耳朵后面,或者是因为她居然戴着一串用黄油啤酒的软木塞串成的项链,或者是因为她读杂志时居然把杂志拿颠倒了。

——[英]J.K.罗琳《哈利·波特与凤凰社》,马爱新、马爱农、蔡文译

二、课前练笔

题目：

故事接龙。同学们分组围坐，由第一个同学写一句话作为故事的开头，比如："那一天，发生了一件奇怪的事。"其他同学依次写下去。一圈写不完，可以接着再写，直到写出一个完整的故事。写完后可由一个同学朗读故事，同组的其他同学提出修改建议。最后推选出一个同学，让他根据大家的建议修改故事并定稿。

提示： 不管前一个同学的话多么荒诞离奇，都要想办法使情节发展保持一定的连贯性。充分发挥联想和想象，故事才能精彩。

思维建模：

1. 这件奇怪的事发生在哪里，在学校还是家里？

2. 这件事奇怪在哪里？跟平时不一样吗？有哪些地方不一样？周围气氛是怎样的？

3. 这件事发生了后，周围人的反应都是怎么样的呢？他们的神态怎么样，动作怎么样，说了哪些话？

4. 事情发生后，反应最强烈的是谁？是惊讶还是生气，是悲伤还是兴奋，是平静还是激动？

5. 他说了什么话？说话时他的眼神是怎么样的？做了哪些动作呢？

6. 你能想象他为什么会有这样的反应吗？

7. 最后的结局是怎样的？

片段展示：

那一天，发生了一件奇怪的事。正是返校日，除了几位值日的老师，刘校长竟然也站在学校门口，微笑着给每一位进校的老师和同学问好。

刘校长这是怎么了？要知道，平时的刘校长可不是这样。白衬衣、黑西裤是他的标配，黑白的不只是他的着装，他连脸上的表情也总是波澜不惊的，严肃得让人不敢靠近。（从校长的黑白着装联想到他的严肃表情，"触景生情"。）

同学们从刘校长身旁走过时，都紧张得低下了头，怯怯地问好后，像老鼠躲

猫般快速离开。（运用比喻，使联想和想象生动形象。）

去年，刘校长刚调到学校来，巡视教学楼时，同学们本来是想一睹新校长风采，但一看到他这样的严肃神情，都吓得躲进教室里不敢出来，几个去上厕所的，也如过街老鼠一样飞快地跑开了。（生动的比喻，写出了学生的害怕。）

第二天，班主任陈老师笑眯眯地说："大家昨天返校都看到刘校长了，相信大家心里都有个问号。因为刘校长不止一次在升旗仪式上强调文明礼仪习惯，可是校园中不讲文明的现象依然屡有出现，因此校长亲自上阵示范。"昨天校门口那一幕不由得浮现在脑海：一个50来岁的中年人，像个酒店门前的服务生，笔直地站在校门口，手指贴裤缝，面带微笑，问好时，还加上一个接近90度的鞠躬，很滑稽，也很让人感动。（丰富多彩的细节描写，恰恰突出了刘校长一改作风、以身作则的感人行为，使联想和想象更真实。）

知道真相后，校园中常常出现一道道亮丽的风景线：同学们遇到刘校长会主动鞠躬问好，遇到其他的老师也会主动问好了。

点评：

片段中重点描写了刘校长的"奇怪"行为，运用了联想和想象，同时也加入了人物描写，使情节生动、精彩。"白衬衣、黑西裤是他的标配，黑白的不只是他的着装，他连脸上的表情也总是波澜不惊的，严肃得让人不敢靠近"这是一处外貌描写和神态描写，突出了刘校长为人严肃。作者也从校长的严肃，联想到"白衬衣、黑西裤"的着装，联想到同学们见到刘校长"像老鼠躲猫般快速离开""如过街老鼠一样飞快地跑开"，更能突出刘校长的严肃个性，生动形象，画面感很强。

三、课中练习

题目：

发挥联想和想象，为本单元课文《皇帝的新装》续写一个故事，不少于500字。

提示：

1. 认真阅读课文的结尾，想象故事发展的各种可能，然后抓住一点落笔。

2. 要使人物的言行和性格与之前的表现相符，故事发展和情节设计要合情合理，令人信服。

思维建模：

1. 皇帝回到皇宫后，心情怎么样呢？两个骗子的结局又如何？

2. 经过这件事，皇帝有没有发生改变呢？对新衣服还是如此热爱吗？

3. 如果再有人说能做出新型的、神奇的衣服，皇帝会是什么反应？

4. 大臣和官员们再遇到这种情况，仍会像此前那样虚伪吗？

5. 除此以外，还有哪些地方能突出皇帝的个性呢？面对再次而来的新衣服，他的神态是怎样的？他会说哪些话？他的动作是怎样的？

6. 在这件事当中，有没有出乎意料的地方？谁的行为最让人意外，他是怎样表现的？说了什么？做了什么？

7. 最后的结局是什么？

习作展示：

《皇帝的新装》续写

罗胜辉

皇帝为了不让百姓们耻笑，顶着寒风，光着身子走完了游行。

回到皇宫之后，皇帝龙颜大怒。

"这是怎么一回事！让两个织工马上来见我！"皇帝怒吼道。

他就像一头发怒的狮子，咬牙切齿，眼里直冒火花。老大臣和官员们低着头，谁也不敢说什么。官员马上去找两个"御聘裁缝"，可惜早就人去楼空了。皇帝便立即派人追捕，这一追就是三年，却仍不见那两个骗子的踪影，这件事情也就不了了之。（运用语言描写、神态描写，使联想和想象更真实；运用比喻，使联想和想象生动形象。）

皇帝在这三年里都在干些什么呢？他可没闲着，仍旧每天每个小时都要换一套衣服，整天待在他那间更衣室里忙碌着。

有一天，侍卫慌慌张张地前来传话："皇上，一群自称是来自26世纪的著名设计师求见，他们说能做出独一无二、精美绝伦的衣服来。"（语言描写、神态描写，将文章带入另一个联想和想象的空间——26世纪的衣服。）

一听说能做出独一无二、精美绝伦的衣服，皇帝喜上眉梢，连忙让侍卫将他们带进皇宫。但他从上次的事件中吸取了很大的教训，他想：一定要先让"设计师们"做一身衣服出来，给我看看再说，绝不能像上次那样了。

第二天一大早，皇帝心急如焚，坐立不安，恨不得马上就穿上那精美绝伦的衣服。他站在镜子前,左转转,右瞧瞧,仿佛已经穿上新衣服了。(丰富多彩的细节描写,使皇帝爱穿新衣服的个性更鲜明,使联想和想象更真实。)

很快,那一群"设计师"拿着一件衣服来见皇帝:"陛下,这是我们从26世纪带来的新型面料,这面料叫'光绘织',它跟普通的面料可不一样,这种面料质地透明,颜色是用特殊颜料画上去的,而且随着光线变化而变色,一擦就掉,想变就变。"(运用夸张的手法,想象"设计师"从26世纪来,面料是26世纪特有的"光绘织"面料,能随光而变,更有艺术感染力。)

皇帝大笑起来,他做梦都想有一件可以变化的衣服,今天终于梦想成真。

"快,快,快,拿给我试试!"他乐得都找不着北了。

皇帝的"光绘织"材料新衣很快就传遍了全国,百姓们议论纷纷,无论走到哪里,都能听到百姓们在讨论皇帝的新衣服。

从此以后,人们一提起皇帝,就会联想起画师来,因为他不用换衣服了,召集所有画师帮他"画"衣服就可以了。这下可忙坏了那些画师,他们整日都得有创新的图案、精美的设计,稍有不慎,准会皮开肉绽。皇帝太喜欢这件"万能"的衣服了,因此每时每刻都穿在身上,因为他长时间不脱下来,那件衣服"长"在了他的身上,想脱也脱不下来了!(由皇帝每时每刻都穿在身上,联想到衣服"长"在身上,大胆夸张,又符合皇帝爱穿新衣的逻辑。)

皇帝才不在意能不能脱下来,他要求,每天早上一起床就能看到他的新衣服。于是每天早晨天还没亮,画师们就得在皇帝身上"画"衣服,而他每天做的事就是召集大臣和官员们欣赏他新衣服的不同图案,毫无心思管理国家。

转眼一年过去了,皇帝似乎对新衣服的热爱有增无减,设计师们看在眼里:"陛下,这么好的衣服,应该让全国人民都拥有啊,为何不去推广这种神奇的衣服呢?"皇帝一听,决定再举行一次游行大典,去推广他的新型材料衣服。天还没亮,画师们就已经帮皇帝画好图案了。皇帝在镜子前转动着身子。

"多么美的色彩啊!"设计师说。

"只有陛下才能穿得这样高贵!"一个设计师说,"您看这线条,您看这色彩的搭配,散发着金子般耀眼的光芒!"另一个设计师说:"赶快出发,给那些无知的人看看您这一身高贵的服装吧!"(丰富多彩的细节描写,写出了设计师们夸张的赞美。)

皇帝越听越高兴,就这样,又在那个富丽的华盖下游行起来。街道两旁的人都说:"皇帝的新装真漂亮啊!这件衣服的色彩多么美啊!""陛下,可以让我们摸摸您的新衣服吗?"

皇帝一听,心里更乐开了花,得意扬扬地走到人群中去。这时,跟在一旁的设计师使了个眼色,周围的人蜂拥而上,围住了皇帝,将他抓走了。侍卫们因为被人群阻隔,也没办法追上去。

百姓推举了设计师做新一任皇帝,他上任后,关心百姓,勤于政务,用26世纪的新理念管理这个国家,这个国家逐渐繁荣起来。多年以后,再也没有人提起那个爱穿新衣服的皇帝了。

四、课后巩固

题目:

你有没有憧憬过未来的生活?你觉得,十年以后的你是什么样子的呢?你会在做什么,又有着怎样的精神面貌呢?请以"十年后的我"为题,发挥想象,写一篇作文,不少于500字。

提示:

1. 可以大胆想象,但要符合你性格发展的逻辑。不仅要想象你自己的生活,还要想象十年后社会的发展,因为这是十年后的你所生活的环境。

2. 不要只是概括地叙述,要在具体情境中展开故事,通过一件或几件小事,结合语言、动作等描写,具体地展现你的性格、心态,以增加真实感。

思维建模:

1. 十年后,我周围的生活环境可能发生了哪些变化?最突出的变化是什么?

"我"求学的学校、"我"工作的地方、"我"生活的小区、"我"获取信息的渠道、"我"出行的方式等,都可以由现在所见引发联想和想象。可运用"触景生情"的方式进入联想和想象的空间,运用拟人、比喻、夸张的修辞等,去描绘十年后"我"周围的生活和工作环境。

2. 十年后的我可能成长为怎样的一个人?哪些词能够形容我的外貌特征?

帅气、漂亮、普通、苗条、魁梧、修长、坚实、强壮、匀称、标致、威武、健壮、相貌堂堂、眉清目秀、容光焕发……这些词语能够形容我的外貌特征。

3. 十年后的我可能成长为具有怎样的性格特征的人?

热情、乐观、坚强、和蔼、朴素、善良、开朗、活泼、好动、轻松、愉快、豁达、稳重、幽默、真诚、豪爽、耿直、成熟、果断、健谈、机敏……这些词体现我的性格特征。

4.十年间,我的成长轨迹可能是怎样的?选取三件事中的典型画面表现我在这十年间三个成长阶段的变化过程。你会运用哪些描写?

一次聚会、一次活动、一场演出、一个突发事件,由这些可以看出人物在成长过程中的性格特点变化,可运用人物的语言、动作、神态、细节等描写,也可运用夸张等修辞手法。

5.这件事引发了我怎样的思考?

注意正面引导,从周围环境的变化和自身的成长引发"我"对社会、对生活甚至对人生的思考。注意"我"的评价要有个性化的情感表达,切忌用空泛的套话让人物特点变得模糊。

写作训练:

(作文格)

五、写作评价

评价指标	评价方式	评价标准		
		是	一般	否
人物成长轨迹是否清楚	自评			
	互评			
	师评			
人物描写是否生动	自评			
	互评			
	师评			
详略安排是否得当	自评			
	互评			
	师评			
联想和想象是否合理	自评			
	互评			
	师评			

七年级下第一单元　写出人物的精神

东莞市竹溪中学　王淑茹

导语：

大千世界，没有两片树叶是完全相同的；芸芸众生，也没有两个人是完全一样的。本单元的四篇课文让我们感受到邓稼先、闻一多、鲁迅、吕蒙等杰出人物的非凡气质，由于人物刻画独具个性，因此令人印象深刻。这是观察人物的不同特点，充分呈现人物特有精神的结果。无论是伟人、名人，还是普通百姓，当读者通过文字窥见其精神特征时，都会会心一笑。接下来，我们探究一下怎样才能写出人物精神。

一、课前导学

分点一：精心选择素材，反映人物精神

可能是牛放慢了脚步，老人又吆喝起来：

"二喜、有庆不要偷懒；家珍、凤霞耕得好；苦根也行啊。"

一头牛竟会有这么多名字？我好奇地走到田边，问走近的老人：

"这牛有多少名字？"

老人扶住犁站下来，他将我上下打量一番后问：

"你是城里人吧？"

"是的。"我点点头。

老人得意起来，"我一眼就看出来了。"

我说："这牛究竟有多少名字？"

老人回答："这牛叫富贵，就一个名字。"

"可你刚才叫了几个名字。"

"噢——"老人高兴地笑起来，他神秘地向我招招手，当我凑过去时，他欲说又止，他看到牛正抬着头，就训斥它：

"你别偷听，把头低下。"

牛果然低下了头,这时老人悄声对我说:

"我怕它知道只有自己在耕田,就多叫出几个名字去骗它,它听到还有别的牛也在耕田,就不会不高兴,耕田也就起劲啦。"

老人黝黑的脸在阳光里笑得十分生动,脸上的皱纹欢乐地游动着,里面镶满了泥土,就如布满田间的小道。

——余华《活着》

分点二:忠于切身感受,抒写人物精神

命运加在贝多芬身上的不幸是将他灵魂锁闭在磐石一样密不通风的"耳聋"之中。这犹如一座不见天日的囚室,牢牢地困住了他。不过,"聋"虽然带来了无可比拟的不幸和烦忧,却也带来了与人世的喧嚣相隔绝的安静。他诚然孤独,可是有"永恒"为伴。

——何为《音乐巨人贝多芬》

分点三:议论抒情句子,点明人物精神

像葛朗台这样的守财奴,只知道眼前,而从不相信未来。不管什么道义不道义,只要能得到金钱,只要自己能进入人间天堂,哪怕是把心肝化成铁石,他也心甘情愿。

——[法]巴尔扎克《欧也妮·葛朗台》

分点四:借助写作手法,强调人物精神

此后我是那么惧怕黑夜,我眼前出现了自己站在村口路上的情景,降临的夜色犹如洪水滚滚而来,将我的眼睛吞没了,也就吞没了一切。很长一段时间里,我躺在黑暗的床上不敢入睡,四周的寂静使我的恐惧无限扩张。我一次次和睡眠搏斗,它强有力的手使劲要把我拉进去,我拼命抵抗。我害怕像陌生男人那样,一旦睡着了就永远不再醒来。可是最后我总是疲惫不堪,无可奈何地掉入了睡眠的宁静之中。当我翌日清晨醒来时,发现自己还活着,看着阳光从门缝里照射进来,我的喜悦使我激动无比,我获得了拯救。

——余华《在细雨中呼喊》

分点五:外在表现与内在精神的呈现方式,写出人物精神

老头子浑身没有多少肉,干瘦得像老了的鱼鹰。可是那晒得干黑的脸,短短的花白胡子却特别精神,那一对深陷的眼睛却特别明亮。很少见到这样尖利明亮的眼睛,除非是在白洋淀上。

——孙犁《芦花荡》

二、课前练笔

题目：

生活中我们会遇到各种各样的人,有的让你尊敬,有的让你佩服,有的让你感动,有的让你叹息……以"这样的人让我_____"为题,写一个小片段,不少于200字。

思维建模：

1.题目横线处填写怎样的词语能够更容易体现所写人物的精神?

2.表达情感态度的词语有哪些?

3."这样的人"是一个人,还是一类人?

4."这样的人"具有什么个性、什么精神品质？代表哪种风气?

5.发生什么事,在什么情况下让我产生横线处所填写词语的感受?

片段展示：

这样的人让我心生欢喜

黄文彬

第一次在课堂上见到阿罗,就觉得出奇的"怪异"。他长得不高,圆圆的脸庞上有着让他在人群中脱颖而出的光脑袋,使得这张饱经风霜的脸看着有些耀眼。(抓住身高、脸型、光脑袋的特点来写,辅以作者的感受。)抬头看去,肉色的头顶下,还有几缕秀发在耳朵周围坚强地屹立着。(运用拟人手法,突出头发稀疏的典型外貌特点。)这个中年人让我们不禁心里发毛：他肯定很死板。

但很快,我们发现我们错了。课下,阿罗时常会打趣同学,和我们说说笑笑;课上,除了一本正经地传授物理知识外,他还会变相地自夸,紧跟潮流。那副吊儿郎当的模样,总会引起同学们哄堂大笑。(选取一些课上课后的事例,突出阿罗已经走进我们的心里。)

没错,他就是这么一个幽默的人。(用"幽默"一词对阿罗进行小结,照应标题"心生欢喜"。)

点评：

片段重点描写了阿罗的外貌以及给我们的感受变化。"光脑袋""让他在人群中脱颖而出"、"饱经风霜的脸看着有些耀眼"、"几缕秀发在耳朵周围坚强地屹立着",运用拟人的修辞手法,语言俏皮,不仅写出阿罗独特的外貌特征,还能透露出作者对阿罗心生好感。

三、课中练习

题目：

将上面所写的片段扩展成一篇以写人为主的记叙文,不少于500字。

思维建模：

1. "他"给我的印象最深刻的是什么特性？用什么词语表达我的情感比较贴切？
2. "他"的哪一件事或哪几件事最能突出"他"的这些个性或精神品质？
3. 这一件事或这几件事中,哪个细节或哪个画面让你产生这样的情感？
4. 从"他"身上你学到了什么？

习作展示：

这样的人让我心生欢喜

黄文彬

几十年前,阿罗来到了竹溪中学,成为一名光荣的人民教师；几十年的无私奉献,让阿罗又多了一个新的身份——副校长,但我们仍亲切地称呼他"阿罗"。（言简意赅的身份介绍,"亲切"一词直接点明对阿罗的喜欢。）

听说阿罗是我们的物理老师,我们内心有点害怕,校长给我们上课,应该很严厉吧？（忠于自身感受,未见阿罗之前"心里有点害怕",阿罗是怎样的人？给读者留下悬念。）

第一次在课堂上见到阿罗,就觉得出奇的"怪异"。他长得不高,圆圆的脸庞上有着让他在人群中脱颖而出的光脑袋,使得这张饱经风霜的脸看着有些耀眼。抬头看去,肉色的头顶下,还有几缕秀发在耳朵周围坚强地屹立着。这个中年人让我们不禁心里发毛:他肯定很死板！（选取典型外貌细节,运用拟人手法,刻画了一个长相有趣的人物形象。）

但很快,我们发现我们错了。课下,阿罗时常会打趣同学,和我们说说笑笑;课上,除了一本正经地传授物理知识外,他还会变相地自夸,紧跟潮流。那副吊儿郎当的模样,总会引起同学们哄堂大笑。（精心选择事例,突出阿罗与我们关系融洽,我们的"哄堂大笑"反映出对阿罗的喜爱。）

没错,他就是这么一个幽默的人,让我心生欢喜。（议论抒情,点题,点明阿罗的幽默个性。）

但即便如此,身为科代表的我要去找他时,内心还是非常胆怯,毕竟是第一次到校长室报到呀!

我叫上另一个科代表和几个小组长一起过去壮胆,一群人走到校长室门口,探头望见阿罗在办公桌前埋头苦干,谁也不敢迈出第一步。阿罗抬头看见我们,随即招手:"你们在门口罚站吗?还不进来?还想在外面守夜啊?来来来,都进来!"我们这才放松下来说明来意,阿罗摸摸他的光脑袋,开始笑眯眯地回答我们的问题。"竹溪中学啊?它是一个'花园式'学校,嗯,让人流连忘返!你们怎么问这么大的问题呀?我以为你们会问我'为什么这么帅'呢!哈哈哈!"阿罗一句话打破了校长室内紧张严肃的气氛,让我们的心情顿时晴朗起来。(运用语言描写和动作描写:叫学生进办公室的幽默语言、"摸摸他的光脑袋"的动作、爽朗的"哈哈哈"笑声,呵护学生的形象呼之欲出,幽默亲和的形象跃然纸上。)

原来,他是那么幽默亲和的人,让我心生欢喜。(议论抒情,直接点明阿罗"幽默亲和"的特点,点题,直呼"心生欢喜"。)

阿罗也是一个满肚子道理的人,他给我们传授起道理来可是一套一套的。真让人难以想象,他这张幽默的脸庞竟也是一座传播智慧的殿堂。

"学习很重要,但学会做人才是学生的首要任务,学会做人才能学会做事。竭尽全力去学习,不能辜负老师的期望。当你尊重别人时,别人才会尊重你,我希望我们是相互尊重的。"这就是阿罗的道理,他话音刚落,我不禁眉头微皱。想起那一次,一向对着我们笑眯眯的阿罗大发脾气,那是有史以来第一次。

前一个晚上,阿罗让我们自觉完成练习,不需要上交检查,第二天课上评讲时却发现至少有一半同学没写,他当即批评我们辜负了他的信任。从此以后,我们都安安分分地做好了物理作业。阿罗正用和平常不同的一面教给我们做人的道理呢!(运用语言描写,从阿罗给我们讲道理的眼前之境,想起过往之事。精选同学们未自觉完成作业的事例,运用插叙手法丰富阿罗的人物形象,突出阿罗"满肚子道理"的特点,最后一句适时小结,表达作者对阿罗的感激。)

在阿罗几十年的教学生涯中,他也遇到了许多困难与挑战,特别是在现在严格的"双减"政策下,许多棘手的问题潮水般向他涌来。

他深知,"双减"不仅减去了学生的负担,也减掉了不自律、耍小聪明的学生。可这部分同学自控力差,缺乏内驱力,家长又过分溺爱孩子……

"其实当时碰到这个问题时,我是想着要去逃避的,但是我知道,我不能逃避,因为只有直面困难,才能有解决的机会。"阿罗说着说着,越来越神采飞扬,那满含粲然笑意的眼睛似乎闪烁着智慧的光彩,容光焕发的脸上也增添了一丝勇气。此时我才发现,他与我们谈起"双减"时,谈起他直面困难那种身体力行的勇气时,带着的那种穿透本质的目光,照耀在我们精神世界的深处。(运用语言描写和神态描写,使阿罗勇于挑战的个性跃然纸上,作者对阿罗的敬佩不言自明。)

阿罗的道理虽然听起来好小好小,小到连小学生都能懂,但是仔细想想又好大好大,深邃而又意义深远。阿罗的幽默亲和个性让我欲罢不能,阿罗身体力行、迎难而上的勇气让我心生欢喜。(议论抒情句,再次点题点明中心。)

四、课后巩固

题目:

也许闭上眼睛你能想出好朋友的样貌,写出他的外在特征也不难,但你还能写出他的性格和气质吗?以"我的好朋友"为题,写一篇作文,不少于500字。

思维建模:

1. 他或她是怎样的一个人?哪些词能够形容他或她的外貌特征?

帅气、漂亮、普通、苗条、魁梧、修长、坚实、强壮、匀称、标致、威武、健壮、相貌堂堂、眉清目秀、容光焕发……这些词语能够形容他或她的外貌特征。

2. 他或她有怎样的性格特征或精神品质?哪些词能体现你对他或她的认识?

热情、乐观、坚强、和蔼、朴素、善良、开朗、活泼、好动、轻松、愉快、豁达、稳重、幽默、真诚、豪爽、耿直、成熟、果断、健谈、机敏、乐于助人、平易近人、正直无私、一视同仁、严于律己、坚强不屈、迎难而上、谦虚谨慎……这些词体现他或她的性格特征和精神品质。

3. 选取一件最能表现他或她人物性格特征的事来写,哪件事给了你这样的印象?你会运用哪些描写?

某一次活动、某一场比赛、某一个突发事件,由这些可以看出人物的性格特点,可运用人物的语言、动作、神态、心理等细节描写。

4. 除此之外,还有没有你欣赏的其他性格特点或精神品质?你又是怎样获知的?你又会运用哪些描写方法?

憨厚、急躁、温和、刚正不阿、独立、自信自强、深明大义、童叟无欺、不屈不挠、家国天下的情怀等具有浓厚个性化色彩的人物特点,可以从老师点评中、同学作品中或其他渠道获知人物特点,借助一些写作手法来加以突出、强调,比如对比、衬托、正面描写与侧面描写相结合等。

5.他或她引发了你怎样的思考?其他人是怎样评价他或她的?你是如何评价他或她的?

注意正面引导,从这些人物特点或品质引发你对社会、对生活甚至对人生的思考。注意你的评价要有个性化的情感表达,切忌用空泛的套话让人物特点变得模糊。

写作训练:

(作文格)

五、写作评价

评价指标	评价方式	评价标准		
		是	一般	否
抓住人物的标志性动作、神态、语言等,多角度进行细节描写	自评			
	互评			
	师评			
运用对比、衬托等写作手法,突出人物的精神风貌	自评			
	互评			
	师评			
运用正面与侧面描写相结合的手法,突出人物的精神风貌	自评			
	互评			
	师评			
人物的精神风貌突显	自评			
	互评			
	师评			
抒发自己真切的情感	自评			
	互评			
	师评			

七年级下第二单元　学习抒情

东莞市南城阳光实验中学　邱露华

导语：

元代赵孟頫在组诗《咏怀六首·其四》中说："抒情作好歌，歌竟意难任。"抒情是抒发内心感情的一种表达方式，是诗歌或文章打动读者、感染读者的重要手段。在不同体裁的作品中，抒情都起着重要的作用，可以通过多种方法来体现。

一、课前导学

分点一：直接抒情

我们祖国的英雄儿女，

将要学习你的榜样，

像你一样的伟大坚强！

像你一样的伟大坚强！

——光未然组诗《黄河大合唱·黄河颂》

啊！这最后一课，我真永远忘不了！

——[法]都德《最后一课》

分点二：间接抒情

（1）借人抒情

母亲就悄悄地躲出去，在我看不见的地方偷偷地听着我的动静。当一切恢复沉寂，她又悄悄地进来，眼边红红的，看着我。

——史铁生《秋天的怀念》

（2）借物抒情

当我躺在土地上的时候，当我仰望天上的星星，手里握着一把泥土的时候，或者当我回想起儿时的往事的时候，我想起那参天碧绿的白桦林，标直漂亮的白桦树在原野上呻吟；我看见奔流似的马群，听见蒙古狗深夜的嗥鸣和皮鞭滚落在山涧里的脆响;我想起红布似的高粱,金黄的豆粒,黑色的土地,红玉的脸庞,黑玉的眼睛,斑斓的山雕,奔驰的鹿群,带着松香气味的煤块,带着赤色的足金;我想起幽远的车铃,晴天里马儿戴着串铃在溜直的大道上跑着,狐仙姑深夜的谰语,原野上怪诞的狂风……

——端木蕻良《土地的誓言》

(3) 借事抒情

我这时很兴奋,但不知道怎么说才好,只是说:

"阿!闰土哥,——你来了?……"

我接着便有许多话,想要连珠一般涌出:角鸡,跳鱼儿,贝壳,猹……但又总觉得被什么挡着似的,单在脑里面回旋,吐不出口外去。

他站住了,脸上现出欢喜和凄凉的神情;动着嘴唇,却没有作声。他的态度终于恭敬起来了,分明的叫道:

"老爷!……"

我似乎打了一个寒噤;我就知道,我们之间已经隔了一层可悲的厚障壁了。我也说不出话。

——鲁迅《故乡》

(4) 借景抒情

这南方初春的田野!大块儿小块儿的新绿随意地铺着,有的浓,有的淡;树上的嫩芽儿也密了;田里的冬水也咕咕地起着水泡儿……这一切都使人想着一样东西——生命。

——莫怀戚《散步》

(5) 借议论抒情

闻一多先生,是卓越的学者,热情澎湃的优秀诗人,大勇的革命烈士。

他,是口的巨人。他,是行的高标。

——臧克家《说和做——记闻一多先生言行片段》

二、课前练笔

题目:

片段作文,写一段话,抒发某种情感,如幸福、喜悦、痛苦、忧伤、渴望等,200字左右。

思维建模：

1. 确定写哪种情感。

2. 这种情感可以寄托在某一件事上或者其他的景物、事物上。

3. 可以采用直接抒情或间接抒情的表达方式，也可以采用二者相结合的表达方式。

片段展示：

妈妈非常疼我。一天，天生瘦弱的我病倒了。母亲白天带我到医院排队、挂号、看病、拿药，整整忙乎了一天，夜里又一直守候在我身边，生怕发生什么意外。可那时我完全不知道妈妈一夜没睡，整整一夜，一直都在看护着我。第二天早晨，我慢慢地睁开双眼，蒙眬中，我看到了母亲的脸，黯然无光，眼里布满了血丝，显然她已经疲惫不堪了。见我醒了，她用手轻轻地抚摸着我的前额，露出了欣慰的笑容。（通过一件具体的事抒发对母爱的感动之情。）顿时我只觉得一股暖流涌上心田。啊！妈妈是多么体贴、多么疼爱我呀。我真为有这样一个体贴、疼爱我的妈妈感到幸福。（直抒胸臆和议论结合，表达妈妈爱我，我也爱妈妈的幸福之情。）

点评：

记叙了妈妈疼我的一件事，把妈妈爱"我"的情感寓于事中。结尾的抒情句直抒胸臆，也巧妙地结合了议论来间接抒情。

三、课中练习

题目：

我们每个人都有烦恼，烦恼背后肯定都有一个故事，请以"我的烦恼"为题，写一篇文章。注意要抒发自己的真实情感。字数不少于500字。

思维建模：

1. 我印象最深刻的烦恼是什么呢？

2. 如果要用一个词来形容这种烦恼，你会用哪一个词？

3. 引发烦恼的是怎样的一件事？

4. 与烦恼有关的这件事中哪些因素特别能引发你的感受？是人、景物还是事物？

5. 在叙述或者描写的过程中，哪些地方你会采用直接抒情的表达方式，哪些地方采用间接抒情的表达方式?

6.在使用直接抒情的表达方式时,你会运用怎样的句式?如果要借助景物、事物抒情,你会选用哪些修辞方法或者哪种写作方法?

习作展示:

我 的 烦 恼

时间过得真快,转眼间我已在初中度过了一个学期。在这段时间里,我品味着初中生活的酸甜苦辣。它就像各种天气,(运用比喻抒情)有时风和日丽,让我欣喜,但更多的时候是暴雨狂风,无情地向我袭来。辛弃疾曾说"少年不识愁滋味",也许他的少年时代真的无忧无虑,可是现在,我——(开篇紧扣烦恼,直接抒情,引出下文。)

闹钟大哥"嘀嘀嘀"地发出噪音,震耳欲聋。"友谊深厚"的上下眼皮不得不依依不舍地分离,我不情愿地起床,快速地洗漱、吃饭。七点十分,我赶紧背起小山般的书包,任凭它把我的背压弯,火速赶往学校,交各科作业,课前预习……(从清晨闹钟的"嘀嘀嘀"声写起,写出了一个忙碌的早晨,抒发紧迫感。)

中午放学了,肚子咕咕咕地响起,抱怨着我的不公。回到家,我稀里糊涂地扒几口饭,然后来到书桌前,做那没完没了的令人头疼的作业……

吃过晚饭,回到我的房间,桌子上,一大沓等待完成的作业,个个表情严峻,一副不好惹的样子。教科书与辅导书打了起来,都期待我的援助,与学习无关的一切都吓得魂飞魄散,狼狈而逃。(运用拟人的手法,抒发学业繁重之感,语言诙谐有趣,让人忍俊不禁。)

这时,圆珠笔和草稿纸表示抗议,圆珠笔气愤地说:"要珍爱生命,三天就用完一支笔,这也太残酷了。"草稿纸附和着说:"要节约资源,你做一张数学卷,我们便死伤一片,到时候,没了树木,看你们怎么活。"(运用拟人手法,巧借圆珠笔和草稿纸之口,表达了要珍爱生命、节约资源的看法和情感。)

早早戴上眼镜的眼睛和鼻子结了仇,鼻子说:"眼镜又厚又沉,玷污了我的美好形象。"眼睛说:"瞧你那寒酸样,我肯去你家,你就不胜荣幸了。"

电脑和电视不住地向我抛媚眼,可是电脑已成回忆,电视与我相约的机会也少得可怜……

唉!成长的烦恼还真不少!但是,即便烦恼再多,我也会知难而上,不懈奋斗,我相信——少年不畏愁滋味,人生甜美总会来。(结尾点题,议论、直接抒情、间接抒情结合,积极向上,不落俗套。)

四、课后巩固

题目:

在《土地的誓言》里,作者以饱满的热情描绘了他那美丽而富饶的家乡。你的家乡是什么样子?你对它有怎样的情感?以"乡情"为题,写一篇作文。字数不少于500字。

思维建模:

1. 你想表达对家乡的哪种情感?

比如思念、快乐、期盼、依恋、陌生……

2. 对家乡的这种情感如何体现出来?

可以通过人与人之间的事情、生活来表达,也可以选择有地域代表性的植物、动物、物产、风俗等来表达,抓住最能体现你情感的方面来写。

3. 如果选择直接抒情的表达方式,你会怎样写?

比如在叙述和描写中,直接抒发情感,如"我爱这片绿色""我喜欢家乡的……"等,用上直接体现情感的词语。

4. 如果选择间接抒情的表达方式,你会在哪些地方运用?

如写到景色时,可以采用借景抒情的方法,在描摹景色的特点时,把情感融入字里行间。再如写家乡特有的风俗,可以采用借事抒情的方法,展开写一件与风俗有关的事情,在记叙或描写的过程中,融入情感,还可以写人们的活动来抒发对家乡的情感。

5. 如何在记叙的过程中升华情感呢?

只有记叙、描写的语言是不够的,还应适当加入一点议论性的语言。如写回到家乡感受乡邻间的问候时,写上对这种氛围的感受的文字,就是议论性语言,通过这种概括、点评、分析性的文字,能更明确和强化乡情的体现。

写作训练:

(作文格)

五、写作评价

评价指标	评价方式	评价标准		
		是	一般	否
情感是否明确	自评			
	互评			
	师评			
事物或事件是否体现情感	自评			
	互评			
	师评			
抒情方式是否恰当	自评			
	互评			
	师评			

七年级下第三单元　抓住细节

东莞市茶山中学　陈凤珍

导语：

细节描写是指文学作品中对人物（外貌、语言、心理、动作、神态）以及景物、场面中某些具有典型特征的细小环节进行具体、生动而又细腻的描绘，以达到"见神韵"的描写方法。它着眼于细小，却是刻画人物形象、推动事件发展、烘托文章主题的重要手段。

有人说，一个典型的细节描写，作用能超过一大篇笼统的叙述。这话是有道理的，生活总是由一件件平凡小事组成，人们的性格大都体现在细枝末节之中。因此，我们要学会抓住细节，写活细节。

一、课前导学

分点一：外貌特点刻细节

（对祥林嫂的五次外貌描写）

第一次：头上扎着白头绳，乌裙，蓝夹袄，月白背心，年纪大约二十六七，脸色青黄，但两颊却还是红的。

第二次：她仍然头上扎着白头绳，乌裙，蓝夹袄，月白背心，脸色青黄，只是两颊上已经消失了血色，顺着眼，眼角上带些泪痕，眼光也没有先前那样精神了。

第三次：她脸上就显出恐怖的神色来，这是在山村里所未曾知道的……第二天早上起来的时候，两眼上便都围着大黑圈。

第四次：第二天，不但眼睛窈陷下去，连精神也更不济了……不半年，头发也花白起来了。

第五次：我这回在鲁镇所见的人们中，改变之大，可以说无过于她的了：五年前的花白的头发，即今已经全白，全不像四十上下的人；脸上瘦削不堪，黄中带黑，而且消尽了先前悲哀的神色，仿佛是木刻似的；只有那眼珠间或一轮，还可以表示她是一个活物。她一手提着竹篮,内中一个破碗,空的;一手拄着一支比她更长的竹竿,下端开了裂:她分明已经纯乎是一个乞丐了。

——鲁迅《祝福》

通过五次对祥林嫂外貌的描写,抓住她的肖像变化特点,准确表现她的精神状态和她每况愈下的辛酸过程。这几次描写不仅使我们看到了祥林嫂外貌上的变化,更是通过外貌变化的细节反映出她的内心世界情感的变化。

分点二:特色语言现细节

贾母笑道:"我才好了,你倒来招我。你妹妹远路才来,身子又弱,也才劝住了,快再休提前话。"这熙凤听了,忙转悲为喜道:"正是呢!我一见了妹妹,一心都在他身上了,又是喜欢,又是伤心,竟忘记了老祖宗。该打,该打!"又忙携黛玉之手,问:"妹妹几岁了?可也上过学?现吃什么药?在这里不要想家,想要什么吃的、什么玩的,只管告诉我;丫头老婆们不好了,也只管告诉我。"一面又问婆子们:"林姑娘的行李东西可搬进来了?带了几个人来?你们赶早打扫两间下房,让他们去歇歇。"

——曹雪芹《红楼梦》

这段语言描写是林黛玉刚进贾府时王熙凤所说的话,一个"竟"字加强了自责语气,几个连续不断的问句以及后面一系列话语都突出了自己对黛玉的关心,由此达到讨好贾母的目的,生动地表现出王熙凤善于察言观色、随机应变、圆滑世故和恭维迎合的性格特征。

分点三:心理活动写细节

祥子照常去拉车,她独自在屋中走来走去,几次三番的要穿好衣服找爸爸去,心想到而手懒得动。她为了难。为自己的舒服快乐,非回去不可;为自己的体面,以不去为是。假若老头子消了气呢,她只要把祥子拉到人和厂去,自然会教他有事作,不必再拉车,而且稳稳当当的能把爸爸的事业拿过来。她心中一亮。假若老头子硬到底呢?她丢了脸,不,不但丢了脸,而且就得认头作个车夫的老婆了;她,哼!和杂院里那群妇女没有任何分别了。她心中忽然漆黑。她几乎后悔嫁了祥子,不管他多么要强,爸爸不点头,他一辈子是个拉车的。想到这里,她甚至想独自回娘家,跟祥子一刀两断,不能为他而失去自己的一切。继而一想,跟着祥子的快活,又不是言语所能形容的。她坐在炕头上,呆呆的,渺茫的,追想婚后的快乐;全身像一朵大的红花似的,香暖的在阳光下开开。不,舍不得祥子。任凭他去拉车,他去要饭,也得永远跟着他。看,看院里那些妇女,她们要是能受,她也就能受。散了,她不想到刘家去了。

——老舍《骆驼祥子》

这段心理描写生动地表现了虎妞婚后的矛盾心理,呈现出她性格的二重性。一方面,她沾染了剥削阶级家庭传给她的好逸恶劳、善玩心计和市侩习气,她缺乏教养,粗俗刁泼,因此她"后悔嫁了祥子","甚至想独自回娘家,跟祥子一刀两断";另一方面,她被父亲出于私心而延宕了青春,心中颇有结怨,不想"丢了面子",又想起祥子的好,决定留下。这种矛盾的心理描写正凸显出虎妞独特的人物形象和性格特征。

分点四:连贯动作显细节

书记官站起来,开始宣读起诉书……结果他的声调就混合成不间断的嗡嗡声,听得人昏昏欲睡。法官们一会儿把胳膊肘倚在圈椅的这边扶手上,一会儿倚在那边扶手上,一会儿倚在桌上,一会儿把身子靠在椅背上,一会儿闭上眼睛,一会儿又睁开,彼此交头接耳。有一个宪兵好几次把刚要开口打呵欠的那种痉挛动作压下去。

…………

玛斯洛娃听着书记官朗读,眼睛盯住他,时而呆呆不动地坐着,时而全身一震,仿佛打算反驳似的,涨红了脸,后来却沉重地叹了口气,把手换一个放处,往四下里看一眼,随后又凝神瞧着宣读的人。

——[俄]列夫·托尔斯泰《复活》

这段文字描写了在书记官宣读起诉书时法官们与玛斯洛娃不同的动作转变过程。法官们"一会儿"变换动作所表现出的漫不经心、草菅人命的态度,与玛斯洛娃"震""涨""叹"等动作所表现出的紧张、全神贯注、抗争无门的状态形成了鲜明的对比,强烈地表现了沙皇统治下下层人民的苦难冤屈与法律制度的虚伪专制。

分点五:神态描写凸细节

他的脸,在我试问他的时候,好像特别的洼了。从那最洼的地方发出一点黑晕,慢慢地布满了全脸,像片雾影。他的眼,本来就低深不易看到,此时便更往深处去了,仿佛要完全藏起去。他那些彼此永远挤着的牙轻轻咬那么几下,耳根有点动,似乎是把心中的事严严地关住,唯恐走了一点风。然后,他的眼忽然发出些光,脸上那层黑影渐渐地卷起,都卷入头发里去。"真哪!"他不定说什么呢,与我所问的没有万分之一的关系。他胜利了,过了半天还用眼角撩我几下。

——老舍《牺牲》

工笔细描着力于精雕细刻,用细腻的笔法雕刻人物,使所描写的对象纤毫毕现,给人以真切的感受。作者对人物的神态做了精细的描写,脸注到什么状况,眼深藏到什么程度,牙严严地关到什么情况,一笔一笔细雕,把这个人物深藏自己的阴冷的性格刻画得惟妙惟肖。

分点六:景物描写绘细节

微风早经停息了;枯草支支直立,有如铜丝。一丝发抖的声音,在空气中愈颤愈细,细到没有,周围便都是死一般静。两人站在枯草丛里,仰面看那乌鸦;那乌鸦也在笔直的树枝间,缩着头,铁铸一般站着。

——鲁迅《药》

枯草、乌鸦、坟地,这些阴沉、恐怖、凄清的意象营造出了一种凄凉的氛围。这是两位母亲来为儿子上坟的情景,白发人送黑发人,内心悲痛不已。作者以哀写哀,烘托老妇人失去儿子的悲伤之情。这种凄凉的意境氛围,无声地控诉了封建社会的罪恶,揭露了封建礼教吃人的事实,群众的愚昧和麻木最终导致了革命者的悲哀结局。

二、课前练笔

题目:

"考卷发下来了,我的语文得了 100 分,我非常高兴。可有几个同学却说我是抄的,在我面前说了很多讽刺话,这对我刺激很大,更增添了我学习的信心。"这种非常空泛的叙述在同学的作文中经常见到,毫不具体,请同学们加入细节描写。

思维建模:

1. "我"高兴到什么程度?有什么样的表现?
2. 同学们是怎么讽刺"我"的?他们说了什么话?
3. 这对"我"造成了怎样的刺激?
4. "我"的心态怎样?

5. "我"是如何调整自己的心态的?

6. 这件事对"我"有什么启示或影响?

片段展示：

成绩公布了。哈,100分,万岁！我想叫想唱,想蹦想跳,想让所有我认识或不认识的人分享我的喜悦。(运用了心理描写,将"我"得知考了100分时的喜悦和兴奋表现得淋漓尽致。)几个同学走过来,我笑着迎上去,准备接受他们的祝贺,哪知钻进耳朵的是一串嘲讽:"瞧那得意劲,麻雀变凤凰了！""哼,抄来的分也自豪！""嘻嘻嘻……""哈哈哈……"(运用了语言描写,将"我"被同学嘲讽的场景生动地再现,表现了同学们对于"我"考100分这件事情的怀疑,推动了故事情节的发展。)轰！我头脑一炸,眼前暖融融的阳光一下变得冷飕飕的。(运用了环境描写,烘托出"我"此刻的心情,暗示了"我"对于同学们嘲讽和怀疑"我"这件事情感到生气、愤怒和震惊。)我想哭,痛痛快快地哭！不,我不能哭！我要用更多的100分向他们证明:我这只麻雀能变成凤凰！(运用了心理描写,从"我想哭"变为"我要用更多的100分向他们证明",这表明了"我"对于被嘲讽、被怀疑这件事情在态度上的根本转变,由消极到积极,表现了"我"心态的转变。)

点评：

这段改动后的文字有语言描写和心理描写,有环境的渲染,不再只是空泛的叙述,更具感染力。

三、课中练习

题目：

我们的记忆中总会有许多难忘的时刻。所谓难忘,可能是惊喜、兴奋、有趣,也可能是惭愧、尴尬,甚至是难堪。回忆一个自己难忘的时刻,并以"_____的那一刻"为题,写一篇作文,不少于500字。

思维建模：

1. 你有哪一个难忘的时刻?

2. 那一刻发生了什么?

3. 事件发生及前后的具体细节是什么?

4. 那一刻发生时你的感受是怎么样的?

5.那一刻为什么会令你如此难忘？

6.那一刻发生之后你的情绪和心态有什么发展和转变？你的心路历程是怎么样的？

7.这件事的发生给你带来了怎样的影响和启示？

习作展示：

被扣分的那一刻

林创武

生活是一位哲学家，他教会了我许许多多。那一次的晚修扣分，伴着幸灾乐祸和羞愧，让我久久难以忘怀。

夏雨过后，轻拂的微风像一只温柔的手抚摸着我的脸。时至傍晚，天空中飘着几朵被夕阳染红了的云，青苔慵懒地趴在石阶上，回味着雨后的芳香。这本是一个美妙的夏日夜晚，可谁知"天有不测风云"呢……（通过景物描写渲染了一种轻松愉快的气氛，与下面发生的故事形成强烈对比，为下文做铺垫。）

那天的晚修，开始时一切如常。同学们安静地做作业，个个屏息凝神，冥思苦想，雕像似的坐着。（运用神态描写，将同学们比作雕像，生动形象地写出晚修时同学们高度专注的状态。）而我，因为早就做完了数学作业，在这个时间段悠然自得，翻翻书，看看错题，又时不时往窗外看看（动作描写，表现了"我"悠然自得，无聊的状态。）——或许是雨后那分外澄澈和清爽的夜空，吸引了我好奇的双眼。突然间，一阵急促的脚步声打破了教室的静谧——是年级卫生检查员来了，随后班长和劳动委员被叫了出去。我好奇地看着窗外的他们，鸭子似的伸长了脖子。（动作描写，表现出"我"对于这件事的好奇。）

"今天是谁值日？拖地桶没放回班里，而且脏水还没倒呢，要扣一分，在这里签名。"检查员冷冷地说道。（语言描写，表现检查员的不满。）班长由于心虚，头像千斤重，再也抬不起来了，有气无力地低声说道："是我……"（神态描写和语言描写，表现出班长因失职而导致的胆怯和心虚。）

"嘿嘿，班长竟然被扣分了！"我看着窗外，暗自得意地想，"你是班长怎么还被扣分呢？都给我们班抹黑了。平时你趾高气扬，处处压制着我们，你也有今天？看你再得意。"（运用心理描写，表现出"我"对班长的不满以及他被扣分时"我"幸灾乐祸的心理。）我心里暗暗地高兴，继续欣赏着窗外的美景，窗外好像有磁铁似的东西吸引着我的眼球。（动作描写，表现出"我"幸灾乐祸的喜悦情绪,为下文被扣分埋下伏笔。)就这样过了好久,我沉浸在幸灾乐祸的喜悦之中。

"扣你一分!你干吗老看着窗外?"纪律委员拍了一下我的后背说道。一瞬间,我的头皮发麻,神游的心也被拉了回来,我惊愕地望着她,(神态描写,表现"我"对于被扣分这件事震惊、不愿相信的心理。)埋怨道:"为什么全班人你偏偏扣我的分?"(语言描写,表现"我"的不满。)她没搭理我,转身走回讲台坐下。(动作描写,表明纪律委员不在意的态度。)

整个世界好似突然安静了,连窗外呼啦呼啦的风声也屏住了气。(环境描写,渲染了凝滞的气氛,烘托出"我"此时悲伤失落的心情。)

"扣分"这事落在自己的头上,我全身像被泼了一盆冷水,不免连连叹气,不断地责备自己:"这下好了,刚才还对人家幸灾乐祸,这回祸招自己身上了。"(心理描写,表现出"我"失落和后悔的心情。)

我愣愣地望着书桌,回想刚才的行为,"确是我的错。好好做好自己的本分,不就不会招祸了吗?"(心理描写,写出我反思的结果,点明了文章的主旨。)我们要先把心态摆正,当你正在幸灾乐祸别人的过错时,往往下一个犯错的人就是你。子曰:"见不贤而内自省也。"别人犯了错,自己不能就知道偷着乐,而是要以此为鉴,吸取教训,提升自我。我静下心来,反省着自己的过错,也学到了一个做人处世的道理。

对待过错,我们的态度应该是有则改之,无则加勉。晚修被扣分的那一刻让我至今难忘,它时时提醒着我,要做一个懂得"内省"的人。

四、课后巩固

题目:

读一读自己在课堂上写的作文《_____的那一刻》,看看是否做到了抓住细节进行描写。

思维建模:

1. 修改时,先默读后朗读,想想哪些地方内容单薄不够具体,在内容单薄、不具体的地方增加内容,适当扩展,注意写一些能表现人物的外貌、语言、动作或心理特点的细节,使之生动。

2. 带上自己的情感。比如赞赏或厌烦某个人,可以在用词或者语气上有所体现,也可以直接写自己的评价。

3.将修改后的作文和原文对比着读一下,体会修改后有哪些优点。

4.修改后誊写在作文本上。

写作训练：

（作文格）

五、写作评价

评价指标	评价方式	评价标准		
		优秀	良好	一般
外貌描写	自评			
	互评			
	师评			
语言描写	自评			
	互评			
	师评			
心理描写	自评			
	互评			
	师评			
动作描写	自评			
	互评			
	师评			
神态描写	自评			
	互评			
	师评			
环境描写	自评			
	互评			
	师评			

七年级下第四单元 怎样选材

东莞市望牛墩中学 杨日照

导语：

"昨夜江边春水生，艨艟巨舰一毛轻。向来枉费推移力，此日中流自在行。"在朱熹的诗中，我们不难发现，水对船的作用是多么的重要。在写作中，我们常常感到提笔忘词，无从下手，那是因为我们缺少写作的材料。我们只有不断地观察生活、积累写作素材，等到所积累的知识如滔滔春水时，写起文章来，一定能轻松自如、洋洋洒洒。

法国著名雕塑家罗丹也曾经说过："我们的生活不是缺少美而是缺少发现。"只要我们做个生活的有心人，我们就会发现生活中语文的影子是无处不在的。抓住了生活这个活水源，就有了源源不断的写作素材，写起作文来才会轻松。写作素材的选择，应该是来源于我们的生活，写出的文章要融入自己的感悟，文章才能高于生活。

一、课前导学

分点一：选择真实的素材

我开始随意写作文，随大流，平平淡淡。"你的作文退步了，是不是骄傲了？"老师问我。我沉默。不是不愿意告诉老师原因，我不知道怎么说。假如我说了，老师会在班上把同学们数落一顿，我的处境就更糟。

老师苦口婆心开导，我又开始认认真真写作文。老师满意了，同学们敌视的恶性循环又开始，就没有一个万全之策吗？

我发现同学们并不是讨厌我的作文。老师念作文时，大伙听得津津有味，还不时地发出会意的笑声。同学们只是不喜欢老师反反复复只提我一个人的名字。

我小心翼翼地问老师："我最近的作文有进步吗？"老师说："你近来写得不错。今天下午我还要读你的作文。""我有一个小小的请求……"我战战兢兢地说。老师注视着我。"您念我的作文时,是不是可以不念我的名字?"我鼓足勇气说完蕴藏在心中许久的话。"为什么?我还是第一次听到这种要求。你总不能让同学们觉得那是无名氏写的吧?"

我镇静下来,一板一眼地说:"我觉得您读作文,主要是看文章写得好不好。至于是谁写的,并不重要。不说名字,您让大伙讨论的时候,没人拘着面子,反倒更好说意见。""你说得有点道理。好吧,让我们下午试一试。"老师答应了。

那天下午的情形如我所料。同学们充满好奇,发言比平日热烈得多。下课后,我和大伙快活地跳皮筋。"嗨,毕淑敏,今天念的范文是你写的吧?"有人问我。"不能老是她写得好,我看今天一准是别人写的。"有人这样说。我一概只笑不答,问得急了,就说:"我看像是你写的。"从那以后,我的作文越写越好。和同学们也能友好相处。

——毕淑敏《求和得和》

毕淑敏的《求和得和》一文中,老师选用她的作文作为优秀范文,却引起了同学们的羡慕与嫉妒,导致同学之间相处不愉快。后来她主动找到老师,要求读范文的时候不公布作者的名字,以此来缓和与同学们的关系。这样的素材,就是学生生活中最平常、最真实的事件,而这些真人真事是最贴近学生,最容易引起学生的共鸣的,往往能扣住学生读者的心弦。

分点二:选择典型的素材

最使我难忘的,是我小学时候的女教师蔡芸芝先生。

现在回想起来,她那时有十八九岁。右嘴角边有榆钱大小一块黑痣。在我的记忆里,她是一个温柔和美丽的人。

她从来不打骂我们。仅仅有一次,她的教鞭好像要落下来,我用石板一迎,教鞭轻轻地敲在石板边上,大伙笑了,她也笑了。我用儿童的狡猾的眼光察觉,她爱我们,并没有存心要打的意思。孩子们是多么善于观察这一点啊!

在课外的时候,她教我们跳舞,我现在还记得她把我扮成女孩子表演跳舞的情景。在假日里,她把我们带到她的家里和女朋友的家里。在她的女朋友的园子里,她还让我们观察蜜蜂;也是在那时候,我认识了蜂王,并且平生第一次吃了蜂蜜。

她爱诗,并且爱用歌唱的音调教我们读诗。直到现在我还记得她读诗的音调,还能背诵她教我们的诗:圆天盖着大海/黑水托着孤舟/远看不见山/那天边只有云头/也看不见树/那水上只有海鸥……

今天想来,她对我的接近文学和爱好文学,是有着多么有益的影响!像这样的教师,我们怎么会不喜欢她,怎么会不愿意和她接近呢?我们见了她不由得就围上去。即使她写字的时候,我们也默默地看着她,连她握铅笔的姿势都急于模仿。

…………

每逢放假的时候,我们就更不愿离开她。我还记得,放假前我默默地站在她的身边,看她收拾这样那样东西的情景。蔡老师!我不知道您当时是不是察觉,一个孩子站在那里,对你是多么的依恋!至于暑假,对于一个喜欢她的老师的孩子来说,又是多么漫长!记得在一个夏季的夜里,席子铺在当屋,旁边燃着蚊香,我睡熟了。不知道睡了多久,也不知道是夜里的什么时候,我忽然爬起来,迷迷糊糊地往外就走。

母亲喊住我:"你要去干什么?"

"找蔡老师……"我模模糊糊地回答。

"不是放暑假了么?"

哦,我才醒了。看看那块席子,我已经走出六七尺远。母亲把我拉回来,劝了一会儿,我才睡熟了。我是多么想念我的蔡老师啊!至今回想起来,我还觉得这是我记忆中的珍宝之一。一个孩子的纯真的心,就是那些在热恋中的人们也难比啊!

什么时候,我能再见一见我的蔡老师呢?

——魏巍《我的老师》

如果文章的中心是刻画人物、突出人物形象的,所选择的材料就要求能突出人物的形象。文章中作者选取了和蔡老师相处的七个事件来突出人物形象:老师假装发怒、老师教我们跳舞、老师带我们观察蜜蜂、老师教我们读诗、我看老师写字、老师排除我和同学的纠纷(引文中未选)、我梦里寻师。作者与蔡老师之间的相处,肯定不止这七件小事,但是作者只分别从校内到校外、从平时到假期,选取了最能突现蔡老师关爱学生的美好心灵典型材料来描写。

分点三:选择核心的素材

为什么?

两个人都长年纪了,相距不过几米的屋子,有什么必要隔几分钟就喊一下?

每次去奶奶家,这件事总是会勾起我的好奇心。

奶奶八十了,但眼不花耳不聋,还能眯着眼在屋里做针线。大她三岁的爷爷便不行了,不愿走动,总是坐在藤椅上晒太阳。

相隔不过几米,奶奶过几分钟,便会放下活儿。"老头子!"奶奶这么叫。

爷爷不应,奶奶便急,迈着碎碎的步子到跟前。爷爷好好的呢,在藤椅上睡熟了。于是孩子般地笑嗔:"这个死老头子,人家喊了也不睬。"

这样的事天天发生。

我很好奇。

是奶奶闷吗?没有人说话?那她为什么只喊一下而不是和爷爷唠嗑呢?

喊爷爷做什么呢?还这么不停地喊?我想起奶奶每次看见爷爷好好的,满意离去的背影。阳光总是以最完美的角度铺在奶奶身上,每每这样的画面闪烁着温暖的光辉。

是不是只要有人答应便好呢?

我好奇地继续想。

那好。再有这种事发生时,我便捂住嘴,学爷爷的声音迟缓地答:"哎——"可每每奶奶都能辨别出来,无论我用布还是用棉花捂嘴以求声音的逼真。"细丫头在这儿捣乱……"奶奶皱纹满布的手会轻拍我,以示责备。微微笑。

奶奶依旧。

我的好奇心不减反增。

算了,我破釜沉舟。"奶奶,你老这么喊来喊去做什么呢?也不嫌烦。"

奶奶看我,宽容地笑:"丫头,你不懂的。知道他好好的,才心安的。"

心,被濡湿了。是花蕊中的一滴露。连日以来如同小虫一样不断噬咬我心的好奇心得到满足。

你在,就心安。这是人世间最最美丽的风景。粗茶淡饭有什么要紧?年华老去有什么要紧?你在,就心安。

我想,所谓爱,便是如此。就是我所爱的人,我惦念的人,必得在我看得见的地方,我手够得到的地方,我能够走到的地方,好好地存在着。

我庆幸我拥有好奇心,才得以知晓奶奶一辈的关心、温情与爱。我知道了,那声声呼唤是在说,有你在,整个世界,都在。

——佚名《好奇心》

全文围绕着"好奇心"这一核心内容,选择了"奶奶时不时呼唤一下坐在藤椅上休息的爷爷引发我的好奇"为写作的材料。这一核心事件,写出了"我"从产生好奇心,到寻找好奇的答案,最后解开了心中的好奇之谜的过程。文中没有其他材料,就使用一个核心的事件突出文章的中心,脉络清晰,层层推进,结构严谨。

分点四:选择新颖的素材

正在思维的时候,摄影家惊呼起来:"呀!蝴蝶!一群白蝴蝶。"他一边叫着,一边立刻跳起来,往海岸奔去。

往他奔跑的方向看去,果然有七八只白影在沙滩上追逐,这也使我感到讶异,海边哪来的蝴蝶呢?既没有植物,也没有花,风势又如此狂乱。但那些白蝴蝶上下翻转地飞舞,确实是非常美的,怪不得摄影家跑那么快,如果能拍到一张白蝴蝶在海浪上飞的照片,就不枉此行了。

我看到摄影家站在白蝴蝶边凝视,并未举起相机,他扑上去抓住其中的一只,那些画面仿佛是默片里无声、慢动作的剪影。

接着,摄影家用慢动作走回来了,海边的白蝴蝶还在他的后面飞。

"拍到了没?"我问他。

他颓然地张开右手,是他刚刚抓到的蝴蝶。我们三人同时大笑起来,原来他抓到的不是白蝴蝶,而是一片白色的纸片。纸片原是沙滩上的垃圾,被海风吹舞,远远看,就像一群白蝴蝶在海面飞。

——林清玄《海边的白蝴蝶》

海边有蝴蝶吗?不用说,很明显是没有的,因为风大、无花等条件,蝴蝶是不可能在海边活动的。文中作者写了一次海边游玩的真实的经历,写到了同行的摄影朋友看到飞舞的纸片,误认为看到了蝴蝶,便去追逐蝴蝶的事情,既显得新鲜有趣,又能引起读者的兴趣与思考。

分点五:选择深刻的材料

那天,她跟妈妈又吵架了,一气之下,她转身向外跑去。

她走了很长时间,看到前面有个面摊,香喷喷热腾腾,她这才感觉到肚子饿了。可是,她摸遍了身上的口袋,连一个硬币也没有。

面摊的主人是个很和蔼的老婆婆,看到她站在那里,就问:"孩子,你是不是要吃面?""可是,可是我忘了带钱。"她有些不好意思地回答。

"没关系,我请你吃。"面摊主人很热心地说,"来,你坐下,我下碗馄饨给你吃。"

很快,老婆婆端来一碗馄饨和一小碟小菜。她满怀感激,刚吃了几口,眼泪忽然就掉了下来,纷纷落在碗里。"你怎么了?"老婆婆关切地问。"我没事,我只是很感激!"她忙擦着眼泪,对面摊主人说,"我们又不认识,而你却对我这么好,愿意煮馄饨给我吃。可是我自己的妈妈,我跟她吵架,她竟然把我赶出来,还叫我不要再回去!"

老婆婆听了,平静地说道:"孩子,你怎么会这么想呢?你想想看,我只不过煮了一碗馄饨,你妈妈可是煮了十多年的饭给你吃,你怎么会不感激她呢?你怎么还要跟她吵架?"

女孩愣住了。

女孩匆匆吃完了馄饨,开始往家走去。当她走到家附近时,一下就看到疲惫不堪的母亲正在路口四处张望。母亲马上就看到了她,脸上立即露出了喜色:"你这个淘气包,赶快过来吧!饭早就做好了,你再不赶快回来吃,菜都凉了!"

这时,她的眼泪又开始掉了下来!

有时候,我们会对别人给予的小恩小惠"感激不尽",却对亲人的一辈子恩情"视而不见"。

——佚名《一碗馄饨》

《一碗馄饨》选择了生活中比较真实的母女吵架而离家出走的材料作为故事发生的背景,比较贴近学生的生活。由于肚子饿了,没有带钱的小女孩得到了老婆婆的帮助,故事非常感人,突出我们要感谢、感恩身边对我们无微不至关心的人这个中心。尤其在文章的最后一段,用一句话点出了文章的中心。写文章,选材料,不仅仅是为了写完一篇文章,更要在文章中写出自己的感受,融入自己对人、对事、对生活的感悟,读者才会有所启发,我们的文章才会更受欢迎。

二、课前练笔

题目:

你记录过你自己一天的生活吗?在这一天中,哪些经历是你独有或者令你感触最深的?以"我的一天"为题,进行片段作文。

思维建模：

1. 你的一天发生了哪些事情？哪些事是你印象最深刻或者感触最深的？哪件事最值得你写进文章里面？

2. 事件发生的时间、地点在哪里？有哪些人物，哪位是主要人物，哪些是次要人物？他们的关系是怎样的？

3. 这件事发生的起因是什么？矛盾冲突是怎么逐渐推进的？故事中是如何解决矛盾的？这件事为什么让你感触最深？

4. 材料是你的一天中发生的事，你如何让它变得新颖和吸引人？

片段展示：

我 的 一 天

罗昭君

晴朗的星期一，我早早地来到教室。忽然，我想起语文书忘在了家里。（交代事件的时间、地点、人物和起因。早读是学生学习生活中一个很常见的片段，因此比较贴近生活，这就是我们生活中最平凡、最普通的素材。）早读开始了，语文老师走来问我怎么了。我吞吞吐吐地说语文书忘在家里了，老师听到后说要惩罚我了。只见语文老师走到讲台前，对所有同学说："我今天要惩罚不带书的昭君同学，请他来讲台领读！"说完，把自己的书往讲台一放，顺手指了指。我拿起语文老师的书本大声地带读着课文，一滴豆大的泪水从我眼角悄然滑出。那一天，我学习更加认真了，更加专注了。我要用我最好的学习态度回报我的老师！

点评：

"我的一天"片段中，只选取了"早读忘记带书而被老师惩罚"的故事，并没有把一天所有的事件都加以描写，说明小作者的"中心、重点"意识是比较强的。遗憾的是，以上片段描写的效果过于粗糙。

但在文段中，我们不难发现，这件事能写出"语文老师"的严厉只是"我"的误解。作者采用了"先抑后扬"的方法，着重突出了老师对"我"的帮助，写出了她严厉中却带有浓浓的关爱的特点。同时，作者也采用了语言、心理、动作等人物描写的方法来突出人物的形象，让人物更鲜活。

从选材的角度来看，这个选材来源于生活，但是在作者巧妙的构思和安排下又高于生活，写出了新颖的特点。在一般学生的生活中，老师的"惩罚"无非是罚扫地、罚抄写、罚留堂、罚背书等。但是作者很巧妙地把一般人认为的惩罚,转化为语文老师对"我"的帮助——让"我"领读,来显出老师的教育智慧,也写出"我"对老师的感激之情。这就是旧材写新(新颖)的巧妙构思了。

其实我们的生活大都是平淡的,但并不意味着我们生活中没有感动,只是我们不够细致去观察、去体会,无感悟罢了。在写作的选材中,我们要学会围绕中心去选材,并要对材料进行巧妙的构思与加工,才能把文章写得更好,更有韵味。

三、课中练习

题目:

将上面所写的片段扩展成一篇以写人写事为主的记叙文。题目自拟,不少于500字。

思维建模:

1. "我"为什么会忘记带语文书?心理活动是怎么样的?
2. 语文老师的外貌怎样?"我"印象中的语文老师是一个怎样的人?
3. "我"所要表现的语文老师的人物形象是什么?你打算如何表现这种优秀的品质?
4. 当语文老师要惩罚"我"的时候,"我"的心理活动如何变化?
5. 老师一般会给学生怎么样的惩罚?如何体现语文老师这次的惩罚对"我"有非常深刻的意义?能想到什么角度去写吗?
6. 在这件事当中,当然少不了在座的同学们的见证,他们又是怎样的表现?他们说了什么,想了什么,做了什么?如果不要这些人物,你觉得可以吗?
7. 经历了这个事件,你收获了什么特别的感受或感悟?
8. 这个事件为什么能作为"我的一天"选材,选择这个选材的考虑是什么?符合上文中哪个要求?

习作展示:

我 的 一 天

罗昭君

我万万没有想到的是,一个如此爱好学习的好学生——我,新的一周竟在老师的惩罚中拉开序幕!

我也万万没有想到的是,老师的这个"惩罚"居然能让我永世不忘!

(开头两段,两个"万万没有想到"采取了开篇设置悬念的手法,成功地吊起所有读者的胃口,不仅仅交代了作为学生的"我"的一天所发生的事件是受到了老师的惩罚,同时写出了此次"惩罚"对"我"意义重大,让"我"永世不忘。简单的语言,体现了作者选取的素材是自己作为学生学习生活中经历的事件,具有了真实的特点。)

那是一个晴朗的星期一,我早早地来到教室。忽然,我想起昨晚带回家背的语文书忘在了家里,心急如焚的我,不知如何是好。脑海里渐渐浮现出这一幕:同学们都在读着诗句,我却呆若木鸡,坐在座位上干巴巴地将嘴一张一合……噢,我简直不敢再想下去了。

这时,同桌的一句"你怎么啦",将我从噩梦中拉了回来。

我结结巴巴地说:"语文书忘……忘带了!""啊?"同桌惊奇地叫了一声,说,"要不,你用我的吧。你成绩那么好,给老师批评可不好。我反正成绩差,骂就骂吧!"

我当时简直觉得自己得救了,正准备答应,可转念一想,我不能这样做啊。

"不行,那你怎么办?!"我断然拒绝道。可同桌就是不肯罢休,一定要把书塞给我。

正当我们推让来推让去的时候,老师穿着一袭美丽的绿色长裙徐徐走来,和蔼地问我:"怎么了?"

我含糊不清地答道:"老师,我……语文书,忘,忘在家里了。"

"哦?是吗?那为了让你以后不再如此粗心,你必须接受'惩罚'!"老师说完狡黠地一笑。

"啊?"我心里害怕极了,因为语文老师是出了名的严厉。

只见语文老师走到讲台前,摆了摆手让大家停下,说:"由于罗昭君同学今天忘记带书本,为了让他记住教训,我决定给他一个惩罚!"同学们扭头看向我,眼里充满着同情。

("我"把语文书忘在家了。因为语文早读的到来,"我"心急如焚,担心老师发现被罚,同学想主动把书借给"我"让"我"免于惩罚,但是"我"拒绝了同学的要求。最后老师还是发现了"我"没有带书,决定要给"我"惩罚。所写的内容貌似与"惩罚"无关的这些材料,恰恰是学生生活中最真实的事件,最能紧紧地表达作者的心理感受和引起学生读者的感同身受，激发读者的阅读兴趣。）

"我宣布，今天的早读由罗昭君同学来领读！下面，有请罗昭君同学到讲台来！"说完，她把自己的书往讲台一放，顺手指了指。

我惊呆了，这就是对我所谓的"惩罚"？尽管我无法相信自己的耳朵，但我还是恍恍惚惚地走到了讲台上，开始用蚊子般的声音带领大家早读，老师在一旁用鼓励的眼神看着我，我的害怕心理顿时消失得无影无踪。

我自信而大声地念着课文，一滴豆大的泪水从我眼角悄然滑出，慢慢地、慢慢地，滴落在了我洁白的回力鞋上，慢慢化开。我此刻心中有千言万语，这泪水就是最好的见证，它是多么的纯洁啊！

（这里的惩罚写得很巧妙，也很感人，能突出语文老师"关心、关爱、帮助学生"的形象。同时这个转化也显得比较新颖，让人耳目一新。在很多学生的心目中，语文老师给我们的惩罚无非是到外面罚站、罚扫地、罚留堂、罚抄书背书……因为这才是"我"所害怕的"惩罚"。但是这里却把语文老师的"惩罚"写成了"让我领读"，并且用细节"用手指了指放在讲台的书"，很明显这个并不是"惩罚"，而是老师对"我"的帮助。这就体现了作者使用材料的创新意识了。）

那一天，我学习更加认真了，更加专注了。我要用我最好的学习态度回报我的老师！

（最后主要是对"我"的情感的描写，我由"害怕"变成"感激"，情感再一次变化，也是在这样的变化中使主题得以升华。）

四、课后巩固

题目：

你们班上一定有不少"牛人"吧？他们或是"读书迷"，知识丰富；或是"演说家"，善于表达；或是"大管家"，热心集体事务；或许还有体育健将、乐器高手、智力超人……以"晒晒我们班的'牛人'"为题，写一篇作文，不少于500字。

提示：

"牛"，可以解释为"厉害"，牛人指的是在某些方面具有特长或者具有多方面的突出能力的人。在此次写作中，我们可以只写一位"牛人"，选取最能表现其"牛"的材料，突出其特点，如果这个人很多方面都很"牛"，就要注意分清主次、详略，合理安排；也可以写几位"牛人"，每人只写一件事，但要突出他们各自不同的特点。

思维建模：

1. 写一位牛人（一人多事）

（1）他或她有什么外貌特征？

帅气、漂亮、普通、苗条、魁梧、修长、坚实、强壮、匀称、标致、威武、健壮、相貌堂堂、眉清目秀、容光焕发……这些词语能够形容他或她的外貌特征。

（2）选取几件最能表现他或她"牛"的事来写，你会运用哪些描写方法去刻画这些事件？

某一次活动、某一堂上课、某一场演出、某一次突发事件，由这些可以看出人物"牛"的特点，可运用人物的语言、动作、神态、细节、正面侧面描写等。

（3）他或她有怎样的性格特征？哪些词能体现你对他或她的认识？

热情、乐观、坚强、和蔼、朴素、善良、开朗、活泼、好动、轻松、愉快、豁达、稳重、幽默、真诚、豪爽、耿直、成熟、果断、健谈、机敏……这些词能体现他或她的性格特征。

（4）他或她引发了你怎样的思考？你是如何评价他或她的？你从他或她身上学到了什么？

注意正面引导，从这个人物的特点或品质引发你对班集体、社会、生活甚至人生的思考。

2. 写多位牛人（多人一事）

（1）他们或她们各自是怎样的人？哪些词能够形容他们或她们的外貌特征？

帅气、漂亮、普通、苗条、魁梧、修长、坚实、强壮、匀称、标致、威武、健壮、相貌堂堂、眉清目秀、容光焕发……这些词语能够形容他们或她们的外貌特征。

（2）每一个人你选取哪件最能表现他或她"牛"事来写？你会运用哪些描写方法去刻画这些事件？

注意是一个人一件事即可，选取最能突出"牛"的一件事。如某一次活动、某一堂上课、某一场演出、某一次突发事件，由这些可以看出人物"牛"的特点，可运用人物的语言、动作、神态、细节、正面侧面描写等。

（3）他们或她们有怎样的性格特征？哪些词能体现你对他们或她们的认识？

热情、乐观、坚强、和蔼、朴素、善良、开朗、活泼、好动、轻松、愉快、豁达、稳重、幽默、真诚、豪爽、耿直、成熟、果断、健谈、机敏……这些词能体现他们或她们的性格特征。

(4)他们或她们引发了你怎样的思考？你是如何评价他们或她们的？你从他们或她们身上学到了什么？

注意正面引导,从这些人物的特点或品质引发你对班集体、社会、生活甚至人生的思考。

写作训练：

(作文格)

五、写作评价

评价指标	评价方式	评价标准		
		是	一般	否
人物特点是否清楚	自评			
	互评			
	师评			
详略安排是否得当	自评			
	互评			
	师评			
人物描写是否生动	自评			
	互评			
	师评			

七年级下第五单元　文从字顺

东莞市厚街湖景中学　彭　莉

导语：

唐朝诗人韩愈说："文从字顺各识职，有欲求之此其躅。"意思是文字通顺妥帖，一个个字都得当。有想求得古人作文之道的，就可照这条道路前进。教育部长江学者王彬彬教授曾提出：中小学的语文教育，有语言教育和文学教育两方面的内容。而更重要的，是让学生具有文从字顺的表达能力。部编版语文七年级下册特意将文从字顺设置为一节写作课，可见文从字顺的重要性。如何做到文从字顺呢？可以从以下几个方面入手，对作文用语进行推敲。

一、课前导学

分点一：用词恰当，表意明确

充满整个夏天的是一个紧张、热烈、急促的旋律。好像炉子上的一锅冷水在逐渐泛泡、冒气而终于沸腾了一样，山坡上的芊芊细草渐渐滋成一片密密的厚发，林带上的淡淡绿烟也凝成一堵黛色长墙。轻飞曼舞的蜂蝶不见了，却换来烦人的蝉儿，潜在树叶间一声声地长鸣。火红的太阳烘烤着一片金黄的大地，麦浪翻滚着，扑打着远处的山、天上的云，扑打着公路上的汽车，像海浪涌着一艘艘的舰船。金色主宰了世界上的一切，热风浮动着飘过田野，吹送着已熟透了的麦香。那春天的灵秀之气经过半年的积蓄，这时已酿成一种磅礴之势，在田野上滚动，在天地间升腾。夏天到了。

——梁衡《夏感》

分点二：句式灵活，语意连贯

那座古桥，是我要拜访的第一个老朋友。啊，老桥，你如一位德高望重的老人，在这涧水上站了几百年了吧？你把多少人马渡过对岸，滚滚河水流向远方，你弓着腰，俯身凝望着那水中的人影、鱼影、月影。岁月悠悠，波光明灭，泡沫聚散,唯有你依然如旧。

——李汉荣《山中访友》(选作课文时有改动)

分点三:照应开头,前后呼应

我第二次到仙岩的时候,我惊诧于梅雨潭的绿了。

……

我第二次到仙岩的时候,我不禁惊诧于梅雨潭的绿了。

——朱自清《绿》

分点四:巧设过渡,转换自然

一早,就上山,带两个干馒头、一块大腌萝卜。顿顿吃大腌萝卜,这不是个事。已经是秋天了,山上的酸枣熟了,我们摘酸枣吃。草里有蝈蝈,烧蝈蝈吃!蝈蝈得是三尾的,腹大,多子。一会儿就能捉半土筐。点一把火,把蝈蝈往火里一倒,哔哔剥剥,熟了。咬一口大腌萝卜,嚼半个烧蝈蝈,就馒头,香啊。人不管走到哪一步,总得找点乐子,想一点办法,老是愁眉苦脸的,干吗呢!

我们刨了坑,放着,当时不种,得到明年开了春,再种。据说要种的是紫穗槐。

紫穗槐我认识,枝叶近似槐树,抽条甚长,初夏开紫花,花似紫藤而颜色较紫藤深,花穗较小,瓣亦稍小。风摇紫穗,姗姗可爱。

——汪曾祺《紫穗槐》

二、课前练笔

题目:

选择你最喜欢的景或物,写一个片段,想好再动笔,把语句写得连贯、顺畅。

思维建模:

1. 想一想日常所见,自己印象最深的景物是什么?一棵树,一朵花,还是一株草?

2. 这棵树的叶子是什么颜色?枝条呈现的姿态是怎样的?

3. 树上或树的周围有没有其他的小生物?它们会围绕着树做什么?

4. 描写树的过程中,可以选择哪些修辞手法?

片段展示：

校园的美

还记得刚入学的时候,校门左侧的几棵杧果树还只是披着绿色的外衣。叶片青青的,散发出淡淡的香气,沁人心脾。("青青的"一词不仅准确地形容叶片的颜色,也恰当地描绘出叶片娇嫩的质感)枝头的芽儿,软软的,弹弹的,仿佛一只只翠绿的毛毛虫,饱含着生的希望与朝气,好像在朝我嚷嚷:"我要开花,我要结果!将来我要成为杧果林中最大、最甜、最多汁儿的杧果!"(比喻的运用,让表达更为生动形象,也使句式更为多变灵动)。树下几只麻雀优哉游哉地跳着,毛羽比平常更瓦亮。黄昏了,雀儿们叫了几声,展开翅膀,绕树飞了三匝,朝着落日的方向去了。(对小麻雀的描写,从侧面表现杧果树的茂盛繁密,从不同的角度表现杧果树的特点,既准确又巧妙)。杧果树们也在余晖的照耀下,显得更繁密。清新的香气好似提炼香精时冒出的水雾,在空气中荡漾着。这些杧果树正如一个个朝气蓬勃的少年,温暖了整个九月天。

点评：

片段重点描写了初见杧果树时的印象,精确地抓住杧果树的叶片、树下的麻雀进行描写,综合运用多种感官,如视觉、嗅觉、触觉、听觉等,层次多元地表现杧果树的特点,同时运用多种修辞手法,如比喻、拟人等,语言显得更为生动活泼。

三、课中练习

题目：

将上面所写的片段扩展成一篇写景抒情的散文。题目自拟,不少于500字。

思维建模：

1. 这棵树在我的印象中,有没有发生变化?长高了,茂盛了?还是开花了,结果了?
2. 我可以从哪些方面去描写它的变化?颜色,高矮?
3. 它的变化给了我哪些感悟?让我联想到哪些相关的经历?
4. 描写树和表达感悟间,应该如何过渡?
5. 可以使用哪些表现手法?象征,对比,借景抒情?

6. 句式有没有变化？是否做到长短句交错出现？

7. 开头结尾应该如何照应？

习作展示：

校 园 的 美

侯耀阳

又是一年满眼的金黄，又是一岁满园的飘香，这校园最美的风景，就是那几棵杧果树。（开篇点题，明确中心，使读者一目了然。）

还记得刚入学的时候，校门左侧的几棵杧果树还只是披着绿色的外衣。叶片青青的，散发出淡淡的香气，沁人心脾。枝头的芽儿，软软的，弹弹的，仿佛一只只翠绿的毛毛虫，饱含着生的希望与朝气，好像在朝我嚷嚷："我要开花，我要结果！将来我要成为杧果林中最大、最甜、最多汁儿的杧果！"树下几只麻雀优哉游哉地跳着，毛羽比平常更瓦亮。黄昏了，雀儿们叫了几声，展开翅膀，绕树飞了三匝，朝着落日的方向去了。杧果树们也在余晖的照耀下，显得更繁密。清新的香气好似提炼香精时冒出的水雾，在空气中荡漾着。这些杧果树正如一个个朝气蓬勃的少年，温暖了整个九月天。（综合运用多种感官，正面描写与侧面描写相结合，同时运用多种修辞手法，层次多元、语意准确地表现杧果树繁密、富有生命力的特点。）

时间呀，像是一只藏在黑暗中的温柔的手，在你一出神一恍惚之际，物换星移。四个月的时光悄悄地远走了。我回到学校，发现杧果们已经攀上了枝头，绿色去出差了，灼灼的黄色前来代班。这杧果呀，四个月没见竟结得那么的张扬，那么的放肆，完全丢下了青涩的包袱，黄得透彻，黄得爽朗，让人垂涎不已。（运用对比，突出杧果的成熟与丰硕。巧妙地将读者的注意力从杧果过渡到对时间的思考上，自然地引出下文的议论。）

我多想伸出手，摘下一个最大的杧果，咬上一口，想象着汁水瞬间在我口中爆开，清甜席卷了我整个口腔的情形。但我忍住了。我更愿意它们高高地挂在枝头，给更多的人以期待和向往！谁能想象它曾经是一颗丑陋的种子？谁见过它为冲破子夜咬紧牙关，谁记得它为看见阳光拼尽全力？没有！没有人会愿意去看它最暗淡无光的时候，我们只会记得它成长为杧果时的辉煌。它们一定明白，只有用尽全力，悄悄地拔尖，默默地努力，才能惊艳全场，让人铭记！

我又抬头望了望满树的金黄，我相信，一个能带来甘甜的杧果，必然历经了无数次的苦涩。一个能孕育月亮的星空,必然蛰伏了无数个无尽的黑夜。(这两段的议论,紧扣柚果树的特点与变化,将眼前之景与人生哲思紧密地联系在一起,自然地生发出"悄悄地拔尖,默默地努力,才能惊艳全场,历经无数次的苦涩,蛰伏无数个黑夜,才能孕育月亮的星空"这一深邃的感悟。)

年年金黄,岁岁飘香!一日一日默默的努力,必将化作一点一点可贵的成长,终将成为满眼的辉煌!(结尾照应开头,深化主题。)

四、课后巩固

题目:

夜空,是那么美,那么遥远。触景生情,人们往往由宇宙无限、人生有限的感慨而产生种种思索,请以"遥望夜空"为题,写一篇文章。

思维建模:

1. 你眼中的夜空,最典型的特点是什么?

漆黑、深邃、辽阔、静谧、安宁、柔美、朦胧、月明星稀、夜色迷人、繁星闪烁、星空皎皎、月色如水、月满如盘……这些词语能够形容夜空的特点。

2. 夜空中,除了天空,还可以描写哪些景物?

月亮、星光、云朵、清风、树影、虫鸣……借助多种景物,多角度刻画夜空的特点。

3. 写夜空时,可以按照怎样的顺序来描写?

由近至远、由低到高、时间变化、立足点的变化……这些顺序能够条理清楚地表现夜空的特点。

4. 夜空中的景物,是不是都静止不动?有没有动态变化的景物?

动静结合、化动为静、化静为动、以动衬静、以静衬动……学习将动态描写和静态描写结合起来,让笔下的夜空更为灵动深邃。

5. 这样的夜空,引发了你怎样的思考?

多从正面积极的角度去思考,善于抓住夜空的特点去思考,一定要联系自身的经历去思考,注意巧设过渡,完成从景到理的自然转换。

写作训练:

(作文格)

五、写作评价

评价指标	评价方式	评价标准		
		是	一般	否
用词是否恰当,表意是否明确	自评			
	互评			
	师评			
句式是否灵活,语意是否连贯	自评			
	互评			
	师评			
结尾是否照应开头,前后是否形成呼应	自评			
	互评			
	师评			
是否巧设过渡,转换是否自然	自评			
	互评			
	师评			

七年级下第六单元　语言简明

东莞市横沥中学　肖胜美

导语：

语贵在精而不在多。莎士比亚曾说："简洁的语言是智慧的灵魂，冗长的语言则是肤浅的藻饰。"高尔基也曾说："话不要多，要做到诗里没有一个废字，任何一朵花都不会因为多了个瓣而显得美丽。"由此可见，语言简明极其重要。对于初中生来说，用简明的语言写我所见，抒我所感，明我所想，便能写出动人之作。

一、课前导学

简明，就是简要、明白，也就是说，行文时语言要尽可能精练，不重复、啰唆，同时，表达的意思又要清楚明白，不让人产生误解。

分点一：删繁就简法——简洁，不重复

下面的句子就有些啰唆，请同学们思考，看看应该怎样修改。

1. 她说她在等候上车的时候，她心里一直在后悔。（词语重复）

改：她说她在等候上车的时候，心里一直在后悔。

2. 接着是整座城市被火山熔岩淹没，直到1709年才被一些考古学家将这座城市发掘出来。（词语重复）

改：接着是整座城市被火山熔岩淹没，直到1709年才被发掘出来。

3. 小伙子天天锻炼，身体显得很健壮结实、强壮有力、敦实健硕。（词语堆砌）

改：小伙子天天锻炼，身体显得很健壮结实。

4. 战胜了挫折，出现在我们面前的将是无限光辉灿烂的无比光明的美好前景。（词语堆砌）

改：战胜了挫折，出现在我们面前的将是美好前景。

分点二：巧用替代法——简要，不啰唆

1. 夏天到了，人们常喜欢吃一些生冷的食品，常吃生冷食品将会给肠道传染病的发生埋下一些隐患。（语句啰唆）

改：夏天到了，人们常喜欢吃一些生冷的食品，这将会给肠道传染病的发生埋下一些隐患。（用复指代词"这"）

2. 这艘新舰艇，机器性能良好，如果按照措施上规定的延长机油使用期的方法，来延长机油使用期，就可避免人力和机油的浪费。（语句啰唆）

改：这艘新舰艇，机器性能良好，如果按照措施上规定的延长机油使用期的方法做，就可避免人力和机油的浪费。（用动词"做"来替代）

分点三：变长为短法——明白，不晦涩

总结是一个组织或个人在工作、学习告一段落后，进行回顾、检查、分析和评价，从中找出成功的经验或失败的教训，悟出个中的道理，得出规律性的认识，并用以指导今后的工作所形成的书面材料。（晦涩难懂）

改：总结是一个组织或个人在工作、学习告一段落后写的书面材料，常对前一阶段的工作进行回顾、检查、分析和评价，以利于从中找出成功的经验或失败的教训，悟出个中的道理，得出规律性的认识，并用以指导今后的工作。

分点四：消除歧义法——明确，不含糊

1. 添加语境法

班长说服了我和王佳一起去爬山。

改：班长说服了我和王佳一起去爬山，他自己却游泳去了。

2. 变换词语法

同桌好说话。

改：同桌喜欢说话。

3. 添加标点法

中国女排打败了俄罗斯队获得冠军。

改：中国女排打败了俄罗斯队，获得冠军。

4. 调换语序法

他是一位博闻强识的李教授的得意门生。

改：他是李教授的一位博闻强识的得意门生。

分点五：留主去次法——明确，不游离

最近我发现，鱼尾纹已悄然爬上了妈妈的眼角。我拿出了平时好不容易积攒下来的零用钱,跑到商店里,想给妈妈买支眼霜。各种品牌的眼霜看得我眼花缭乱,昂贵的价格更让我感到囊中羞涩。我想,眼霜那么贵,利润一定很高,看来卖化妆品能挣不少钱呢!最后,我只好失落地走出了商店。

改:最近我发现,鱼尾纹已悄然爬上了妈妈的眼角。我拿出了平时好不容易积攒下来的零用钱,跑到商店里,想给妈妈买支眼霜。各种品牌的眼霜看得我眼花缭乱,昂贵的价格更让我感到囊中羞涩。最后,我只好失落地走出了商店。

二、课前练笔

题目:

下面这段话不够简明,请加以修改。

篮球比赛结束后,比赛完的队友们一个个都坐上大巴走了。大巴是学校的车,学校有好几辆大巴和小轿车。我没有上车,而是一个人默默地走回家。我在回家的途中,我紧锁着眉头,无奈地叹息,心里很难受,不禁为比赛的失利感到难过。那个余晖满天的黄昏,我一个人站在家门口,独自伫立在暮色之中。

思维建模:

1. 思考叙事的主题,抓住本段的重点,然后删除偏离中心的语句。
2. 哪些地方显得重复啰唆?删除重复和堆砌的部分,使表达更加简明。
3. 哪些地方不够连贯?采用承前省略和替代的方法,使表达清晰简明。

修改:

<u>篮球比赛结束后</u>,<u>比赛完</u>(和前面的"比赛结束后"重复,可删)队友们<u>一个个</u>(和"都"堆砌)都坐上大巴走了。<u>大巴是学校的车,学校有好几辆大巴和小轿车。</u>(与中心毫无关系,应删除)<u>我没有上车,而是</u>(和"走回家"一起,显得啰唆,可删除)一个人默默地走回家。<u>我在回家的</u>(和"走回家"一起,显得啰唆,可删除)途中,我紧锁着眉头,无奈地叹息,<u>心里很难受,不禁为比赛的失利感到难过</u>(词语堆砌,可删其中一个)。那个余晖满天的黄昏(和"暮色"堆砌,可删),我<u>一个人</u>(和后文的"独自"重复,可删)站在家门口(和前文的"途中"不连贯,可删),独自伫立在暮色之中。

点评:

首先,运用留主去次法,使中心明确,不游离。这段话的重点是写"我"在篮球赛失利后失落的心情,"大巴是学校的车,学校有好几辆大巴和小轿车"与中心毫无关系,因此可以直接去掉。

其次,运用删繁就简法,删除重复和堆砌的部分。如原文的"一个人"和"独自","暮色"和"余晖满天的黄昏","比赛结束后"和"比赛完的","走回家"和"在回家的途中"可以删除其中重复的。"我心里很难受"和"为比赛的失利感到难过"意思相近,放在一起造成词语堆砌的现象,可以删除相似的。

最后,巧用替代法。如"我没有上车"可依据语意的连贯,进行省略。

修改后,这段话语言简明,逻辑清晰,中心突出。

这段话可以修改为:篮球比赛结束后,队友们都坐上大巴走了。我一个人默默地走回家。途中,我紧锁着眉头,无奈地叹息,心里很难受,独自伫立在暮色之中。

三、课中练习

题目:

用简明的语言概括《带上她的眼睛》或《河中石兽》的主要内容,不超过150字,写完后小组内交流。

思维建模:

1. 文章重点写了什么内容？什么人做了什么事,结果怎么样？
2. 怎样使语句连贯？你用了哪些词语连接句子使句子不啰唆？
3. 你的语句有歧义吗？

示例1:

《带上她的眼睛》讲的是"我"戴上一副高超的传感眼镜,"带着"一位小姑娘在草原上度假。她对草原上的一切事物都有一种异于常人的兴奋,这让"我"感到很奇怪。后来,"我"得知真相很伤感。原来她是一位被永困地心的地航员。面对危险,她平静乐观,承诺会一直按照计划工作下去,直到生命终结。

点评:

这段只有137字的小短文,概括简明,叙事清楚,不仅介绍了《带上她的眼睛》的主要内容,而且故事的要素非常清楚,突出了"我"的悲悯、女孩的悲壮。同时短文中运用"这"这一代词使语言简要,运用"原来""面对危险"使语句变长为短,显得明白,不晦涩。

示例2：

《河中石兽》讲述的是一个庙门口的一对石兽，随庙门倒塌而沉入河中，十几年后，人们找石兽的故事。根据石兽沉落河中的地点，寺僧到原地水中和下游找没有找着；讲学家认为石头埋在沙里只能越埋越深，大家信服为正确的言论(主要突出讲学家和老河兵的不同理解，故大家的意见可删)；老河兵听了后嘲笑着(不够简要，可删)讲解应当到上游找的理由，按照他的话果然在上游找到石兽。

改：《河中石兽》讲述的是一个庙门口的一对石兽，随庙门倒塌而沉入河中，十几年后，人们找石兽的故事。根据石兽沉落河中的地点，寺僧到原地水中和下游找没有找着；讲学家认为石头埋在沙里只能越埋越深；老河兵讲解应当到上游找的理由，按照他的话果然在上游找到石兽。

四、课后巩固

题目：

航天、生物、计算机、新能源……你对哪个领域的科学技术最感兴趣？请搜集相关资料，加深对这种科学技术的理解。在此基础上，展开想象，写一篇作文，不少于500字。

思维建模：

1. 你对哪个领域的科学技术最感兴趣？原因是什么？

2. 想象一下这个科学技术未来会怎样发展？它会给人们带来什么益处？带来什么潜在的危害？

3. 你打算怎样叙述？只写未来情况，还是先写未来情况然后用插叙转入现在的情景然后再接着写未来情况，还是先重点写未来情况然后结尾一笔写现在以点明前面的内容是想象的？

4. 你的文章情节能吸引读者吗？是设置了悬念还是情节一波三折？

5. 你的语言是否有啰唆的地方？是否有语意不明的地方？

写作训练：

习作展示1：

烦恼退散药

李金鲜

我将手中的药丸放在阳光下，光束穿过我指间的缝隙，两指中间的药丸在光下熠熠生辉,隐隐约约,可见药丸里底部铺满的细小微粒。

我欣喜若狂,脸上的笑容难以止住。这颗药丸,吃下去就可以消除烦恼。

这颗药丸外表没有那么与众不同,它就像平时常见的椭圆形胶囊一样,拇指般大小。药丸内含像沙粒的颗粒,入口即化,让口腔充斥着满满的水果味,服下后短时不会有什么明显的变化,但一觉醒来后,会让身体如释重负——烦恼像烟云散去,飘向了远方。

为了实现自己的梦想,热爱生物学的我大学毕业后投入了药物研究行业。历经多年的奋斗,终于在今年,也就是2050年,我和我们的研究团队研究出了这第一批烦恼退散药。

犹记得青少年时代,指间划动着手机,屏幕泛着微光,当看到"假如让你选择三个药丸,你就会获得……"这类选择性问题,我一般会直接无视。"怎么还会有这么不现实的东西。"我喃喃自语道。可是,我脑子仍然会去想,要是真的有这种药丸就好了。

在没有烦恼退散药的年代,我依靠跑步来放空自己。北风刮过我的脸颊,如一根根细针刺来,可我不能停下我的脚步,我知道我需要它来刺激自己的神经,需要它来释放无形的压力。绕着椭圆形的跑道,我跑了一圈又一圈。身旁不知何时出现了一张熟悉的面孔,我停下了脚步。"你怎么来跑步,你不是最不喜欢跑步吗?"她很惊讶。"有点郁闷,心里像是有一块大石头堵着,所以来感受风的刺激。"我一边用手触摸我的脚尖做着拉伸运动,一边回答她。我抬头望向她,挺直了身板。她一手勾住了我的肩说:"好点了吗?""好点了,但难以根治。"我点点头。"身为你的死党,我不能见死不救。但,你的烦恼不会因为我现在一句话就消失,与其告诉你勇敢面对,不如简单粗暴点,直接研发可以消除烦恼的药吧,这样也可以帮助这个社会同样被烦恼困扰的人。"她拍拍我的肩笑着说。

"想什么呢?"思绪被同事的叫声拉回,看着手中的药丸,我呵呵地笑了。没有想到的是,那颗开着玩笑的种子,有一天会生根发芽,直至长成参天大树。

我用双手将幻影变成了现实,随着烦恼退散药的推广,人们变得越来越轻松、惬意、幸福,社会氛围也变得越来越文明、和谐、幸福。

暖黄的灯光打在我的头顶上,我接受了记者的采访。在镜头前,我说出了自己的初衷:"我只希望大家借助这个药丸,能够活得轻松、惬意与自在,能够幸福。"

那么,你想不想拥有一颗烦恼退散药?

点评:

小作者因自身难以驱散的烦恼想到了要研究一种烦恼退散药,以根治自己的烦恼病和帮助与自己一样被烦恼困扰的人。选材贴近生活实际,在当今快速发展的时代,人们的生活压力越来越大,烦恼也越来越多,如何驱散烦恼,释放压力是亟待解决的社会问题。全文先写烦恼退散药的特点和效用,然后采用插叙的方式交代了它研制的原因,最后再借用采访的形式强调了它的效用。文章叙事集中,想象丰富,语言简明。

习作展示2:

海

陈铧燕

公元3000年,蓝星。

"警报!警报!很多批试验活体已放出,联系总部。"整个实验基地回荡着警报声。

"长官,要处理掉它们吗?"

电话那头传出一阵冷峻的话语:"一群失败品而已,不用大费周章,赶到太平洋就好了。"

乌黑的海水闪过几道电流,一群黑影散乱地从基地逃出。它们宛如疯狗般到处逃窜,锋利的獠牙吓跑了正分食恶臭腐肉的鱼群。掺杂着腥臭味的废水的海风迎面向我吹来,我站在直升机舱门前,目光透过手中最先进的电子高空镜,俯视着眼前的一切。

"队长,入侵成功。"光脑中传来一阵兴奋的呼喊。我命令道:"连接无线电。"

"一群失败品而已……"听着无线电传来的对话,我眯了眯眼,眸色冷了几分。真是疯狂,为了利益不择手段,竟用活体做实验。我脑海中思绪万千,深邃的目光望着下方的洋流,好似透过这漆黑的海水看到儿时记忆中那片湛蓝的海。

"爸爸妈妈,快看,那些人往海里倒什么?"稚嫩的手指指向海中央的几艘军舰。

爸爸弯下腰,摸了摸我的头,说:"小孩子不要管这么多,咱R国总统说了,污水倒入海中能自然被净化。"

"哦……"我点了点头,将信将疑。我站在岸边,浪花时不时拍打着我的脚丫,眼前是一望无际清蓝的海。这片海真的会越来越好吗?没有人能告诉我……

思绪被拉回现实,记忆中的海不再蔚蓝,取而代之的是恶黑的海洋。

"开始吧,第一分队跟我潜入基地,副官带着第二分队在外接应,看准时机攻堡,三、四分队在空中支援,吸引火力。"我眼神坚定,手指敲击着电子屏里的基地大致图。

"是!队长!"耳麦里传来洪亮的声音。

这一次,是最后一战。

在基地内应的掩护下,我领着小队顺利到达中心楼。面前矗立着一扇白金门,我顺着纹路摸索,门中央映出密码界面。"解密员。"一名队员出列,在工具的辅助下成功破解密码。几名侦查员率先进去,用激光悄无声息地刺破实验员的喉咙,比了个"安全"的手势。小队分成两部分,一部分随我进去,另一部分留在门外放哨。

映入眼前的是巨大的机器,桌上杂乱地摆放着注射器和不明的资料……一颗裹着电流的磁球悬浮在控制台上方。这大概就是基地的核心。信息员道:"队长,资料显示,破坏核心球整个基地就会崩塌。"

我拿出光学扫描仪,扫出了核心球的大致构造。密密麻麻的电丝相互交织,最核心内一颗玻璃球被电丝缠绕,里面是一股暗蓝黏稠的液体。我将液体图传送给信息员,信息员迅速搜寻来一张液体解析图,他看完后,面露难色,道:"队长,这液体具有极强的腐蚀性,流动极快。破坏核心球的话,液体会以每秒一公里的速度流出,方圆一公里内将无一人幸免。"

分队成员面面相觑,眼里满是犹豫。我看着这几年与我出生入死的兄弟,长叹一口气,下达了最后的命令:"五分钟内,全员撤离,我殿后。"耳麦那边传来副官的声音:"队长……"我狠下心:"这是命令。"副官虽是不情愿,但还是组织撤离。

五分钟后,我转过身,正对着核心球。"砰!砰!"我一拳又一拳,重重地打在核心球上。"警报,有人入侵中心楼。"整个基地的人手忙脚乱,陷入混乱。我低头看了看发红的拳头,换上了机械手臂,咬了咬牙,再次捶打下去。大批仿生人已到达中心楼,撞击着白金门。看着玻璃球外壁赫然出现的几条缝隙,我喉咙发出几声低吼,用尽全力砸去。

"砰",核心球发出巨响,外壳炸成粉末,黏稠的液体迸射出来,很快蔓延至实验室的各个角落。实验基地开始下沉。

我吐出一口浊气,倒在液体中,任由其慢慢腐蚀着我的身躯。

都结束了吗……

我缓缓闭上双眼,思绪恍惚间,脑海里呈现儿时那片蔚蓝的海。

点评:

小作者想象丰富,想象着活体实验基地里的试验活体不经处理直接排放太平洋给海洋带来了危害,自己冒险带着小分队摧毁基地,直至死亡。故事惊险,扣人心弦,语言简明。"我"的正义和排放污水者的不负责任形成鲜明的对比,具有强烈的赞美和批判效果。"队长,这液体具有极强的腐蚀性,流动极快,破坏核心球的话,液体会以每秒一公里的速度流出,方圆一公里内将无一人幸免。"这句话为后文"我"的死亡埋下伏笔。"我"的勇于献身将故事推向了高潮,让读者在赞美中多了怜惜与反思。

五、写作评价

评价指标	评价方式	评价标准		
		是	一般	否
叙述中心是否明确	自评			
	互评			
	师评			
叙述语言是否明确	自评			
	互评			
	师评			
叙述语言是否简洁	自评			
	互评			
	师评			

八年级上第一单元　新闻写作

东莞市松山湖实验中学　杨岳如

导语：

今天是一个信息爆炸的时代。面对如此纷繁庞杂的信息潮，要描述、筛选、鉴别、评价出真正有价值的新闻信息，并且有逻辑地加以整合和梳理，需要我们具备对新闻信息的采写、编辑、选择、整合和批判认知能力。只有如此，才能将客观完备、全方位的新闻作品呈现在受众面前。对于初中生而言，新闻写作是客观记录生活的实用能力。

一、课前导学

分点一：恰当拟题，突出消息重点

12月27日10时38分，时速350公里复兴号高速动车组从北京西站开出，奔向"未来之城"雄安新区。几乎同时，雄安站也向北京开出首发列车。这标志着京雄城际铁路全线开通，京津冀协同发展再添新动能。

"古都北京与'未来之城'连得更紧了！"在开往雄安的首发列车上，京雄城际铁路雄安建设指挥部指挥长杨斌回忆起那一幕，心潮澎湃——2019年1月16日，习近平总书记通过大屏幕连线雄安站建设工地现场，向施工人员挥手致意，称赞他们正在为雄安新区建设这个"千年大计"做着开路先锋的工作。

雄安新区是继深圳经济特区和上海浦东新区之后又一具有全国意义的新区。作为雄安新区第一个开工建设的重大交通基础设施项目，京雄城际铁路全长91公里，设6座车站，为打造"轨道上的京津冀"搭建起高速大通道。

（节选自李蓉《复兴号奔向'未来之城'》，《人民铁道》，2020年12月29日）

思考：这篇新闻报道了怎样的事实？标题是如何提炼出来的，有着怎样的作用？

分点二：引用自述、评论，展现人物精神

2020年高考落下帷幕。云南丽江华坪女子高级中学63岁的校长张桂梅，又顺利送走了一届毕业生。

....

已经无力站上讲台上课的她,十几年来坚持着一项颇具仪式感的"日常工作"——每天5点15分,她都会准时从女生宿舍的铁架床上爬起,忍着全身的疼痛,乘坐宿管员的电摩托来到教学楼,颤巍巍地从一楼爬到四楼,把每一层楼道的电灯点亮。"女孩子胆小,把灯提前打开,她们来晨读会感觉更安全、更踏实。"张桂梅如此解释自己的执拗坚守。

....

男老师杨晓冬说,当初报考大学时,父亲极力劝他读师范专业,说当老师工作轻松,假期多。可他毕业后来到女高工作,发现一切都和想象的不一样。"连家都照顾不了,半夜12点多还要带着孩子来查夜。"杨晓冬说。可想想张老师这么大岁数,每天比自己还忙,他也就不好意思抱怨了。"有一次,我经过张老师办公室,发现她一手拿着勺子,一手拿着烧饼,下巴托在键盘上,吃着饭就睡着了,她太累了。"

....

经常陪张桂梅家访的华坪女高办公室主任张晓峰开玩笑说,每次跟着张老师家访,就像一路在跳"脱衣舞"。走在大山里,一看到老乡没衣服穿,她都会把外套脱下来,披在老乡身上,有时甚至还要扒下随行老师的衣服。把自己带的钱都送出去了,她还要把随行老师的裤兜挨个掏空。"她从没在学生家吃过一顿饭,带去的面包、馒头也会分发给路边的老人、小孩,我们跟着家访经常饿肚子。"张晓峰苦笑着说。

(节选自庞明广、严勇、陈欣波《"燃灯校长"送1600多名女孩出深山》,《新华每日电讯》,2020年7月10日)

思考:这篇报道引用了哪些人的话,分别具有什么作用?

分点三:精心选材,选取具有时效性和新闻价值的事实进行报道

"车来了!"6月30日上午10时许,冒着雨,驾驶员杨保安开着乡村客运小巴,沿着崭新的通村公路,驶入布拖县乌依乡阿布洛哈村,喇叭声引来招呼站内的村民阵阵欢呼。

人群中,66岁的省教育厅退休干部林强格外激动。过去17年,他曾先后20多次来过阿布洛哈,都是爬悬崖、过溜索,只有这次是乘车进入的,"梦想成真了!"

....

脱贫攻坚,交通先行。2019年6月,阿布洛哈村通村公路被列入全省"具备条件的建制村通硬化路"范畴,正式开工建设。项目起于拉果乡布歪村,止于乌依乡阿布洛哈村小学,全长3.8公里,其中包括3座隧道、1座战备钢桥,桥隧比近30%。

项目承建方四川路桥项目经理赵静介绍,公路全线位于高山峡谷地带,绝大部分路段位于接近垂直的峭壁上,地质结构复杂,岩层破碎,施工难度极大,平均每天仅推进10余米,相当于在峭壁上"啃"出一条路来。

(节选自梁现瑞、王眉灵、王代强《我国最后一个不通公路的建制村车路双通》,《四川日报》,2020年7月1日)

思考:这篇新闻报道了一件怎样的事,具有怎样的新闻价值?

分点四:写好导语,让新闻更具吸引力

"右转了,右转了,对向无人区!"9月4日的飞行训练中,南部战区空军航空兵某旅飞行员王建东驾机起飞上升过程遭遇鸟击、发动机停车重大特情,因高度太低无法返航,他操控失去动力的飞机避开人口密集区,在37秒内连续完成3次有效规避,最终在75.9米的超极限低高度跳伞,飞机坠入一处空旷水田,未造成地面人员伤害。

(节选自许毅、房磊磊《37秒生死抉择彰显大爱忠诚》,《空军报》,2020年9月16日)

思考:这篇新闻是如何写导语的?不一样的导语有着怎样的表达作用?

分点五:特写镜头,形象展现新闻现场

3时57分,藏羚羊群抵达青藏线北侧,这时,路上的车辆已被截停。领头的2只藏羚羊率先穿过公路,羊群则在路基下警惕地张望。接着,路基下张望的藏羚羊鱼贯通过迁徙通道,整个过程持续了大约3分钟。

此时,仅剩最后一只小藏羚羊未穿过公路,第一次,它跟随大部队走上路基,可是到了公路中间又小心翼翼退回。紧接着,这只落单的藏羚羊,向西走了100多米,以同样的姿势冲上公路,看了看路之后又退回到路基下,反反复复几次无果后,向东走了200多米,重复之前的动作,但结果一样,每次都是冲到路边戛然而止,又退回到原来的地方。而后,这个过程反复了七八次,最终,它还是没敢穿过公路,放弃了尝试。

已经穿过公路的羊群一边走,一边还不停地回头张望,不忍割舍的样子。大约十分钟之后,已经走到对面山坡上的藏羚羊群,还停在那里久久伫望,依然在焦急地等待它的回归。

(节选自胡永科、姚斌、张多钧《2020 藏羚羊大迁徙现场报道》,《青海日报》,2020 年 5 月 19 日)

思考:选段特写了怎样的新闻场景?描写了哪些细节?有何作用?

分点六:结合事件背景,让报道更有深度

"石墨烯几乎完全透明,但异常坚硬,它拥有极好的导热性和极低的电阻率。这些特性如果能被最大限度地运用,将在科学技术领域创造出无限的可能性。"陈成猛向记者介绍说,若将石墨烯应用于触摸屏,人们的手机和平板电脑便可折叠起来;若加入塑料里面,塑料便会更强韧,还可以让原本不导电、不导热的塑料变得导电、导热;若加在锂离子电池和超级电容器里面,就能大幅提升储能器件的能量密度和功率密度,延长它的循环寿命……

然而,"文章一大片,材料看不见"。面对这样一种珍贵的新型材料,科学家们首先要解决的难题便是,怎样将它做出来。"我们不可能拿胶带粘啊,粘两天就只能粘出一小片来,这种方法是无法批量化制备的。"在陈成猛心里,在诸多高新技术领域,如果关键材料不能实现国产化,我们很难从一个科技大国真正成为一个科技强国。

(节选自阎轶洁《攻坚"石墨烯"》,《太原日报》,2020 年 5 月 18 日)

思考:本则新闻为何要花费大量笔墨介绍石墨烯这种材料呢?有何用处?

分点七:新闻语言准确、简明、易懂

记者从青海省自然资源厅一工作人员处了解到,截至目前,兴青公司、兴青天峻能源公司均未取得聚乎更一井田煤矿的采矿许可证,其开采行为属于非法盗采。

此前,马少伟在接受《经济参考报》记者采访时称,其长期以来都在参与木里煤田三轮煤炭资源整合,整合一直未能全部完成,兴青公司、兴青天峻能源公司都"停产配合整合,没有生产"。

而根据青海省政府青政(2011)93 号文件,2011 年度兴青公司上缴税收 33271 万元。另据青海省政府青政(2012)61 号文件和 2013 年 7 月青海省财政工作会议披露的数据,2012 年度兴青公司上缴税收 4.12 亿元。当地专业人士据此测算,自 2006 年底到 2014 年 6 月底,兴青公司在聚乎更矿区一井田煤矿非法开采优质焦煤 2000 多万吨,收入 110 多亿元。

(节选自王文志《青海"隐形首富":祁连山非法采煤获利百亿至今未停》,《经济参考报》,2020 年 8 月 4 日)

思考:这则新闻的语言呈现出怎样的特点?作者是如何做到的?

二、课前练笔

题目:

每位同学都要根据自己搜集的新闻素材,写一则消息。写完后,组内同学互相交流,修改完善。

思维建模:

1. 你选择了哪则新闻?新闻中的主要事件是什么?
2. 你将为这篇消息拟定怎样的标题?标题是否突出了主要事件、精神品质?
3. 新闻事件的经过、影响是什么?
4. 你将选取怎样的新闻素材来多角度展现呢?是引用自述、评论,还是结合事件背景展开叙述?请你结合素材积累部分的优秀新闻报道进行思考。

片段展示:

我校男女篮球队勇创佳绩

(标题交代了何人何事,点明了消息报道的主要内容。)

本报讯　9 月 21 日上午,从本市中小学篮球联赛上传来喜讯,代表我校参加初中组决赛的男女篮球队,经过艰苦鏖战,分获初中组男女篮球联赛的第一名和第二名。(导语采用叙述式,交代了最主要的新闻事实。)

决赛打得一波三折,扣人心弦,参赛双方的比分始终交替上升,不分伯仲,男女两队都打进了加时赛。加时赛最后几分钟,男子篮球队在比分落后的情况下,毫不气馁,沉着应战,最终以两分的优势反超,获得初中组男子冠军,让对手饮恨败北。女队则在最后的加时赛中,由于体力不支,客场负于对手。(主体按照事件的先后顺序,着重介绍了两支球队在决赛现场的比赛情况,详写男队夺冠,略写女队惜败。)

此次篮球比赛是对我校体育教学工作的一次检阅,队员们在比赛中为集体的荣誉而战,精神饱满,斗志昂扬,顽强拼搏,展现了我校学生良好的身体素质和出色的团队合作精神,充分体现了阳光学子的精神风貌。(结语采用概括小结式,总结了这次篮球比赛的重要意义,结构完整。)

点评:

这则消息交代了时间、事件、人物、经过,新闻要素齐全。标题简明、醒目,概括了主要事实。导语部分简明扼要地介绍了这则消息的核心要点。正文部分采用的是"倒金字塔式结构",把重要的信息放在了前面。文章语言朴实、准确,通俗易懂。

三、课中练习

题目:

进入初中,你的学校或班级一定举行了不少丰富多彩的活动,比如篮球赛、拔河比赛、元旦晚会……这些活动也肯定给你留下了十分深刻的印象:运动员的飒爽英姿、啦啦队的加油喝彩、表演者的一笑一颦……请你回忆参加过的一次活动,自拟题目,写一则有特写镜头的通讯。

要求:

①拟写一个恰当的题目;②能够相对完整地记述活动过程并具体描述活动中某一场景;③文中不出现真实的校名、班名、人名;④不少于600字。

思维建模:

通讯是一种新闻体裁,属于记叙文范畴。审题时,要抓住题干中关键语句,如"学校或班级一定举行了丰富多彩的活动",明确事件发生的地点和类型;还有"写一则有特写镜头的通讯",明确了文体是通讯,并且文中还要有"特写镜头"。写作时,依据通讯的特点,首段为导语,介绍活动的时间、地点、参加人员等,概括事件的主要内容。主体部分按事件的发生发展顺序来记叙活动的经过,其中至少要有一个描写精彩瞬间的特写镜头。末段总结,以抒情、议论的表达方式点明本次活动的意义。

习作展示:

输 也 精 彩

(标题简洁醒目,吸引眼球。)

九月的校园,天高云淡,彩旗飘飘。操场边上,人头攒动,欢呼雀跃声一片。学校第五届运动会今天在这里举行。本次运动会由中学体育科组主办、团委协办,以"我运动,我健康,我快乐"为主题,突出"阳光体育,活力校园"的内涵。全校15支代表队共300名运动员同场竞技,分别角逐200米、400米、女子800米、男子1000米、4×100米接力、3000米长跑、跳绳、垒球、跳远、跳高等项目。现在正在进行的是3000米校园长跑大赛。(导语概括介绍了这次运动会的情况,渲染了紧张、热闹的现场气氛。)

  随着"啪"的一声枪响,只见选手们像箭一般飞奔出去。"跑慢点儿,开始跑慢点儿!"旁边的老师喊道。是的,长跑拼的不是速度,而是坚持和耐力。只见8年级3班王明同学一马当先,他甩开两条长腿,快速地挤向内跑道,两条手臂像舞动的船桨,整个身子向前倾。(主体主要叙述了3000米长跑的经过,摄取了其中几个精彩的特写镜头,描写生动传神,使人犹如身临其境。)

  "加油!加油!"操场两边啦啦队的喊声震耳欲聋。紧跟在王明后面的是我们班的张强同学。张强同学虽然个头不高,但他的两条腿强劲有力,跑起来频率快,别的高个子跨两步,他能跨三步,所以他的速度也不慢。他是我们班的体育健将和种子选手,深得同学们的喜爱。跑着跑着,几圈下来,其他人都落在了后面,与第一名拉开很大的距离,只有张强同学满头大汗、气喘吁吁地跟在领头的同学后面。

  随着时间慢慢推移,选手马上就要接近终点了。"张强,加油!张强,加油!"我们班的同学都在大声呐喊,为他鼓劲。王明同学和张强同学几乎同时向终点冲刺。就在这千钧一发的时刻,王明同学突然身子一歪,重重地倒在了赛道上。大家都惊呆了,没想到张强同学立马跑过去,扶起了王明同学……这时候,后面的同学冲过了终点,夺得了冠军。(冲刺时,第一名的同学摔倒后,紧随其后的同学跑过去扶他的镜头,感人至深。)

  为了表扬张强同学,学校特意给他颁发了"道德风尚奖"。张强同学虽然输了比赛,却赢得了赞誉。

  输,也精彩!(结语议论,照应题目,点明主题。)

四、课后巩固

题目:

任选下面表格中的一项任务完成。

新闻通讯	具体描述新闻事件中的某一场景,生动形象地展示新闻现场
人物通讯	围绕新闻事件中的人物,报道其言行、事迹,展现人物的精神
事件通讯	相对完整地记述新闻事件,展示其发展过程与社会意义
背景资料	调查并呈现新闻事件的社会历史背景、深层原因等
新闻花絮	记录主体事件之外的一些有价值或有趣的小新闻点

思维建模:

1. 你选择了哪种新闻体裁？新闻中人物的主要精神是什么？

2. 你将为这篇新闻拟定怎样的标题？标题是否突出了人物的主要事迹、精神品质？

3. 新闻事件的经过、影响是什么？

4. 你将选取怎样的新闻素材来多角度展现主题？注意要符合特定新闻体裁的具体要求。

5. 你将采取怎样的写法来凸显人物品质？是动作描写、语言描写,还是神态描写？

写作训练:

(作文格)

五、写作评价

评价指标	评价方式	评价标准		
		是	一般	否
新闻重点是否突出	自评			
	互评			
	师评			
是否做到用事实说话	自评			
	互评			
	师评			
新闻是否简明扼要	自评			
	互评			
	师评			

八年级上第二单元　学写传记

东莞市寮步宏伟初级中学　黄文韬

导语：

历史虽不可"穿越"，却能在传记中得以再现。在生活中，我们会接触到形形色色的人，他们有的如同生命中的过客，不留下一点儿痕迹；有的却是过往时代生活的记录，成为我们未来人生旅途中的宝贵财富。当我们驻足回顾时，发现他们给予我们的，令我们终身受益。你想把你心中的重要的他们记下来，让更多人了解、学习吗？今天，让我们走进本单元的写作中，去"学写传记"。

一、课前导学

分点一：巧用修辞手法，增强语言魅力

他生就一副多毛的脸庞，植被多于空地，浓密的胡髭使人难以看清他的内心世界。长髯覆盖了两颊，遮住了嘴唇，遮住了皱似树皮的黝黑脸膛，一根根迎风飘动，颇有长者风度。宽约一指的眉毛像纠缠不清的树根，朝上倒竖。一绺绺灰白的鬈发像泡沫一样堆在额头上。不管从哪个角度看，你都能见到热带森林般茂密的须发。

——[奥]茨威格《列夫·托尔斯泰》

分点二：抓住典型事件，体现人物品性

既罢归国，以相如功大，拜为上卿，位在廉颇之右。廉颇曰："我为赵将，有攻城野战之大功，而蔺相如徒以口舌为劳，而位居我上，且相如素贱人，吾羞，不忍为之下。"宣言曰："我见相如，必辱之。"

相如闻，不肯与会。相如每朝时，常称病，不欲与廉颇争列。已而相如出，望见廉颇，相如引车避匿。

于是舍人相与谏曰："臣所以去亲戚而事君者，徒慕君之高义也。今君与廉颇同列，廉君宣恶言而君畏匿之，恐惧殊甚，且庸人尚羞之，况于将相乎！臣等不肖，请辞去。"蔺相如固止之，曰："公之视廉将军孰与秦王？"曰："不若也。"相

如曰:"夫以秦王之威,而相如廷叱之,辱其群臣,相如虽驽,独畏廉将军哉?顾吾念之,强秦之所以不敢加兵于赵者,徒以吾两人在也。今两虎共斗,其势不俱生。吾所以为此者,以先国家之急而后私仇也。"廉颇闻之,肉袒负荆,因宾客至蔺相如门谢罪。曰:"鄙贱之人,不知将军宽之至此也。"卒相与欢,为刎颈之交。

——司马迁《廉颇蔺相如列传》

分点三:发挥主体意识,融入主观情感

我应该感谢母亲,她教给我与困难做斗争的经验。我在家庭中已经饱尝艰苦,这使我在三十多年的军事生活和革命生活中再没感到过困难,没被困难吓倒。母亲又给我一个强健的身体,一个勤劳的习惯,使我从来没感到过劳累。

我应该感谢母亲,她教给我生产的知识和革命的意志,鼓励我以后走上革命的道路。在这条路上,我一天比一天更加认识:只有这种知识,这种意志,才是世界上最可宝贵的财产。

母亲现在离我而去了,我将永不能再见她一面了,这个哀痛是无法补救的。母亲是一个平凡的人,她只是中国千百万劳动人民中的一员,但是,正是这千百万人创造了和创造着中国的历史。我用什么方法来报答母亲的深恩呢?我将继续尽忠于我们的民族和人民,尽忠于我们的民族和人民的希望——中国共产党,使和母亲同样生活着的人能够过快乐的生活。这是我能做到的,一定能做到的。

——朱德《回忆我的母亲》

分点四:聚焦人物言行,放大真情实感

比埃尔和玛丽有时候离开仪器,平静地闲谈一会儿,他们谈的总是他们所迷恋的镭,说的话由极高深的到极幼稚的,无一不有。

有一天,玛丽像期盼别人已经答应给的玩具的小孩一样,怀着热切的好奇心说:"我真想知道'它'会是什么样子,它的相貌如何。比埃尔,在你的想象中,它是什么形状?"

这个物理学家和颜悦色地回答:"我不知道……你可以想到,我希望它有很美丽的颜色。"

——[法]艾芙·居里《美丽的颜色》

分点五:详略安排得当,着力突出重点

先生不知何许人也,亦不详其姓字,宅边有五柳树,因以为号焉。闲静少

言,不慕荣利。好读书,不求甚解;每有会意,便欣然忘食。性嗜酒,家贫不能常得。亲旧知其如此,或置酒而招之;造饮辄尽,期在必醉。既醉而退,曾不吝情去留。环堵萧然,不蔽风日;短褐穿结,箪瓢屡空,晏如也。常著文章自娱,颇示己志。忘怀得失,以此自终。

——陶渊明《五柳先生传》

分点六:运用心理描写,刻画特写镜头

我现在还能回想起当时的情形:飞船急速下降,跟空气摩擦产生的激波,不仅有极高的温度,还伴随着尖利的呼啸声;飞船带着不小的过载,在不停振动,里面咯咯吱吱乱响。外面高温,不怕!有碎片划过,不怕!过载,也能承受!但是看到舷窗玻璃开始出现裂缝,我紧张了,心想:完了,这个舷窗不行了。

当时我突然想到,美国的"哥伦比亚号"航天飞机不就是这样出事的吗？一个防热板先出现一条裂缝,然后高热就使航天器解体了。现在,这么大一个舷窗坏了,那还得了!

——杨利伟《太空一日》

分点七:拟定明晰线索,助力流畅行文

舒舍予,字老舍,现年四十岁,面黄无须。生于北平,三岁失怙,可谓无父。志学之年,帝王不存,可谓无君。无父无君,特别孝爱老母,布尔乔亚之仁未能一扫空也。幼读《三》《百》《千》,不求甚解。继学师范,遂奠教书匠之墓。及壮,糊口四方,教书为业,甚难发财;每购奖券,以得末彩为荣,示甘于寒贱也。二十六岁,发愤著书,科学哲学无所懂,故写小说,博大家一笑,没什么了不得。三十四岁结婚,今已有一女一男,均狡猾可喜,闲时喜养花,不得其法,每每有叶无花,亦不忍弃。书无所不读,全无所获,并不着急。教书作事,均甚认真,往往吃亏,亦不后悔。如是而已,再活四十年也许能有点出息!

——老舍《著者略历》

二、课前练笔

题目:

你和家人朝夕相处,但你知道他们的生日、爱好和经历吗？请用300字左右为你的一位家人作小传。

思维建模:

1.你的写作对象是谁？用什么方法描写他或她？

2. 你梳理了主人公的经历清单吗?
3. 你是否准备好了具体事例去支撑你的主题思想?
4. 你需要对写作对象进行调研吗?
5. 你选择的事例适合你的写作目的和读者吗?

片段展示:

我 的 母 亲
许晓恬

瘦弱的母亲是家里的支柱,她用并不宽阔的脊背扛起了整个家,花白的头发,疲惫的眼神,龟裂的双手(外貌描写,凸显母亲的辛劳),是她辛勤操劳的见证。昏黄的灯光下,我凝视着缝补衣服的母亲——这个影响我一生的人。

母亲出生在那个重男轻女的年代,虽然成绩优异却为了照顾年幼的弟弟妹妹,毅然放弃学业,挑起了生活的重担。待弟弟妹妹长大,母亲进城谋生,她吃苦耐劳,好学上进,升职的同时也收获了爱情。我出生后,母亲更是忙里忙外,忙家务,带孩子,毫无怨言地操持着这个三口之家。我上学后,母亲变成了我的老师,帮我辅导功课,教我为人处世。(不同年龄段的母亲,也有着不同的人生经历。)"无论别人如何对你,你问心无愧对别人就好。"(语言刻画,亲切可闻)母亲总是这样开导我,这句话也让我一生受益。我永远深爱并感恩我的母亲。

点评:

文段以母亲为作传对象,运用外貌、语言描写,以时间为轴,记录了母亲在少年时、工作时、成家后的生活状态,尤其是她用自己的言行教育我,让我毕生受益,勾勒了一个影响我一生的人。

三、课中练习

题目:

将课前练笔扩展成为比较完整的传记,题目自拟,不少于500字。

思维建模:

1. 你筛选哪些能深刻表现母亲品质的事例?
2. 你能否将母亲的经历分不同阶段描写得更详尽?
3. 你的文字能否表现出母亲优秀的精神品质?
4. 你要表达对母亲的什么情感?你想向读者传达怎样的价值观?

5.你的描述,能否激发读者对自己母亲的思绪,读文思人?

6.读者能否通过你的文字,了解母亲这个人?

习作展示:

我 的 母 亲

许晓恬

瘦弱的母亲是家里的支柱,她用并不宽阔的脊背扛起了整个家,花白的头发,疲惫的眼神,龟裂的双手,是她辛勤操劳的见证。昏黄的灯光下,我凝视着缝补衣服的母亲——这个影响我一生的人。(开篇点题,引出描写对象。)

母亲是不善表达的,但在我纠缠着她讲过去的故事时除外。

年 少 当 家

我的母亲出生于贫弱的农村,那个时代,兄弟姐妹多,母亲又是大姐,她的童年自然就不太平静了。

那个年代重男轻女,在乡下尤为严重,一般的家庭,女孩子读书是不可能的,并且十岁左右就要下地干活。而母亲执拗地要读书,她勤奋刻苦,学习名列前茅,并以优异的成绩考入当地的一所重点高中。录取通知书已经下来,但是那年外公患病,家中困难。为了照顾年幼的弟弟妹妹,母亲毅然放弃了学业,年仅十五岁的母亲挑起了生活的重担,成为家中的顶梁柱。

艰 辛 谋 生

等到弟弟妹妹们都长大了,母亲决定进城找工作。

因为学历所限,母亲发出的求职信,一封封石沉大海。母亲就一家一家门店前去问询,最终找到了一份酒店保洁工作。

尽管每天工作时间很长,劳动强度大,但母亲非常珍惜自己的工作,无论做啥事都不怕吃苦,干活又比一般人勤快。她对保洁工作一丝不苟,从不敷衍了事。吃苦耐劳的态度和精益求精的作风,使她得到了主管的赏识。两年后,母亲便升职了,也就在这时,她与爸爸相识相恋。

三 口 之 家

我的出生,给父母带来了前所未有的喜悦。母亲每天忙完了家务就对着什么也不懂的我,给我唱歌谣、讲故事,带着我做广播体操,忙得不亦乐乎。她守着我一点一点长高、长胖,兴奋地和下班回家的父亲讲我每一天的成长和进步,每一天都是那么的值得期待。她说,这段时光是她最幸福的日子。

良师益友

渐渐地,我上幼儿园了,母亲又出去工作了。再后来,我读学前班了,开始有了学习任务。从此,母亲又多了一项使命:陪读。十几年来,她都陪着我一起做功课,帮我复习;后来她感到实在没有能力辅导我了,就默默地坐在我身边,看着我做功课,在我需要的时候给我递上一杯热茶,陪我聊聊天。

当我埋怨有些同学不够真诚善良时,开导我的是母亲,她说:"无论别人如何对你,你问心无愧对别人就好。"当我在考试中失利时,鼓励和安慰我的也是母亲,她说:"只要你尽力了,妈不怪你。"当我偶尔耍小性子发脾气时,体谅我的还是母亲,她说:"生气就是惩罚自己。"

或许在别人眼里,我的母亲不过是个不起眼的小人物而已,但是在我心里,母亲是我这辈子最敬爱的人,是她教会了我如何面对困难与挫折,如何积极乐观处世,如何与人为善做人。

母亲,我爱您!我会用日渐坚强的臂膀,守护着在时光的流逝中日渐瘦小的您!

点评:

文章以时间为序,用小标题的方式组材,记述了母亲爱学习、敢担当、谋生存、育儿女的生平经历,所选事例典型,凸显人物品性,表现了母亲好强、积极进取、真诚友善的优秀品质。文章层次清晰,结构完整,符合人物传记的特点。

四、课后巩固

题目:

从你呱呱坠地到成长为一位花季少年,你已经有了十多年的人生经历。写一篇自传,回顾自己过去的经历,也说说自己对未来的想法,不少于500字。

思维建模:

1.你的个人的基本情况、家庭成员、主要社会关系如何?

个人情况包括:姓名、性别、民族、出生年月、籍贯等。家庭情况包括:家庭成员的姓名、性别、民族、年龄、职业、工作单位、政治面貌以及与自己的关系。主要社会关系包括:对自己产生过重要影响的亲朋好友。要写明其姓名、性别、年龄、职业、政治面貌、与本人关系及对本人的影响等。

2.你的生活经历如何?

从上小学开始,各年龄段的经历,择取典型事例简要勾勒。

3. 你的成长进步过程如何?

这是自传的重要部分,要写得具体、翔实。其中包括对自己产生重要影响的事例、有什么样的思想转变、对自己过去和现在的认识等。

4. 你的自我评价如何?

对自己的全面素质,主要指优点和缺点,做出客观评价。

5. 你努力的方向。

提出今后的奋斗目标和努力方向。

写作训练:

(作文格)

五、写作评价

1. 内容真切。这是写好自传与小传的根本原则。内容表述上应不虚构、不歪曲,不粉饰、不虚美,不受流俗侵扰、不为尊者忌讳。重要之处,包括时间、地点、环境以及人物言论、行动等都要言之有据。

2. 材料典型。选取的材料应能体现人物的身份、生活、性格、志趣。如写作家,则可选取文学活动、文学成果等材料;如写学生,则可选取勤奋学习、健康成长等材料,总之应尽展个性。

3. 详略得当。这是写好自传与小传的特别条件。人物的主要经历、兴趣爱好、为人处世等方面的材料可重点写明,其他则大可不必面面俱到,像姓名、籍贯、家庭等方面的材料就可一笔带过。总之,要让读者管中窥豹。

4. 线索清晰。这是写好传记体文章的基本保证。因为写传记要搜集人物方方面面的事情,择其重点写出人物生活中的不同侧面给我们的印象和领悟,因此线索安排应清楚明晰。一般应以时间先后为顺序来写。

5. 语言灵活。这是写好传记体文章的坚实基础。因为传记要尊重历史、尊重事实,所以语言要准确平实,融情于叙,即在态度诚恳的叙述中,渗透人物鲜明的思想倾向和爱憎情感。

评价指标	评价方式	评价标准		
		是	一般	否
内容是否真切	自评			
	互评			
	师评			
材料是否典型	自评			
	互评			
	师评			
详略是否得当	自评			
	互评			
	师评			
线索是否清晰	自评			
	互评			
	师评			
语言是否灵活	自评			
	互评			
	师评			

八年级上第三单元　学习描写景物

东莞市东坑中学　谢秀媚

导语：

东升的旭日，斑驳的树影，陡峭的山峰，潺潺的小溪……世间万物千姿百态，四季景象美不胜收。景物在我们每个人的生活中，它是我们生活乃至生存的背景，它会在写作中成为文章的生命。在你的记忆中，哪些景物让你印象深刻？你能把它们描写出来吗？

一、课前导学

分点一：抓住特征，罗列景物

六月十五那天，天热得发了狂。太阳刚一出来，地上已经像下了火。一些似云非云似雾非雾的灰气低低地浮在空中，使人觉得憋气。一点风也没有。祥子在院子里看了看那灰红的天……喝了瓢凉水，走了出去。

街上的柳树，像病了似的，叶子挂着层灰土在枝上打着卷；枝条一动也懒得动，无精打采地低垂着。马路上一个水点也没有，干巴巴地发着白光。便道上尘土飞起多高，与天上的灰气连接起来，结成一片毒恶的灰沙阵，烫着行人的脸。处处干燥，处处烫手，处处憋闷，整个老城像烧透了的砖窑，使人喘不过气来。狗趴在地上吐出红舌头，骡马的鼻孔张得特别大，小贩们不敢吆喝，柏油路晒化了，甚至于铺户门前的铜牌好像也要晒化。街上非常寂静，只有铜铁铺里发出使人焦躁的一些单调的叮叮当当。拉车的人们，只要今天还不至于挨饿，就懒得去张罗买卖：有的把车放在有些阴凉的地方，支起车棚，坐在车上打盹；有的钻进小茶馆去喝茶；有的根本没有拉出车来，只到街上看看有没有出车的可能。那些拉着买卖的，即使是最漂亮的小伙子，也居然甘于丢脸，不敢再跑，只低着头慢慢地走。每一口井都成了他们的救星，不管刚拉了几步，见井就奔过去，赶不上新的水，就跟驴马同在水槽里灌一大气。还有的，因为中了暑，或是发痧,走着走着,一头栽到地上,永不起来。

——老舍《骆驼祥子》

分点二:运用修辞,逐一描写

早晨,阳光以一种最明亮、最透彻的语言,和树叶攀谈。绿色的叶子,立即兴奋得颤抖,通体透亮,像是一页页黄金锻打的箔片,炫耀在枝头。而当阳光微笑着与草地上的鲜花对语,花朵便立即昂起头来,那些蜷缩在一起的忧郁的花瓣,也迅即伸展开来,像一个个恭听教诲的耳朵。

晴朗的日子,走在街上,你不会留意阳光。普照的阳光,有时像是在对大众演讲的平庸演说家,让人昏昏欲睡,到处是燥热的嘈杂。

阳光动听的声音,响在暗夜之后的日出,严寒之后的春天,以及黑夜到来前的黄昏。这些时刻,阳光会以动情的语言向你诉说重逢的喜悦、友情的温暖和哪怕是因十分短暂的离别而产生的愁绪。

——雷抒雁《阳光是一种语言》

分点三:动态观察,移步换景

沿着荷塘,是一条曲折的小煤屑路。这是一条幽僻的路;白天也少人走,夜晚更加寂寞。荷塘四面,长着许多树,蓊蓊郁郁的。路的一旁,是些杨柳,和一些不知道名字的树。没有月光的晚上,这路上阴森森的,有些怕人。今晚却很好,虽然月光也还是淡淡的。

…………

曲曲折折的荷塘上面,弥望的是田田的叶子。叶子出水很高,像亭亭的舞女的裙。层层的叶子中间,零星地点缀着些白花,有袅娜地开着的,有羞涩地打着朵儿的;正如一粒粒的明珠,又如碧天里的星星,又如刚出浴的美人。微风过处,送来缕缕清香,仿佛远处高楼上渺茫的歌声似的。这时候叶子与花也有一丝的颤动,像闪电般,霎时传过荷塘的那边去了。叶子本是肩并肩密密地挨着,这便宛然有了一道凝碧的波痕。叶子底下是脉脉的流水,遮住了,不能见一些颜色;而叶子却更见风致了。

——朱自清《荷塘月色》

分点四:有序描写,层次分明

夏天,风儿在俯临这座无名者之墓的树林之间飒飒响着,和暖的阳光在坟头嬉戏;冬天,白雪温柔地覆盖这片幽暗的土地。无论你在夏天或冬天经过这儿,你都想象不到,这个小小的、隆起的长方形包容着当代最伟大人物当中的一个。

——[奥]茨威格《世间最美的坟墓》

大海上一片静寂。在我们的脚下,波浪轻轻吻着岩石,像蒙眬欲睡似的。在平静的深黯的海面上,月光辟开了一款狭长的明亮的云汀,闪闪地颤动着,银鳞一般。远处灯塔上的红光镶在黑暗的空间,像是一颗红玉。它和那海面的银光在我们面前揭开了海的神秘——那不是狂暴的不测的可怕的神秘,而是幽静的和平的愉悦的神秘。我们的脚下仿佛轻松起来,平静地,宽阔地,带着欣幸与希望,走上了那银光的路,朝向红玉的琼台走去。

——鲁彦《听潮》

分点五:感官感受,即五觉法

夏天的色彩是金黄的。按绘画的观点,这大约有其中的道理。春之色为冷的绿,如碧波,如嫩竹,贮满希望之情;秋之色为热的赤,如夕阳,如红叶,标志着事物的终极。夏正当春华秋实之间,自然应了这中性的黄色——收获之已有而希望还未尽,正是一个承前启后、生命交替的旺季。你看,麦子刚刚割过,田间那挑着七八片绿叶的棉苗,那朝天举着喇叭筒的高粱、玉米,那在地上匍匐前进的瓜秧,无不迸发出旺盛的活力。这时她们已不是在春风微雨中细滋慢长,而是在暑气的蒸腾下,蓬蓬勃发,向秋的终点做着最后的冲刺。

——梁衡《夏感》

分点六:动静结合,摇曳生姿

夕阳落山不久,西方的天空,还燃烧着一片橘红色的晚霞。大海,也被这霞光染成了红色,而且比天空的景色更要壮观。因为它是活动的,每当一排排波浪涌起的时候,那映照在浪峰上的霞光,又红又亮,简直就像一片片霍霍燃烧着的火焰,闪烁着,消失了。而后面的一排,又闪烁着,滚动着,涌了过来。

——峻青《海滨仲夏夜》

分点七:寓情于景,情景交融

雨,悒郁而又固执地倾泻着,那凉凉的细语正编织着一种环境,使人想起辽阔的江村,小楼一角,雨声正酣,从窗外望去,朦朦胧胧,有如张着纱幕,远山巅水墨画似的逐渐融化,终于跟雨云融合在一处。我又记起故乡的乌篷船,雨夜渐渐地敲着竹篷,船头水声汩汩。可是一睁眼我却看见了灰色的壁,灰色的窗,狭窄的斗室。

——柯灵《雨街小景》

二、课前练笔

题目:

对同学们来说,最熟悉的地方莫过于校园了。想一想,你所在的校园有什么风景?校园里的风景有什么独特之处?围绕"校园一景"写一个片段,300字以内。

思维建模:

1. 你想要描写学校里的哪处景物呢?操场,生物园,休憩亭,或是图书馆?
2. 你要写哪个季节里的景?你要写一天里的哪个时间段的景,清晨,中午,黄昏?当天的天气是怎样,晴天,阴天,还是下雨?
3. 你能写出景物的特征吗?能写出景物的形状特征还是景物的色彩特征?
4. 你描写景物的顺序是由远及近、由高到低、由外至内吗?
5. 你会用比喻、拟人或排比等修辞方法来描写景物吗?
6. 你看到师生参与活动吗?他们在跑步,在打球,在读书,还是在散步?
7. 描写景物时,你会调动人的感官吗?会调动人的视觉、听觉或是嗅觉(等)吗?
8. 看到这些景物时,你会触景生情吗?是欢乐,悲伤,抑或是苦闷?

片段展示:

余晖下的操场

黄靖缨

饭后,信步于操场。(交代时间和地点)放眼望去,落日的余晖正如身披百色纱巾的少女缓缓迈过草地,走向跑道。(运用比喻、拟人等修辞手法,把夕阳比喻成少女。)纱巾初为碧绿,转而淡绿,忽而殷红,渐为暗红,如梦如幻,让人恍惚。道旁青葱的树木似乎也抵不住这迷人的诱惑,羞红了脸,留下斑驳的身影。(按照由远及近的顺序进行描写。)

红色的塑胶跑道上,有人蓄势待发,有人健步如飞,也有人呐喊助威。这里跳动着青春的音符,这里挥洒着奋斗的汗水。

草地上,人们三五成群,坐着,躺着。落日的余晖轻轻地滑过他们的脸颊,留下了绯红的印记,并将他们的身影拉得很长、很长。裹挟着鸡蛋花香的风儿轻轻地吹拂着他们的衣襟,带走了一串串欢声笑语。(细致地展现了夕阳下跑道上、草地上师生活动情景。)

夜幕降临,霞光渐渐隐去,美丽、激情、恬静、惬意却定格在了这里,定格在了我的记忆中。(景生情,情景交融,表达了"我"对校园生活的喜爱之情。)

点评:

该片段描写了余晖下的操场的风景,按照从远到近的顺序描写,充分调动了人的感官,文章结构清晰。文段运用比喻、拟人等修辞手法,把夕阳比喻成少女,语言生动形象。文段细致地展现了夕阳下跑道上、草地上师生活动情景,勾画了充满活力的校园生活画面,表达了"我"对校园生活的喜爱之情。

三、课中练习

题目:

"春有百花秋有月,夏有凉风冬有雪。"一年四季,每个季节都有独特的景致。选择你最喜欢的一个季节,以"我爱_____季"为题,写一篇作文,不少于500字。

思维建模:

1. 你想写一年里的哪个季节的景物?是春季的,夏季的,秋季的,还是冬季的?

2. 你爱这个季节的原因是什么?是万物复苏、春暖花开、硕果累累,还是可以看到火红的枫叶或是可以堆雪人?

3. 你写出了景物的特征吗?树叶颜色是绿的、黄的还是棕色的?雨的形状是细的还是密的?瓜果成熟没有?有哪些瓜果?

4. 你想按什么顺序描写景物?是按由远及近(或由近及远)、由外到内(或由内到外)、由下到上(或由上到下)等空间位置的变化顺序来描写景物的情状吗?

5. 你有调动感官感受描写景物吗?有没有从视觉、听觉或嗅觉等感官角度来写?

6. 你会用比喻、拟人或排比等修辞手法来描写景物吗?

7. 你写出了自己的情感吗?

习作展示：

我 爱 秋 季
黄靖缨

才忽感夏,却已成秋,秋意渐浓,秋风扑面。

——题记

枫叶总是在秋风中飘落,在地下的草坪相衬下,总是那么耀眼。那些万山红遍,层林尽染,是那热烈与炽热。怪不得杜牧会吟出"霜叶红于二月花"。小孩喜欢拾起枫叶,望向天穹、看日光,勾勒出枫叶的形态,那么清晰,体现出四季的轮回。（确定描写的季节是"秋天"）

清早漫步在路旁,忽然下起了雨,秋日的雨来得总是突然,然而却绵绵密密。那般"空山新雨后,天气晚来秋"。雨点或是滴落在匆匆降落的枫叶上,或是洒在沉淀已久的泥土里。走在雨中,鞋子带出些水花,与下落的雨珠合奏起了一首秋季小夜曲。眼前本是平静无浪的湖面,如今也已被水珠点开涟漪,打破了静谧。湖中的鱼仍清晰可见,红白相互映衬,在秋雨攻击下,慌忙逃窜,寻找一簇合适的水草歇息。（运用移步换景方法,走到哪儿,看到哪儿,把景物一步步地写下来。）

闻雨来,风随之而来。抬头一望,就望见风将雨吹得凌乱,秋风不似春风那样绵,不似夏风那样燥,更不比冬风吹得人直打寒战。秋风是那般"疏风舞天际,坐觉秋容开"。枫叶最喜秋风的温柔,那独有的橘色随风而落,摇曳中缓缓坠落,翩跹成蝶于风中。那枫叶落于湖中,也惊起片片涟漪。走在风中,微风轻袭,吹动发梢,秋风过耳。待到风停雨散,天穹仍是灰蒙蒙之样,时而有大雁南飞,路途漫漫,唯有与秋为伴。斜阳向晚,倦鸟归巢。残红的夕阳与蔚蓝的天空交融,映出勾人心魂的光辉。不知是否入秋了,连黄昏都来得如此之快。

晚间,灯影幢幢,万籁俱寂,秋风吹,近处有些许香气袭来。灯光凌乱于空中,忽闻缕缕桂花香,那是"人闲桂花落,夜静春山空"。低下头一望,发现脚底下有些许细碎的桂花瓣,前面不远处还长着几树桂花。香桂一夜之间积满了秋霜与晨露,带来有关秋的气味。细碎的金色花瓣,宛若满天星斗。玲珑般的桂花落下,似剪碎的金箔在空中起舞。香气充盈秋季,沁人心脾。（从清早到晚间,按照时间的变化勾画不同的景物画面,条理清晰。）

"为篱下黄花开遍,秋容如拭。"不经意间望见远处的株株菊花,想到秋季亦是菊花的盛会。秋季是菊花的时节,它们招摇于天地间,扛过凛冽的寒风和倾盆大雨,仍然绽放。它们开得耀眼,开得明艳,它们担起了秀美、孤傲与坚毅。

"好时节,愿年年得,常见中秋月。"秋季,素来月圆,天穹之中的一轮明月高高嵌入夜空中,似与星星倾诉,流出温馨之情。都说秋是思念之季,也适合团圆。跨越百年岁月,在秋这一说,古今共鸣。秋季,便是等归的季节。月很圆,身旁似乎还有一簇簇云朵相拥。目光转移到路边,看着它照耀着每一个夜归的人,秋风微凉,秋月很暖。(文章运用比喻、拟人等修辞手法予以创新,把景物描写得具体、生动、形象。)

"自古逢秋悲寂寥,我言秋日胜春朝。"思念,是秋季的一曲小调,飒飒的秋风对落叶低吟,还会偶尔挑逗一旁凋零的花瓣。花瓣飞舞,落叶知秋,秋季,花香四溢。

"落霞与孤鹜齐飞,秋水共长天一色。"望雁飞,叶落惊秋,心中思绪涌起,爱秋,知秋,悟秋。人间于秋,温柔且坚毅。(结尾引用诗歌,巧用短语,语言精练,突出文章主旨,表达了对秋天的喜爱之情。)

四、课后巩固

题目:

你留意过自家窗外的景物吗?或许是车水马龙的道路,或许是花木茂盛的园圃,或许是小伙伴们玩耍的场地……以"窗外"为题,写一篇作文,不少于500字。

思维建模:

1.确定时间,罗列景物。

太阳、月亮、星星、夕阳、马路、球场、草地、大树、花等。

2.具体细致地描写景物。

夕阳:晚霞如血、霞影绚烂、霞光万道、霞光灿烂、红霞满天、彩霞缤纷、绚丽动人、红日西沉、夕阳西下、夕阳残照、残阳如血、落日余晖……

太阳:灿烂、火热、烈日、烈日炎炎、骄阳似火、暖洋洋、旭日东升、红彤彤……

月亮:众星拱月、皎洁、明亮、月明星稀、烘云托月、清风明月……

星星:璀璨星光、星星点点、满天星斗、月朗星稀……

球场:平整宽阔、空旷平整……

草地:绿茵遍野、铺青叠翠、草色青青、绿满人间、绿毡铺地、草木欣荣、百草丰茂、欣欣向荣、碧草如茵、草木苍翠、草木茂盛、杂草丛生、草长莺飞、碧绿常青……

大树:参天、巍然、高大、粗大、粗壮、茁壮、苍劲、苍翠、挺立、笔直、挺秀、挺拔、繁茂、茂盛、浓密、旺盛、葱绿、葱郁、青翠、墨绿、婆娑、摇曳、摇摆、倒垂、盘曲、合抱……

花:百花争艳、争奇斗艳、娇媚、鲜艳、烂漫、妖娆、婀娜多姿、芳香四溢、亭亭玉立、花香袭人、绚丽多彩、端庄秀丽、姿态各异、傲骨迎寒、娇巧迷人、香远益清……

3.写人物活动场景,给景物描写定一个基调,如忙碌、欢乐等。

如小朋友们玩耍挥汗如雨、震耳欲聋、欢声雷动、欣喜若狂等活动场景。

4.安排好描写景物的顺序。

由远及近、由高到低、由外至内、春夏秋冬、从早上到晚上……

5.明确自己所要表达的情感。

欢乐、悲伤、苦闷、烦恼……

写作训练:

(作文格)

五、写作评价

评价指标	评价方式	评价标准		
		是	一般	否
描写景物是否抓住特征	自评			
	互评			
	师评			
描写景物顺序是否有层次	自评			
	互评			
	师评			
描写景物是否融入情感	自评			
	互评			
	师评			

八年级上第四单元　语言要连贯

东莞市常平中学初中部　庞　艳

导语：

古人云：言而无文，行而不远。相较选材和立意，"如何保持语言连贯"容易被同学们忽视。连贯是从语言的组合衔接上对语言运用提出的要求。其实，连贯的语言是写好作文的基础，只有语言连贯，文句才通顺，语气才畅达，才能使语言准确严谨、生动形象。

一、课前导学

分点一：顺序要合理，根据主题需要合理安排，巧妙变化

在特大号的机车徐徐推行之中，火车渐渐上山，两旁青崖摩天，近逼车窗，如绿绒的屏障，旋转重叠。悬崖上的羊群游牧，仰视小极，如鸟栖树巅。山下流泉之间，大石罗布，令人想起唐人"一川碎石大如斗，随风满地石乱走"之句。众石错杂之间，遍生小树，也有山田和人家，在微阴的天色之中，一层层地远远点缀开去，极青翠清远之致。这时忽然穿过居庸关三百八十五公尺余长的山洞，车上点起灯来，窗户间微微觉着烟气，五分钟之后，又豁然开朗，纡回曲折，其间穿过五桂头及石佛寺两个小山洞，便到了青龙桥车站。

——冰心《青龙桥站》

分点二：前后要照应，使文章内容意思连贯，结构严谨

万盛米行的河埠头，横七竖八停泊着乡村里出来的敞口船。船里装载的是新米，把船身压得很低。齐着船舷的菜叶和垃圾被白腻的泡沫包围着，一漾一漾地，填没了这只船和那只船之间的空隙。

……

经过一阵的嚷嚷——辩论米质的好和坏，争持斛子的浅和满，结果船埠头的敞口船真个敞口朝天了；船身浮起了好些，填没了这只船那只船之间空隙的菜叶和垃圾再也看不见了。

——叶圣陶《巢米》

分点三：线索要清晰，将不同材料一线串珠，前后贯通

端阳是个大节，也是母亲大忙特忙、大显身手的好时光。想起她灵活的双手，裹着四角玲珑的粽子，就好像马上闻到那股子粽香了。

……包得最多的是红豆粽、白米粽和灰汤粽。一家人享受以外，还要布施乞丐。母亲总是为乞丐大量地准备一批，美其名曰"富贵粽"。

…………

端午节那天，乞丐一早就来讨粽子，真个是门庭若市。我帮着长工阿荣提着富贵粽，一个个地分，忙得不亦乐乎。乞丐常高声地喊："太太，高升点（意谓多给点）。明里去了暗里来，积福积德，保佑你大富大贵啊！"母亲总是从厨房里出来，连声说："大家有福，大家有福。"

——琦君《粽子里的乡愁》

分点四：衔接要自然，排除突兀跳转和飞跃，浑然一体

这熙凤携着黛玉的手，上下细细打量了一回，仍送至贾母身边坐下，因笑道："天下真有这样标致的人物，我今儿才算见了！况且这通身的气派，竟不像老祖宗的外孙女儿，竟是个嫡亲的孙女，怨不得老祖宗天天口头心头一时不忘。只可怜我这妹妹这样命苦，怎么姑妈偏就去世了！"说着，便用帕拭泪。贾母笑道："我才好了，你倒来招我。你妹妹远路才来，身子又弱，也才劝住了，快再休提前话。"这熙凤听了，忙转悲为喜道："正是呢！我一见了妹妹，一心都在他身上了，又是喜欢，又是伤心，竟忘记了老祖宗。该打，该打！"又忙携黛玉之手，问："妹妹几岁了？可也上过学？现吃什么药？在这里不要想家，想要什么吃的、什么玩的，只管告诉我；丫头老婆们不好了，也只管告诉我。"一面又问婆子们："林姑娘的行李东西可搬进来了？带了几个人来？你们赶早打扫两间下房，让他们去歇歇。"

——曹雪芹《红楼梦》

分点五：语境要和谐，使情境氛围协调一致，互不矛盾

听说我们东郊共有三十六坊，或者是一百零八坊，谁弄得清楚呢。在灰蒙蒙的天空下，干巴巴的红砖楼就像废弃的火车车厢，乱七八糟地撂在荒地里。这儿是真的安静啊，安静得连红砖墙都长出了成片的蘑菇和青苔。从前，我妈妈说,从前这儿是热气腾腾的地方,成千上万穿蓝装的工人川流不息,厂房连着厂房,就像田坝连着田坝。我到今天也不晓得,为什么工厂的名字都跟密码一样如同天书,123信箱、456信箱、789信箱,隔着嵌花的栅栏,厂区的林荫大道长长地延伸,延伸到一个烟灰色的终点,多么气派和神秘。

——何大草《刀子和刀子》

二、课前练笔

题目:

转眼间,你步入初中已逾一年。校园中的许多人、事、物都烙印在你心里。请选择校园中的一处景物,写写独属你的校园印记。要求:语言要连贯,200字左右。

思维建模:

1. 选择校园中的一处景物或地点。例如篮球场、图书馆、木棉树等。

2. 你会选择怎样的环境(炎热的,嘈杂的,寂静的,充满生机的,欢声笑语的,书声琅琅的)和这处校园景物相搭配,让描写更生动?

3. 具体细致地描写那幅画面,使读者产生身临其境之感。

4. 语言连贯要注意句子间的衔接过渡,可适当运用关联词、提示语或过渡句。

片段展示:

那人,那操场

杨子慧

又是一年秋叶黄。(点明时令,烘托氛围,为下文做铺垫。)走在返校的路上,秋风猛烈地拍打我的衣衫,如同在提醒着我什么。(引起悬念,暗示有故事发生。)我恍然,原来又到了拾落叶的季节。(首尾照应,衔接自然。)于是,我与好友相约,一同去操场拾些漂亮的落叶做书签。(过渡,自然流畅引出"操场"这一重要地点。)看着操场上红白相间的塑胶跑道,我内心氤氲起一股热流,好似回到了那天。(引发回忆。)

那时正值夏转秋,我独自一人来到了操场。风呼呼地吹,操场四周的树木在时大时小的狂风中被吹得左右摇摆,东倒西歪。树叶被风刮过,发出"哗啦啦""哗啦啦"的响声,仿佛与秋风合奏了一曲节奏鲜明的秋之歌。(由树到树叶,先整体再局部,有声音,有画面,形象生动,如在眼前。)

点评:

　　片段先描写了秋风飒爽的环境,以风为媒介,自然引出下文到操场捡树叶做书签的背景,并引发了一段回忆。第2段再次对操场上秋风所渲染的氛围做细致描绘,画面感强,描写生动。同时,作者恰当运用过渡句(每段首句)和"恍然""原来""于是"等过渡词,使段落衔接自然,语言流畅通顺,表达简洁明了。

三、课中练习

题目:

　　将课前练笔所写的片段扩展成一篇以写人记事为主的记叙文。题目自拟,不少于500字。

思维建模:

　　1.校园里你最熟悉又印象深刻的是什么地方?它的环境怎样?怎样写出这个环境的特点?

　　2.在这个地方,你曾经发生过怎样触及心灵的故事?再想一想,这个故事和这处景物可以怎样有效联结?

　　3.你需要怎样表达,才能在人、事、景中随意转换,让人物形象更鲜明,让故事更引人入胜。

　　4.请具体生动地描述事件,注意话题统一,并表达出自己独特感受、情感或感悟。

习作展示:

那人,那操场
杨子慧

　　又是一年秋叶黄。走在返校的路上,秋风猛烈地拍打我的衣衫,如同在提醒着我什么。我恍然,原来又到了拾落叶的季节。于是,我与好友相约,一同去操场拾些漂亮的落叶做书签。看着操场上红白相间的塑胶跑道,我内心氤氲起一股热流,好似回到了那天。(用现实到回忆再到现实的手法结构全篇,脉络清晰。)

　　那时正值夏转秋,我独自一人来到了操场。风呼呼地吹,操场四周的树木在时大时小的狂风中被吹得左右摇摆,东倒西歪。树叶被风刮过,发出"哗啦啦""哗啦啦"的响声，仿佛与秋风合奏了一曲节奏鲜明的秋之歌。（通过环境描写，烘托了秋风飒爽的氛围，为故事的发生做好铺垫。）

我本想走去树底下拾起那被风吹落的一瓣花，刚走没半步，突然迎面一团黑影袭来，吓得我急忙往后退。定睛一看，一个穿着深灰运动服的男生正"哼哧""哼哧"地绕着操场跑圈，秋风扬起他额头的碎发，大滴大滴的汗珠从他两颊滴下，也不知道已经跑了多少圈，却见他越过我后仍脚步不停，速度不减。我顿时有些生气：真是没素质，差点撞到人也不道歉！（由景到人，矛盾冲突发生，文笔自然流畅，文势起伏。）

这一段插曲让我没心情再在操场逗留，匆匆拾了几片落叶就准备回教学楼。好巧不巧，刚到教学楼下，又看到了刚刚那位逆风奔跑的男生，此刻他满头的汗水已在头顶蒸腾出一片白茫茫的热气，我也脑子一热，想也没想直接冲上去一把把他拽住，质问道："你刚刚差点撞到我为什么不道歉？！"男生愣了一下，旋即不好意思地说道："啊！真对不起！对不起！我刚刚在跑步，速度太快。我以为没碰到你呢！"确实是没有真正撞到，但我可被结结实实地吓了一跳。"你没事吧？"男生整张脸写满了关切。看着他一脸真诚的样子，我那些劈头盖脸责怪的话反而一句都说不出口。（过渡自然，衔接紧密。）

夕阳落在了他的肩上，我才发现他的衣服也湿了一大片，男生似乎毫不在意地将校服外套披在身上，往教室走去。"你是刚跑完5公里吧，这么多汗。"我好奇地随口一问。男生笑着回答："5公里还算少，今天跑了7公里。"我有些许震惊，中考都不用跑这么多，他这是为了什么？他好像看出了我的不解，继续笑着解释："中考的体育满分我志在必得！""可你现在才初二呀，还有一年呢！"我更加不解。男生表情严肃起来："再过一年，我的未来就要来了。"（此处对话较多，作者却用简短的过渡语顺承，语言表达不单一。）

独自走回教室，我沉默了许久。"未来什么时候来？我的人生又该怎样书写？"这个问题一直在我脑中盘旋，它像一颗小石子悄无声息地在我心中砸出了阵阵涟漪。今年我也要面临生地中考的选拔了，我的同辈们现在已经在为未来做准备，那么我呢？

我想，我在那被夕阳渲染过的汗水中看到了答案。

未来在现在，现在就是未来。有汗水有付出，那就是未来。

那人，那操场，那段无巧不成书的邂逅使我真正成长，我开始看见了我人生的光。我要用我的努力,用我的汗水,去追寻那些我所一直期盼的东西!勇敢面对每一次选择!面对二十年后的那个自己!(文末有自己的思考和感悟,前后照应,点题自然。)

我从回忆中拉回思绪,我知道只要我努力了,那么现在,就是未来。

四、课后巩固

题目:

你做过饭吗?或者制作过模型、修过自行车吗?试着就你某次动手做事的经历写一篇作文。题目自拟,不少于500字。

思维建模:

1. 选材一定要选择自己熟悉的事,从自己熟悉的生活写起,写作才连贯流畅。

想想还有哪些熟悉的事:组装玩具、洗衣服、打扫屋子、拼拼图、制作美食等。

2. 从全篇布局来看,要先构思清楚做这件事的脉络,保持前后叙述的连贯性。

例如制作美食,可按照制作前的精心准备、制作中的不易与艰辛和制作后的满足幸福为顺序展开叙述。

3. 确定好每段文字的写作中心,可以是一句中心句,也可是行文构思时的写作要点。

例如要写洗鞋这件事,先写脏鞋的面目全非,再写苦思冥想从哪里开始下手,接着写用力刷鞋的手酸腰疼,最后写洗好后的成就感。

4. 做这件事的具体过程是怎样的?让大家了解你是怎么做的。注意按一定的顺序叙述,不要东拉西扯。

体现顺序的连接词:首先、然后、接着、接下来、于是、再、最后……

关联词:虽然……但是……、尽管……还是……、……却……、即使……也……、倘若……就……、要是……就……、之所以……是因为……、由于……因此……

次序:第一道工序、第二道工序,第一步、第二步……

5. 适当交代背景,使前后文连接紧密,表达自然。

例如我为什么要修理自行车,是心血来潮,还是和父母打赌的不服输,背后的故事会让简单的修理过程更曲折耐读。

6.注意记叙文与说明文的区别,可运用各种手法增补画面,让文章更生动有味。

例如制作模型,可用白描手法描述模型的雏形,还可插叙讲解这个模型背后的故事,丰富文章内涵,使前后文衔接更紧密。

写作训练:

(作文格)

五、写作评价

评价指标	评价方式	评价标准		
		是	一般	否
话题是否一致	自评			
	互评			
	师评			
顺序是否合理	自评			
	互评			
	师评			
前后是否照应	自评			
	互评			
	师评			
衔接是否自然	自评			
	互评			
	师评			
线索是否清晰	自评			
	互评			
	师评			

八年级上第五单元　说明事物要抓住特征

东莞中学南城学校　徐晓璐

导语：

"横看成岭侧成峰，远近高低各不同。"事物皆有多面性，说明事物抓重点、抓关键，于写作中方可起到"画龙点睛"之功效。说明文中若不能抓住事物的特征，会导致读者认识模糊，辨别不清，甚至产生张冠李戴的笑话。因此，说明事物要抓住特征是说明文写作的第一要义。

一、课前导学

分点一：观察比较，同中求异发现事物特征

观察比较，是发现事物特征的最基本的方法。观察就是用眼、耳、口、鼻、手等感官，对事物进行看、听、尝、嗅、触，全面准确地把握事物的特征。比较是将同类事物特征进行对比，找出一种事物区别于其他事物的特征来。

如果不细心观察比较，不能突出事物的特征，会造成读者认识模糊，辨别不清，甚至产生错误的理解。比如，介绍"鲸"这种海洋生物，如果只用描述性的方法，说明其为"海上体形巨大的鱼"，就会给读者带去错误信息，因为鲸尽管生活在海洋中，且形体似鱼，却不属于鱼类，而属于哺乳动物。

奥地利著名动物行为学家康拉德·劳伦兹为了观察动物行为，常常做出常人难以理解的怪诞行为。他在《动物笑谈》中就记录了自己如何扮成鸭子在草地上蹲着行走，吓得观光客们"脸色煞白"；也介绍了如何在人流如织的火车站里发出"杀猪时猪的嚎声"来呼叫他的黄冠大鹦鹉"可可"。世界著名昆虫学家法布尔为了观察了解昆虫的生活习性和巢穴构造，经常深夜"潜伏"于昆虫出没的场所进行细致观察、详细记录，最终写成了世界名著《昆虫记》。

花儿为什么这样红？从进化的观点来考察，它有一个发展的过程。裸子植物的花是原始的形态，都带绿色，而花药和花粉则呈黄色。在光谱里面，与绿色邻接的，长波一端是黄、橙和红，短波一端是青、蓝和紫。我们可以说，花色以绿色为起点,向长波一端发展,由黄而橙,最后出现红色;向短波一端发展,是蓝色和紫色。红色应是最晚出现的花色,在进化过程中居于顶峰,最鲜艳,最耀眼。

花儿为什么这样红?从达尔文的自然选择学说来看,昆虫起了到重要的作用。亿万年前,裸子植物在地球上出现的时候,昆虫还不多。花色素淡,传粉授(受)精,依靠风力,全部是风媒花。后来出现了被子植物,昆虫也繁生起来。被子植物的花有了花被,更分化为花萼和花冠(花被和花冠通称花瓣)。花瓣不再是绿色,而是比较显眼的黄色、白色或其他颜色。形状也大了,有的生有蜜腺,分泌蜜汁,有的散发芳香,这就成为虫媒花。"蜂争粉蕊蝶分香",昆虫给花完成传粉授(受)精的作用。

——贾祖璋《花儿为什么这样红》

分点二:查找资料,深入全面了解事物特征

在介绍自己并不十分熟悉的事物时,也是必须要查找资料的。人类通过几千年的发展,积累了丰富的文化资料,而任何人不可能对所有事物都有全面深刻的了解和认识。因此,学会查找资料对于我们了解事物特征具有重要意义。一些科学类或专业性强的事物的说明更需要查找资料。如毛宁的《梦回繁华》写的是北宋时期张择端的《清明上河图》。作者先介绍北宋绘画题材的变化,再介绍张择端的生平事迹,最后重点介绍《清明上河图》的内容、风格及价值,这些说明内容没有翔实的资料储备是不可能写出来的。在查找资料时,需要注意:

1. 尽可能查找正规来源的资料,确保资料的可靠性。

2. 重要的资料要多方比较,相互印证。

3. 引用资料需要注明资料出处。

1997年2月27日出版的英国《自然》杂志公布了爱丁堡罗斯林研究所威尔莫特等人的研究成果:经过247次失败之后,他们在1996年得到了一只名为"多利"的克隆雌性小绵羊。

"多利"绵羊是如何"创造"出来的呢?威尔莫特等学者先给"苏格兰黑面羊"注射促性腺素,促使它排卵。得到卵之后,立即用极细的吸管从卵细胞中取出核。与此同时,从怀孕三个月的"芬多席特"六龄母羊的乳腺细胞中取出核,立即送入取走核的"苏格兰黑面羊"的卵细胞中。手术完成之后,用相同频率的电脉冲刺激换核卵,让"苏格兰黑面羊"的卵细胞质与"芬多席特"母羊乳腺细胞的核相互协调,使这个"组装"细胞在试管里经历受精卵那样的分裂、发育而形成胚胎的过程。然后,将胚胎巧妙地植入另一只母羊的子宫里。到去年7月,这只"护理"体外形成胚胎的母羊终于产下了小绵羊"多利"。"多利"不是由母羊的卵细胞和公羊的精细胞受精的产物,而是"换核卵"一步一步发展的结果,因此是"克隆羊"。

——谈家桢《奇妙的克隆》

分点三:多样观察,分类提炼归纳事物特征

森林是以树木为主体的许许多多生物组成的生物群落。森林里蕴藏着丰富的资源,森林资源按自然属性可划分为生物资源和非生物资源两大类。其中生物资源又可分为植物资源、动物资源和微生物资源三类。植物资源包括林木资源(乔木、灌木和竹子)和非林木资源(藻类、地衣、苔藓、蕨类和其他种子植物等);动物资源主要包括哺乳动物、爬行动物、森林昆虫、鸟类和鱼类等;微生物资源主要包括各种菌类、支原体、衣原体等。非生物资源主要是指支撑森林生物的林地土壤、水分等资源。可见森林是地球上一个丰富多彩的大资源库,而且其主要部分即森林生物资源部分,是可以持续利用的可再生资源。

——张志毅《走进森林》

分点四:说明顺序,使说明特征更加条理清晰

紫禁城的城墙十米多高,有四座城门:南面午门,北面神武门,东西面东华门、西华门。宫城呈长方形,占地七十二万平方米,有大小宫殿七十多座、房屋九千多间。城墙外是五十多米宽的护城河。城墙的四角上,各有一座玲珑奇巧的角楼。故宫建筑群规模宏大壮丽,建筑精美,布局统一,集中体现了我国古代建筑艺术的独特风格。

从天安门往里走,沿着一条笔直的大道穿过端门,就到午门的前面。午门俗称"五凤楼",是紫禁城的正门。走进午门,是一个宽阔的广场,弯弯的内金水河像一条玉带横贯东西,河上是五座精美的汉白玉石桥。桥的北面是太和门,一对威武的铜狮守卫在门的两侧。

进了太和门,就到紫禁城的中心——三大殿:太和殿、中和殿、保和殿。三座大殿矗立在七米多高的白石台基上。台基有三层,每层的边缘都有汉白玉栏杆围绕着,上面刻着龙凤流云,四角和望柱下面伸出一千多个圆雕鳌头,鳌头嘴里都有一个小圆洞,是台基的排水管道。

——黄传惕《故宫博物院》

分点五：分清主次，使说明特征更加集中明显

万人大礼堂，里面宽七十六米，深六十米，中部高三十三米，体积达八万六千立方米，像一座大厦。但是由于设计师们处理得巧妙，走进大礼堂的人放眼一看，从屋顶到地面，上下浑然一体，并不感到怎样空旷。屋顶是穹隆形的，天花板上纵横排着近五百个灯孔。灯光齐明的时候，就像满天星斗。顶部的中心挂着红宝石似的五星灯，灯的周围是七十条瑰丽的光芒线和四十瓣镏金的向日葵花瓣，象征着全国各族人民万众一心，紧密团结在中国共产党的周围。在它的外围，有三环层次分明的水波形暗灯槽，同周围装贴的淡青色塑料板相映，形成"水天一色"的奇观。

大礼堂椭圆形，有两层挑台像两弯新月，围拱着主席台，使大礼堂成为层次分明错落有致的整体。两层挑台连地面共三层座席，有九千六百多个席位。礼堂的主席台像个小会场，能容纳三百多人。礼堂底层席位的桌柜都装有能同时翻译十二种语言的译意风，每四个席位还有一个即席发言的扩音器。第一层挑台的第一排同样装有扩音器，其余席位都有能听到一种语言的扩音小喇叭。屋顶和挑台下的灯光，能够把礼堂的各个角落照得通明。

——孙世恺《雄伟的人民大会堂》

分点六：说明方法，使说明特征更加合理生动

见过螳螂的人，都会十分清楚地发现，它纤细的腰部非常的长。不光是很长，还特别的有力呢！与它的长腰相比，螳螂的大腿要更长一些。而且，它的大腿下面还生长着两排十分锋利的像锯齿一样的东西。在这两排尖利的锯齿的后面，还生长着一些大齿，一共有三个。总之，螳螂的大腿简直就是一把有两排刀口的锯子。当螳螂想要把腿折叠起来的时候，它就可以把两条腿分别收放在这两排锯齿的中间，这样是很安全的，不至于伤到自己。

如果说螳螂的大腿像是一把有两排刀口的锯子的话，那么它的小腿也是一把有两排刀口的锯子。只是生长在小腿上的锯齿要比长在大腿上的多很多。而且，小腿上的锯齿和大腿上的有一些不太相同的地方。小腿锯齿的末端还生长着尖锐的很硬的钩子，这些小钩子就像金针一样。

除此以外，锯齿上还长着一把有着双面刃的刀，就好像那种成弯曲状的修理各种花枝用的剪刀一样。

——[法]法布尔《昆虫记》

二、课前练笔

题目：

利用下面的材料，抓住坎儿井的一两个特征，整理出一篇说明文。题目自拟，不少于 200 字。

1. 新疆地区多山地、盆地，气候十分干旱，山地承接了较多的降水，成为干旱大地上的一座座"湿岛"。这些水源因干旱区的高温蒸发而大量丧失，为保护这些宝贵的水源，人们创造出坎儿井这种利用地下水的巧妙方式。

2. 坎儿井，其实是一种井、渠结合，在地下引用地下水进行灌溉的水资源利用方式。它依据山势坡度，按引水路线在地面挖出许多竖井，并在地下将这些竖井连通成渠，使深层地下水逐渐转变成浅层地下水，在需要水的地方引出至涝坝（蓄水池），然后引至农田灌溉。由于水在地下运行，不受地面高温蒸发的影响，保持了水量常年稳定；经过地层过滤，井水也变得清澈甘甜。

3. 关于坎儿井的来历，比较流行的说法有三种：一是"井渠说"，认为坎儿井与汉武帝时期凿井渠引洛水的史实关系密切。二是"西来说"，认为新疆的坎儿井是从拥有坎儿井最多的古波斯（今伊朗）传来的。三是"本地说"，认为现存最古老的坎儿井通水时间距今已约 500 年，坎儿井很可能就是新疆本地的产物。

4. 不论坎儿井起源于何时何地，可以肯定的是，它是生活在干旱高温的山地、盆地的古代劳动人民的智慧创造。有了坎儿井，他们就有了生存的基础。

5. 坎儿井的开凿是十分艰苦的。在开挖线上，每隔数十米就要挖一口竖井。井下渠道开挖靠点油灯作业，总工程量非常大。而且，挖井人需要知道什么地方地下有水，从开挖处到出水处要挖多少竖井，每个竖井需挖多深，这都要有丰富的经验。

6. 坎儿井起挖在山地，出水在盆地绿洲，平均长度在 3000 米以上。吐鲁番盆地坎儿井的总长度超过 5000 千米。

7. 20 世纪 50 年代末，新疆共有坎儿井 1784 条，年出水量 6.826 亿立方米，灌溉面积 36.3 万亩。但随着地面引水工程的建设和机井的普及，加上开挖极为困难，坎儿井在灌溉方面的地位不断下降。2003 年，新疆的坎儿井数量已锐减至 614 条，年出水量减少 56%，灌溉面积减少 52%。

8. 目前，坎儿井的抢救工程已全面启动，有越来越多曾经干涸的坎儿井又流出了汩汩清水。人们已经认识到,与现代引水技术相比,坎儿井有着保护、净化水资源和不消耗其他能源的优势,其文化价值更是不可估量。

(内容选编自胡文康《地下人工长河——坎儿井》)

思维建模:

1.仔细阅读材料,归纳坎儿井有哪些不同方面的特征。

2.坎儿井主要分布在哪里?最大的特征是什么?

3.看到坎儿井的这些特征,你的感受是什么?你对坎儿井的印象怎么样呢?

4.你可以把材料中的哪些特征联系在一起呢?

5.坎儿井的作用是什么?

6.除了文中的特征,还有没有其他特征呢?可以上网查找相关图片和资料。

片段展示:

独特的坎儿井
张 洋

坎儿井是造型独特而又作用非凡的人类智慧的结晶,造福着荒漠中一代又一代华夏儿女。坎儿井是荒漠地区的一种特殊灌溉系统,总工程量巨大,是开发利用地下水的一种很古老的水平集水建筑物,适用于山麓、冲积扇缘地带,主要是截取地下水来进行农田灌溉并供居民使用。坎儿井大体上是由竖井、地下渠道、地面渠道和"涝坝"四部分组成,人们利用山的坡度,巧妙地创造了坎儿井,引地下潜流灌溉农田。坎儿井独特的构造使水分因炎热、狂风而大量蒸发的可能性降低,从而使流量稳定,保证了自流灌溉。

点评:

片段选择了坎儿井的井、渠结合的特征,主要选取了第2和第5段的内容,借助资料分析,归纳事物的特征,然后组合、加工、命名,形成新的说明文章,语言准确,简明扼要,富有趣味。

三、课中练习

题目:

在我们生活中,有各种各样的建筑,它们或外观独特,或历史悠久,或有重要的意义,或有特殊的功能。写一篇说明文,向大家介绍某一建筑。题目自拟,不少于500字。

思维建模：

1.选择一个说明对象,这一建筑可以是单体建筑,比如一栋楼、一座桥,也可以是群体建筑,比如一条街巷、一片塔林。

2.这一建筑的总特征是什么？最大的特征是什么？

3.用什么说明顺序写？空间顺序还是逻辑顺序？也可以是从整体到局部、从一般到特殊、从主要到次要。

4.选择哪些说明方法？如列数字、举例子、做比较、打比方……

5.求同:观察这一建筑,主要特征有哪些？它们有没有共同特点？

6.求异:细微处的不同特征有哪些？

7.这一建筑的历史背景是否可以从资料中找到？

习作展示：

青青校园柳色新

张　洋

我们学校在迎春路上,所以就以"春"为主题建设学校。这不,春天一到,校园更是春意盎然,生机勃勃了。

学校坐北朝南,大门在校园的最南端。走进校门,迎面是一条笔直的大道,叫春晖路,路两旁有整齐的香樟树,绿意葱茏。路的东边是美丽的桃李园,园子不大,园外便是栅栏围墙,园内有小桥流水,还有一个八角小亭,叫春望亭。这里每个季节都有花开,现在正是桃红柳绿的时候,紫荆、海棠、晚樱花也争奇斗艳。午自修或大课间时,便有同学来这里玩。到了艺术节,还常有同学在春望亭上排练,那时候这个园子就更加活泼可爱了。园中心的小潭向校园伸出了一条长长的小溪,沿着围墙,环抱了大半个校园。溪边小牌上写着"春溪河"。河两岸是"碧玉妆成一树高"的柳树,如今正"万条垂下绿丝绦"呢。

春晖路的西边是大操场。绿色的球场、红色的跑道,非常醒目。春晖路的尽头正对着春耕楼。这是一座三层的行政办公楼,有学校领导和老师们的办公室,还有会议室。三楼是能容纳五百人的报告厅,我们全年级的活动常在报告厅开展。春耕楼的北面是芳草园,一大片绿草地沐浴在阳光下,带给人满心欢喜。这里的草四季常青,好像春天永远不会走似的。沿着芳草园两边20米的紫藤长廊，就到了学校的主建筑——教学楼春锦楼了。

春锦楼其实是由三栋位置平行、格局相同的楼组成的，楼两边也由20米紫藤长廊勾连。从七年级到九年级，一个年级一栋。每栋楼均是四层，楼内东西两侧是楼梯，中间每层有五间宽敞明亮的教室。其中最西边的一间是课外活动室，其他都是各个班级的教室。这三栋楼看起来与其他学校的差别不大，但三栋楼间的两个小园就与众不同了，因为这两个小园分别是我们七年级、八年级学生自主挥洒才能的天地。七年级的园子叫春苗园，园的最东边是一排橱窗，里面不定期展示着七年级同学的书法、绘画、诗歌之类的作品，都由学生自己布置；最西边是涂鸦壁，是用软木竖起的一座矮墙，上面有同学们的各种创意作品。中间是被细细的小径划出的16块同样大小的"田"，16个班级的同学，在生物老师的指导下，种了自己选的植物，有茶花、杜鹃，也有虞美人之类的草花，还有西红柿呢。各班的同学互相比赛，都想把自己班的植物种得最好，所以春苗园里好不活泼热闹。八年级的园子叫春秀园，最东边和七年级一样是橱窗，最西边则是笑脸墙。当中不再是小植物，而是几棵笔直的水杉。树下是一个露天书吧，铺着木地板。各种形状的移动书柜把这方天地分隔成了几个小空间，每个空间里有绿色的塑料桌椅，方便同学们就近阅读。这里是我们八年级同学读书讨论的地方，常常听到有同学在争论，也常常看到有同学默默读书，这不是另一种活泼热闹？

从九年级的春锦楼向北走出，是一条东西向的路，叫春英路。路的北面自东向西还有三座三层的楼。正对春锦楼的是春曦楼，里面有理、化、生实验室，还有音乐、美术和书法专用教室；它的西边是春远楼和春喧楼，就是食堂和体育馆，它们面对着大操场。三座楼的后面就是春溪河了。

这就是我的校园。

点评：

文章采取空间顺序介绍整个校园。说明的内容全面周到，没有遗漏，但因为要突出以"春"为主题的校园文化特寺色，所以在材料的主次、详略方面，作者做了精心的安排。最能反映自然春色的是校园中的园林景观——桃李园，所以作者在这里着墨较多；而最能表现学生创造力的，则是教学楼中的小园——春苗园和春秀园，作者在此也用了较大的篇幅。操场、食堂等特色不够明显的，则一笔带过。作者还不厌其烦地介绍了学校的路名、园名和楼名，以体现校园

"春"的特点。在说明方法的运用上,作者也努力为表现校园特色服务。比如写桃李园,就多用摹状貌的说明方法,以写出园内的春意盎然。从表达来看,文中既有平实质朴的介绍,也有生动活泼的描述,语言不拘一格,自有特色。

四、课后巩固

题目:

我们每天都会接触到不少物品,比如毛巾、炒锅、电视机、手机、自行车等。选取你最熟悉的一种物品作为写作对象,查阅相关资料,以"我的生活少不了它"为题,写一篇说明文,不少于500字。

思维建模:

1. 观察物品的外形,想一想它是什么材料做的,这种材料有什么特点,这个物品有什么用途等。从中选取反映物品主要特征的内容做重点说明。

可从外部形态、内部构造、自然属性、形成原因、发展过程、使用方法、实用功能等方面着手。

2. 注意按照一定的顺序(时间顺序、空间顺序、逻辑顺序)来说明事物。比如写自行车,可以先写外形特点,再写自行车的制造材料以及这种材料的特点,之后写自行车的性能特点、骑行感受等。

3. 恰当运用各种说明方法,也可适当运用文学手法,增强说明的效果。

说明方法有举例子、引资料、做比较、列数字、分类别、打比方、摹状貌、下定义、做诠释、画图表、做假设等。

写作训练:

(作文格)

五、写作评价

评价指标	评价方式	评价标准		
		是	一般	否
事物特征是否清晰	自评			
	互评			
	师评			

续表

评价指标	评价方式	评价标准		
		是	一般	否
说明顺序是否合理	自评			
	互评			
	师评			
说明方法是否生动	自评			
	互评			
	师评			

八年级上第六单元　表达要得体

东莞市寮步中学　陈丽坤

导语：

古人云："良言一句三冬暖,恶语伤人六月寒。"俗语也说："语言切勿刺入骨髓,戏谑切勿中人心病。"可见,表达得体在日常生活中是多么重要。学会表达得体,有助于促进一个人的交际。本课我们将学习如何让自己的说话和写作表达得体,以使听众、读者易于接受,圆满实现表达意图。

一、课前导学

分点一：关注写作目的

不同的写作目的,意味着表达方式、态度应有所不同,以适应特定的需求。如感谢信与表扬信有许多相似之处,所不同的是感谢信也有表扬信的意思,但是重点在感谢。

表　扬　信

11月6日下午,初二7班××同学在学校操场跑步时,发现跑道上有100元现金,该同学当即将钱交给了值周老师。××同学拾金不昧的精神值得全体同学学习,他的行动充分体现了我校学子高尚的道德情操和精神风貌。在提倡和谐社会的今天,拾金不昧这种精神是更值得大力提倡和鼓励的。

在此,学校对××同学提出表扬,希望广大同学以之为榜样,充分发扬中华民族的传统美德,营造和谐校园,构建和谐社会。

××学校
11月8日

感　谢　信

亲爱的母校：

您好！

经过您三年的培养,我在今年的中考中如愿考上一中,特此向您——我的母校,表示衷心的感谢!

感谢母校,让我们从无知到博学,从肤浅到深邃,从徘徊迷茫到豪情万丈!

感谢母校,让我们破茧成蝶翩然起舞,从寂寞等待到执着扑火,一路上我们壮志高歌!

几年前,怀揣着期待与梦想、向往与崇拜,我们如愿地跨入了××学校的校门。在这里,我们为青春呐喊,为理想奋斗,为成为一名合格的中学生而释放全部的激情;在这里,我们有思维与智慧的碰撞,有心灵与心灵的沟通,有欢笑与泪水的交融;在这里,我们学会了分析与思考,学会了丰富与凝练,学会了合作与竞争,学会了如何超越自己、突破极限;在这里,有慈祥的老师,让我们忘记了离家的惆怅,让我们不再是茫茫江面上一只无法靠岸的小船。

美丽的校园环境、丰厚的文化底蕴、雄厚的师资力量和科学严谨的教学管理,为我提供了最好的学习氛围;丰富的教学经验和循循善诱的教学方法让我在这里获得了长足的发展,使我的成绩有了巨大的飞跃,终于考出理想的成绩。

现在中考已经结束,在即将到来的高中生活中,我将继续努力。

此致

敬礼!

××

8月15日

分点二:注意读者对象的特点

语言交际总是双向的,既有说或写的一方,也有听或读的一方。因此,说写者就不能一厢情愿想说什么就说什么,而要从对象的年龄、职业、思想、性格等不同特点出发,说恰当的话,即所谓"对什么人说什么话"。交际对象有性别、年龄、身份、经历、文化背景等具体因素的差异。在运用语言交际时,应该注意读者对象的特点,尊重对方。例如:

面对残疾人,可以多谈"身残志坚""自强不息"等话题,不能贬损"残疾"、调侃"残疾";跟老年人可以谈他们的辉煌往事、谈"老有所为,老有所乐",慎谈"死亡"的话题。

我们与人谈话时要注意读者对象的特点,回避或慎言他们的禁忌话题,注意他们的心理感受。

分点三:注意交际的场合

交际的场合包括时间、地点、人物、氛围等。交际的场合各种各样,有喜庆、哀伤之分,有庄重、轻松之别。在这种情况下,语言表达要与环境气氛相协调。在喜庆的场合谈令人伤感的话,在庄重的氛围中"搞笑",都是不得体的。所以写作时,人物处于什么场合就要使用什么场合的语言,说话用语巧妙自然。

育才中学邀请著名学者刘教授来校讲学,在向全校师生做介绍时,校长的话中有这样一段:"刘教授是我校的校友,他长期从事学术研究,成果丰富,贡献卓著,去年当选为中国科学院院士。_____。"

A. 这既是他本人的荣耀,也是敝校的荣耀。

B. 这既是他的光荣,也是我们学校的光荣。

C. 这既是本校的自豪,也是他本人的自豪。

D. 这既是他的骄傲,也是全国人民的骄傲。

分析:

校长是在全校师生的面前介绍刘教授,A 选项中"敝校"用于校长向校外介绍情况、自称本校是恰当的,但用在本校师生面前则不妥。

前一个分句介绍刘教授,按照顺承原则,紧接着评价的也应该是他本人,可 C 选项首先说的不是他本人,由此可排除 C。

再看 D 选项,"也是全国人民的骄傲"外延太大了。

语言表达得体,要注意适应场合,恰当用语。比如,出席喜悦场合和悲伤场合,我们的谈吐内容必须融入氛围。

育才中学在本校介绍刘教授,不能称本校为"敝校",可以说"本校""咱们学校";应该恰当介绍刘教授与学校的关系、刘教授为学校争得的荣耀,这对本校同学也是个激励。

如果在本市另一所学校去主持活动,校长已经不再只代表育才中学了,若还是介绍刘教授,就应该说刘教授是本市育才中学校友,是本市成长起来的,是全市的骄傲——用这样的话来激励在座的师生才是合适的。

总之,场合不同,说话人的地位、角色发生变化,表达的角度也要因地制宜,表达用语也必须随之而变化,讲究分寸,巧妙用语,以求达到最佳表达效果。

分点四:根据文体的特点,选择得体的表达方式和内容

不同的语体,往往运用不同的语言材料,适应各自不同的语境和交际需要,形成各自不同的语言特点。比如文言词语典雅、简洁、庄重,在比较庄重的书面语体如公文事务语体(法律、请柬)中经常使用;方言词语、俚词俗语等,简明、通俗、易懂,在口头语体(转述、通知、广播稿)中经常使用。

电影《林则徐》中写林则徐召见外商,申明中国政府严禁贩卖鸦片的命令,说到如有违令者,"船货交公,人即正法"。有外商问:"什么叫'正法'?"中国官员答:"正法就是杀头。"林则徐说的是法令,所以用庄严的"正法",官员是口头对话,所以用了浅显易懂的"杀头",这两个说法和各自的语体都很协调。

又如请柬,不是一般的书信,而是礼仪性书信,用语典雅、庄重为宜。

张华准备6月16日在阳光饭店为爸爸过七十岁的生日,想请爸爸的老战友刘妙山夫妇那天中午12点来吃饭。请你以张华的名义给刘妙山夫妇写一份请柬,要求称呼得体,表述简明,措辞文雅。(不超过40个字)

请　柬

尊敬的伯父、伯母:

　　适逢家父张华七十大寿,我们准备为家父祝寿。恭请您二老6月16日中午12点光临阳光饭店一起用餐。

张华恭请

6月7日

语言表达得体,须注意根据文体的特点,选择得体的表达方式和内容,注意不同文体之间的差别,选用对应性的语体。例如,通知是上级对下级传达消息或布置工作的应用文,通知的对象范围以及具体内容就必须写得明白、具体、确切。

分点五:准确运用谦辞和敬辞

下面是一位记者对接受采访的某著名作家之子说的一段开场白,其中有4处不得体,请找出并进行修改。

大家知道家父是一位著名的作家,作品广为流传,在文坛小有名气。我在上中学时候就读过他的不少作品,至今还能背诵其中的段落。您是他老人家的犬子,能在百忙之中有幸接受我的采访,我对此表示感谢。

正确的应该是:

大家知道令尊是一位著名的作家,作品广为流传,在文坛很有名气。我在上中学时候就读过他的不少作品,至今还能背诵其中的段落。您是他老人家的爱子,能在百忙之中抽空接受我的采访,我对此表示感谢。

准确使用谦辞和敬辞,有助于我们做到表达得体。

分点六:把握情感分寸

感谢那个为我提灯的人

夜间小院,凉风习习,让我感到了沁人心脾的清凉,使我不禁思念起了你!不惑之年,在外独自拼搏的你,还好吗?还记得那盏你亲手为我做的小灯吗?

犹记得小时候,你与我一同住在乡下的外婆家。漫山遍野的油菜花,风一掠过,便掀起了一朵又一朵的浪花。你总喜欢在夏天里,坐在门前的大槐树下,摇着蒲扇,为我讲述你年少时的经历,轻轻地摇下了一段悠闲的时光……

后来,你要丢下年幼的我外出打工,我常常因为担心你不辞而别而半夜惊醒,泪水浸湿了枕头。我是多么舍不得你呀!

在你走前的那个晚上,你拉着我坐在门前,手里拿着一盏用竹条做的小灯,我听见你温柔的声音:"妈妈要去一个美丽的地方,那里有宝贝最喜欢的糖果,妈妈去买回来好不好?"我知道你要走了,哭着摇头,大人总是骗人的。你一把把我拉进怀里,手慢慢抚摸着我的背,哽咽道:"妈妈的宝贝啊,以后你要照顾好自己,学会自立自强,学会自己独当一面……"

我不明白,家庭的幸福温馨比不上外面的灯红酒绿吗?家人的贴心关怀比不上外面世界的喧嚣繁闹吗?我一直以为是你太狠心,才放心丢下年幼的我,却不知当时的你早已泪流满面!

现在,我渐渐地理解了你的不易,明白了你的无可奈何,也渐渐地学会了如何独自生活,如何独自上学,又如何在夜晚独自入睡……你的离开,迫使我学会了独立!有时我也会埋怨,说了一些不该说的话,做了一些让你伤心的糊涂事。妈妈,我把你放在心上,请你原谅我任性时的一踩脚,踩伤了你的关心和爱护!

月亮不知何时悄悄地躲进了云层间,睡意蒙眬,我似乎看到一个身影,提着小灯向我走来……

这篇作文不是应用文,但也体现了"表达要得体"的要求,用第二人称"你"抒发对母亲的感激与思念之情,这样更容易让读者走进文字深处,体察一个留守儿童的心路历程。得体的表达首先要关注写作目的,这篇文章是写给在外打工的母亲,有点儿像一封信,目的在于得到母亲的理解,一方面写对母爱的感激,另一方面也在写对母爱的渴望。母亲读了这篇文章,内心感到欣慰的同时,也会有歉疚与牵挂。得体的表达还在于情感分寸的把握,文中的语言描写、心理描写以及环境描写,都蕴含了丰富的感情,时而含蓄委婉,时而直诉心曲,很能打动人。

二、课前练笔

题目:

下面是某位同学以校学生会名义起草的给来校做讲座专家的感谢信,你觉得有什么不妥之处吗?

××先生:

谢谢您昨天来我校做关于学习方法的讲座。您讲的内容很有趣,态度也很和蔼。特别是您对学习方法的独到见解和海阔天空的议论,显示您确实有较高的水平,令人钦佩。许多同学听完讲座,都觉得挺不错的,还想请您在我学校开设系列讲座。在此,我们向您表示热烈祝贺,并期待您有机会再来我校做讲座。

此致

敬礼!

××中学学生会
×年×月×日

这封感谢信有许多表达不得体的地方,如缺少问候语,感谢用语不够热情、恳切等。更不恰当的是作者用"很有趣""海阔天空""觉得挺不错"这样的词语,评价专家讲座的内容、特点和反响,认为专家的水平只是"较高",虽然表达了肯定的意思,但评价偏低,容易引起误会,还显得对专家不够尊重。可以修改为:

感 谢 信

尊敬的××先生:

您好!

谢谢您昨天百忙之中抽空来我校做关于学习方法的讲座。您讲的内容实在是风趣幽默,态度也很和蔼。特别是您对学习方法的独到见解和深刻精辟的议论,显示您堪称一流的水平,令人钦佩。许多同学听完讲座,都拍手叫好、赞叹不已。若时间允许且您同意,还想请您在我校开设系列讲座。在此,我们向您表示热烈祝贺,并期待您有机会再来我校做讲座。

　　此致

敬礼!

××中学学生会
×年×月×日

　　要做到表达得体,应考虑写作的目的。不同的写作目的意味着表达方式、态度应有所不同,以适应特定的需求。比如要表示感谢,用语应恭敬,而不能像上面的感谢信那样流露出自高自大的态度;若是想获得对方的原谅,表达应该诚恳,以期得到对方的谅解;若是想反映某个问题,则应观点鲜明,指出问题的要害,提出合理的建议。

　　除了写作的目的外,还要注意读者对象的特点和应用的场合。读者对象的年龄、性别、职业等不同,写作时的用语也应有所不同。比如对象是长辈,说话要尊敬;对象是平辈,用语可以亲切。文章使用的场合也是需要考虑的。比如,为隆重的集会发言而写一篇有关集会主题的庄重的演讲稿是合适的,可如果演讲稿中夹带太多调侃的语言,就不合时宜了。

　　另外,要注意恰当使用礼貌用语。比如到别人家做客,应用"拜访";宾客来到自己家应用"光临"。又如在书面语中直呼人的姓名时,应考虑在姓名后加上"先生"或"女士"。再如以书面形式提意见和建议时,应说:"我的这些看法并不成熟,请批评指正。"

思维建模:

1. 感谢信的写作目的是什么?
2. 感谢信的用语应该是什么语体?
3. 对象是什么人? 要采取口语还是书面语的写作用语?
4. 对对方尊敬的称呼和问候语是什么?
5. 要用哪些谦辞、敬辞?

三、课中练习

题目:

学校准备召开家长会,请你以校学生会名义给家长写一封邀请函。

思维建模:

1. 对对方尊敬的称呼和问候语是什么?

2.邀请的目的是什么？

3.家长会的主要内容是什么？

4.活动的具体时间是什么时候？

5.活动的具体地点在哪里？

6.有没有其他的注意事项？例如对方需要在活动中发言吗？如果需要,应该提及,让对方提前准备。

7.谦敬辞、书面语使用恰当吗？

片段展示：

邀 请 函

尊敬的家长(称呼)：

　　您好(问候语)！为让您进一步了解孩子在校的日常生活和行为习惯(邀请的目的),我校决定于12月3日晚上七点整在您孩子所在班级召开初二年级家长会(时间和地点),让您全面了解孩子在校表现,并向您详细解读2022年中考改革有关政策和信息(家长会的主要内容)。诚挚邀请您百忙中抽空光临学校,共同搭建家校联系的平台。

××学校
2021年11月20日

四、课后巩固

题目：

在"环境保护月"活动中,你所在的班级将向全校师生发出倡议,倡导节约、低碳、环保的理念。请以班级的名义写一份倡议书,不少于500字。

思维建模：

1.发出倡议的背景、原因和目的是什么？

2.倡议书的主题是什么？

3.活动的具体内容和要求是什么？（宜分条开列）

4.结尾写明倡议者的决心和希望了吗？

5.结尾署名该署什么？

6.倡议书的使用场合和对象你注意到了吗？

7.你使用的表达方式恰当吗？

写作训练：

（作文格）

五、写作评价

评价指标	评价方式	评价标准		
		是	一般	否
是否符合写作目的	自评			
	互评			
	师评			
是否尊重对象特点	自评			
	互评			
	师评			
表达方式是否得体	自评			
	互评			
	师评			
谦敬辞使用是否恰当	自评			
	互评			
	师评			
书信格式是否正确	自评			
	互评			
	师评			

八年级下第一单元　学习仿写

泰和县沙市初中　罗嘉丽

导语：

"古人作文作诗，多是模仿前人而作之，盖学之既久，自然纯熟"，这是朱熹对前人写作经验进行的总结；王勃模仿庾信的"落花与芝盖齐飞，杨柳共春旗一色"，写出了千古名句"落霞与孤鹜齐飞，秋水共长天一色"；韩愈模仿孟子，成为"唐宋八大家"；欧阳修又模仿韩愈，成为一代宗师……可见仿写是多么的重要。对于我们初中生来说，仿写仍然是提高写作的一个有效途径。

一、课前导学

分点一：模仿范文表达方式

1. 想真正了解一个人，要长期观察他所做的事。如果他慷慨无私，不图回报，还给这世界留下了许多，那就可以肯定地说，这是一个难得的好人。

2. 我们沿着山路，又向上爬了大约二百米。他停了下来，用铁棍在地上戳了一个坑。然后，他轻轻地往坑里放一颗橡子，再仔细盖上泥土。他是在种橡树！我问他，这块地是你的吗？他摇摇头说，不是。那是谁的地？是公家的，还是私人的？他说不知道。看起来他并不在意。他只是一心一意地把一百颗橡子都种了下去。

3. 每当我想到这位老人，他靠一个人的体力与毅力，把这片荒漠变成了绿洲，我就觉得，人的力量是多么伟大啊！可是，想到要做成这样一件事，需要怎样的毅力，怎样的无私，我就从心底里，对这位没有受过什么教育的普通农民，感到无限的敬佩。他做到了只有上天才能做到的事。

——［法］让·乔诺《植树的牧羊人》

分点二：模仿范文写作手法

1. 虽然背地里说人长短不是好事情，但倘使要我说句真心话，我可只得说：我实在不大佩服她。最讨厌的是常喜欢切切察察，向人们低声絮说些什么事，还竖起第二个手指,在空中上下摇动,或者点着对手或自己的鼻尖。我的家里一有些小风波,不知怎的我总疑心和这"切切察察"有些关系。又不许我走动,拔一株草,翻一块石头,就说我顽皮,要告诉我的母亲去了。一到夏天,睡觉时她又伸开两脚两手,在床中间摆成一个"大"字,挤得我没有余地翻身,久睡在一角的席子上,又已经烤得那么热。推她呢,不动;叫她呢,也不闻。

2."哥儿,你牢牢记住!"她极其郑重地说,"明天是正月初一,清早一睁开眼睛,第一句话就得对我说:'阿妈,恭喜恭喜!'记得么?你要记着,这是一年的运气的事情。不许说别的话!说过之后,还得吃一点福橘。"她又拿起那橘子来在我的眼前摇了两摇,"那么,一年到头,顺顺流流……"

3.过了十多天,或者一个月罢,我还记得,是她告假回家以后的四五天,她穿着新的蓝布衫回来了,一见面,就将一包书递给我,高兴地说道:"哥儿,有画儿的'三哼经',我给你买来了!"

这又使我发生新的敬意了,别人不肯做,或不能做的事,她却能够做成功。她确有伟大的神力。谋害隐鼠的怨恨,从此完全消灭了。

——鲁迅《阿长与山海经》

分点三:模仿范文语言艺术

一捶起来就发狠了,忘情了,没命了!百十个斜背响鼓的后生,如百十块被强震不断击起的石头,狂舞在你的面前。骤雨一样,是急促的鼓点;旋风一样,是飞扬的流苏;乱蛙一样,是蹦跳的脚步;火花一样,是闪射的瞳仁;斗虎一样,是强健的风姿。黄土高原上,爆出一场多么壮阔、多么豪放、多么火烈的舞蹈哇——安塞腰鼓!

——刘成章《安塞腰鼓》

分点四:模仿范文篇章结构

1.文字之外,日常交往,他同样是一以贯之,宽厚待人。例如一些可以算作末节的事:有人到东四八条他家去看他,告辞时,客人拦阻他远送,无论怎样说,他一定还是走过三道门,四道台阶,送到大门外。告别,他鞠躬,口说谢谢,看着来人上路才转身回去。他晚年的时候已经不能起床,记得有两次,我同一些人去问候,告辞时,他还举手打拱,不断地说谢谢。

2.以上说待人厚,是叶圣陶先生为人的宽的一面。他还有严的一面,是律己,这包括正心修身和"己欲立而立人,己欲达而达人"。我们在一起的时候,常常谈到写文章,他不止一次地说:"写成文章,在这间房里念,要让那间房里的人听着,是说话,不是念稿,才算及了格。"……而叶先生则主张写完文章后,可以自己试念试听,看像话不像话,不像话,坚决改。叶圣陶先生就是这样严格要求自己的,所以所作都是自己的写话风格,平易自然,鲜明简洁,细致恳切,念,顺口,听,悦耳,说像话还不够,就是话。

——张中行《叶圣陶先生二三事》

分点五:模仿范文叙事情感

我说道:"爸爸,你走吧。"他往车外看了看说:"我买几个橘子去。你就在此地,不要走动。"我看那边月台的栅栏外有几个卖东西的等着顾客。走到那边月台,须穿过铁道,须跳下去又爬上去。父亲是一个胖子,走过去自然要费事些。我本来要去的,他不肯,只好让他去。我看见他戴着黑布小帽,穿着黑布大马褂,深青布棉袍,蹒跚地走到铁道边,慢慢探身下去,尚不大难。可是他穿过铁道,要爬上那边月台,就不容易了。他用两手攀着上面,两脚再向上缩;他肥胖的身子向左微倾,显出努力的样子。这时我看见他的背影,我的泪很快地流下来了。我赶紧拭干了泪。怕他看见,也怕别人看见。我再向外看时,他已抱了朱红的橘子往回走了。过铁道时,他先将橘子散放在地上,自己慢慢爬下,再抱起橘子走。到这边时,我赶紧去搀他。他和我走到车上,将橘子一股脑儿放在我的皮大衣上。于是扑扑衣上的泥土,心里很轻松似的。过一会说:"我走了,到那边来信!"我望着他走出去。他走了几步,回过头看见我,说:"进去吧,里边没人。"等他的背影混入来来往往的人里,再找不着了,我便进来坐下,我的眼泪又来了。

——朱自清《背影》

分点六:模仿范文线索构思

1."听说北海的花都开了,我推着你去走走。"她总是这么说。母亲喜欢花,可自从我的腿瘫痪后,她侍弄的那些花都死了。"不,我不去!"我狠命地捶打这两条可恨的腿,喊着,"我可活什么劲!"母亲扑过来抓住我的手,忍住哭声说:"咱娘儿俩在一块儿,好好儿活,好好儿活……"

2.那天我又独自坐在屋里,看着窗外的树叶"唰唰啦啦"地飘落。母亲进来了,挡在窗前:"北海的菊花开了,我推着你去看看吧。"她憔悴的脸上现出央求般的神色。"什么时候?""你要是愿意,就明天?"她说。我的回答已经让她喜出望外了。

3.又是秋天,妹妹推我去北海看了菊花。黄色的花淡雅,白色的花高洁,紫红色的花热烈而深沉,泼泼洒洒,秋风中正开得烂漫。我懂得母亲没有说完的话。妹妹也懂。我俩在一块儿,要好好儿活……

——史铁生《秋天的怀念》

分点七:模仿范文关键描写

1.其他的孩子一个接一个地往上爬,在突出的岩石和土层上找到放手和脚的地方。我犹豫不决,直到其他孩子都爬到了上面,这才开始满头大汗、浑身发抖地往上爬。手扒在这儿,脚踩在那儿,我的心在瘦弱的胸腔中怦怦地跳动,我努力往上爬着。

不知何时,我回头向下看了一眼,然后吓坏了:悬崖底下的地面看起来非常遥远;只要滑一下,我就会掉下去,撞上崖壁,然后摔到岩石上,摔个粉碎。

2.我往下看,感到阵阵晕眩;一股无名的力量好像正在逼迫我掉下去。我紧贴在一块岩石上,感觉天旋地转。我想掉头回去,但知道我绝对回不去了。这太远,也太危险了;在悬崖的中途,我会逐渐感到虚弱、无力,然后松手,掉下去摔死。但是通向顶部的路看起来更糟——更高,更陡,更变化莫测,我肯定上不去。我听见有人在哭泣、呻吟;我想知道那是谁,最后才意识到那就是我。

3.爸爸远远地站在悬崖脚下,这样才能看见我,他用手电筒照着我,然后喊道:"现在,下来。"他用非常正常的、安慰的口吻说道:"要吃晚饭了。"

"我不行!我会掉下去的!我会摔死的!"我大哭着说。

"你能爬上去,你就能下来,我会给你照亮。"

"不,我不行!太远了,太困难了!我做不到!"我怒吼着。

——[美]莫顿·亨特《走一步,再走一步》

二、课前练笔

题目:

选择生活中的亲情故事,用200字左右展示亲情的温暖。写好后,读给同学们听,看看他们能否被你打动。如果同学们都感触颇深,那就说明你写得很棒!

思维建模:

1.片段重点描写了怎样的故事情节?

2.文中使用了怎样的细节描写?

3.运用了什么修辞手法,有何作用?

4.这个片段与标题有何联系?

5.文中塑造了爷爷、奶奶怎样的人物形象?

片段展示:

咸菜面疙瘩

蒋岚山

她病得太久了,她在床上躺得太久了,曾经轻盈的那双小脚已经不听使唤,让她的身体不时地左摇右摆,如一片枯叶,随时会飘落逝去。

爷爷劝阻她、搀扶她、埋怨她、心疼她,都无济于事。她固执又蹒跚地走到灶台边,望着我,气喘吁吁地说道:"为你煮一碗你小时候最馋的面疙瘩,今天感觉身体还可以,怕以后身体不好,没有机会再给你煮。"

点评:

1.该片段仿写按照分点三的要求,模仿范文语言艺术,运用了比喻的修辞手法,将奶奶比作枯叶,运用排比的修辞手法,体现了爷爷对奶奶的关心;按照分点六的要求,模仿范文线索构思,围绕"咸菜面疙瘩"展开精彩内容,构成了文章的重点片段之一,具有衔接性;按照分点七的要求,模仿范文关键描写,这里运用了语言描写、动作描写和外貌描写,塑造出奶奶的体弱和对我的关心。

2.该片段重点描写了卧病在床已久的奶奶,却撑起虚弱的身子为孙子做咸菜面疙瘩,抓住了人物特征进行着力刻画。片段中使用了比喻的修辞手法,如"曾经轻盈的那双小脚已经不听使唤,让她的身体不时地左摇右摆,如一片枯叶,随时会飘落逝去",来突出奶奶的身体虚弱,随时可能倒下;又用动词"劝阻""搀扶""埋怨""心疼"来突出爷爷对奶奶的心疼和爱惜,让人物情感呼之欲出。

三、课中练习

题目:

将上面所写的片段扩展成一篇以写人为主的记叙文。题目自拟,不少于500字。

思维建模:

1.本文讲述了一个怎样的故事?

2. 文中的线索是什么?围绕线索展开了哪些生活片段?
3. 找出文中人物描写的句子,说说塑造出了怎样的人物形象?
4. 本文的语言艺术有何特点?结合文本进行赏析。
5. 本文的情感基调是什么?与《秋天的怀念》有何异同?

习作展示:

咸菜面疙瘩
蒋岚山

看到咸菜面疙瘩,我就会想起我的奶奶。(开门见山,直入主题。)

"奶奶,吃荷包蛋好不好?想喝粥吗?要不给你煮番茄面?"

那天早上,我习惯性地到奶奶床前询问。

往常,奶奶总说不想吃,随便弄一点之类的,今早,她居然说要自己弄。(以往和今早做对比,为下文做铺垫,吸引读者的阅读兴趣,表现出奶奶今日的特别之处。)

奶奶艰难地坐起来,身子靠在床头,取下无名指上的银戒指,披上那件她当年出嫁时穿的红棉衣,拄着拐杖往厨房走。(形容词"艰难",动词"靠""取下""披上""拄着",含有深意的词语"无名指上的银戒指""出嫁时穿的红棉衣",都体现出奶奶的身体弱,和爷爷多年爱情坚固。)

她病得太久了,她在床上躺得太久了,曾经轻盈的那双小脚已经不听使唤,让她的身体不时地左摇右摆,如一片枯叶,随时会飘落逝去。(运用比喻的修辞手法,体现出奶奶的体弱多病,如枯叶随时逝去。)

爷爷劝阻她、搀扶她、埋怨她、心疼她,都无济于事。她固执又蹒跚地走到灶台边,望着我,气喘吁吁地说道:"为你煮一碗你小时候最馋的面疙瘩,今天感觉身体还可以,怕以后身体不好,没有机会再给你煮。"(用劝阻、搀扶、埋怨、心疼等动词描写爷爷,体现出爷爷对奶奶的关心;用动作、语言描写奶奶,体现出奶奶对我的关爱。)

她在清水瓢里将那双枯瘦的手洗了又洗,把水倒掉后,又舀了清水在瓢里,然后放小麦粉和面团。锅里水滚后,她左手摊面团,右手揪一点点下来在手里反复捏成一些奇怪的形状,扔进锅里。她的手,因为太瘦、太干,做起来实在费劲。我要帮她,她很开心:"小时候守锅边讨面疙瘩吃,你也是这样勤快又嘴甜。"(对奶奶做事情的动作描写,表现出奶奶做事情的认真、熟练。)

吃面疙瘩时，奶奶勉强能坐在餐桌前，我们三人默默地吃着，谁也不说一句话。奶奶突然开了口："我感觉自己好能吃，能吃一碗。"爷爷筷子颤了一下，苦笑了一下，给她夹了些咸菜。我埋头吃咸菜面疙瘩，觉得那面疙瘩一点滋味也没有，眼泪悄悄地流了下来，流进面疙瘩汤里。（奶奶打破沉默的话语和爷爷的行为相对应，暗示奶奶时日无多。）

奶奶病后，一直在病床上胡乱吃几口，从来没有精神坐在餐桌前和我们共进早餐并愉快地谈论食物。今早，她破天荒地胃口大开，吃了整整一碗咸菜面疙瘩，我以为她的病很快就会好转，因为能吃东西了。没有想到，那哪里是胃口好，那是回光返照。（回忆性语句，写出了作者的唏嘘和难受。）

那早，奶奶的咸菜面疙瘩成了今生"绝版"。未承想那是她最后的早餐，也成了奶奶和我们的诀别。

从此，我看到咸菜面疙瘩，就会想起我的奶奶，想起疼我爱我，给我煮咸菜面疙瘩的奶奶。（与开头相呼应，全文以"咸菜面疙瘩"为线索，表达了作者对奶奶的怀念之情。）

点评：

1. 全文仿写按照分点三的要求，模仿范文语言艺术，运用了比喻的修辞手法，将奶奶比作枯叶；运用用排比的修辞手法，体现了爷爷对奶奶的关心。

2. 全文仿写按照分点六的要求，模仿范文线索构思，以"咸菜面疙瘩"为线索，由看到面疙瘩就想起奶奶为开头，然后写奶奶从床上起身给我做面疙瘩，再写到我们一起吃面疙瘩。

3. 全文仿写按照分点七的要求，模仿范文关键描写，多处运用语言描写、动作描写和外貌描写，塑造出奶奶的体弱和对我的关心、爷爷对奶奶的关心、我对奶奶的回忆之情。

4. 全文仿写按照分点五的要求，模仿范文叙事情感，通过叙述奶奶为我们煮最后一餐面疙瘩这件事，表达作者看到面疙瘩就怀念奶奶，对奶奶的思念之情。

四、课后巩固

题目：

亲情，是人世间最普遍、最美好的情感之一。我们每个人都在家庭的怀抱中生活、成长。家人的关怀照顾、理解支持,都给我们无尽的勇气与力量。在你的生活中,曾有什么事情,让你深切地感受家庭的温暖、亲情的可贵?请以"亲情"为话题,自拟题目,写一篇作文,不少于500字。

思维建模:

1.仿写范文线索构思:请你设置一个关键词作为本文的线索,并将其扩充成为一个故事梗概。

钥匙、背影、戒指、书包、夜灯、自行车、保温杯、围巾……这些词语能够成为本文的线索。

2.仿写范文叙事情感:请聚焦契合线索的关键事件,展开联想,还原生活片段,再谈谈你内心的情感。

如:在奶奶病床前伺候、奶奶最后一次做咸菜面疙瘩、看到面疙瘩便想起奶奶。

3.仿写范文关键描写:运用语言、神态、动作、外貌、心理等关键语句,利于塑造人物形象。

如:爷爷劝阻、搀扶、埋怨、心疼奶奶都无济于事,奶奶固执又蹒跚地来到灶台边。结合人物的语言、动作、神态、细节等等,分析出人物形象。

4.仿写范文语言艺术、表达方式和写作手法。

表达方式:如《走一步,再走一步》运用了叙事+议论的表达方式;《植树的牧羊人》运用了叙事+抒情的表达方式;《荷叶·母亲》运用了叙述+抒情的表达方式……

表现手法:如《阿长与山海经》运用了欲扬先抑的表现手法;《春》运用了借景抒情的表现手法;《白杨礼赞》运用了象征的表现手法……

5.本文抒发的情感对你有何影响?请谈谈你的认识。

注意正面引导,从这些人物特点或品质引发你对社会、对生活甚至对人生的思考。注意你的评价要有个性化的情感表达,切忌用空泛的套话让人物特点变得模糊。

写作训练:

(作文格)

五、写作评价

评价指标	评价方式	评价标准		
		是	一般	否
仿写方法是否清楚	自评			
	互评			
	师评			
线索构思是否明显	自评			
	互评			
	师评			
叙事情感是否生动	自评			
	互评			
	师评			

八年级下第二单元 说明的顺序

泰和县石山初级中学 肖 盈

导语：

说明文介绍事物或阐明事理，目的都在于让人获得知识。如何才能把知识讲得清楚明白呢？除了明确说明的对象，准确抓住说明对象的特点外，还要合理地安排说明的顺序。合理的说明顺序，有助于充分表现事物或事理本身的特点，也符合人们认识事物或事理的规律。

一、课前导学

分点一：明确说明的对象

1. 具体事物

原来，一切生物都需要食物。食物就是一种能够构成躯体和供应能量的物质，例如碳水化合物（包括糖、淀粉、纤维素）、蛋白质、脂肪等等，它们既能构成躯体，又能在呼吸时被氧化而放出能量。水和矿物质、盐类，虽然也是生物体所必需的，而且也参与躯体的组成，但是它们不能供应能量，跟一般食物不同。

——《食物从何处来》

2. 抽象事理

花香鸟语，草长莺飞，都是大自然的语言。这些自然现象，我国古代劳动人民称它为物候。物候知识在我国起源很早。古代流传下来的许多农谚就包含了丰富的物候知识。到了近代，利用物候知识来研究农业生产，已经发展为一门科学，就是物候学。物候学记录植物的生长荣枯，动物的养育往来，如桃花开、燕子来等自然现象，从而了解随着时节推移的气候变化和这种变化对动植物的影响。

——竺可桢《大自然的语言》

分点二：找准说明对象的特点

设计者和匠师们因地制宜，自出心裁，修建成功的园林当然各个不同。可是苏州各个园林在不同之中有个共同点，似乎设计者和匠师们一致追求的是：务必使游览者无论站在哪个点上，眼前总是一幅完美的图画。为了达到这个目的，他们讲究亭台轩榭的布局，讲究假山池沼的配合，讲究花草树木的映衬，讲究近景远景的层次。总之，一切都要为构成完美的图画而存在，决不容许有欠美伤美的败笔。他们唯愿游览者得到"如在画图中"的美感，而他们的成绩实现了他们的愿望，游览者来到园里，没有一个不心里想着口头说着"如在画图中"的。

——叶圣陶《苏州园林》

分点三：根据说明对象及特点合理运用说明顺序

1. 逻辑顺序

为什么我国的石拱桥会有这样光辉的成就呢？首先，在于我国劳动人民的勤劳和智慧。他们制作石料的工艺极其精巧，能把石料切成整块大石碑，又能把石块雕刻成各种形象。在建筑技术上有很多创造，在起重吊装方面更有意想不到的办法。如福建漳州的江东桥，修建于800年前，有的石梁一块就有200来吨重，究竟是怎样安装上去的，至今还不完全知道。其次，我国石拱桥的设计施工有优良传统，建成的桥，用料省，结构巧，强度高。再其次，我国富有建筑用的各种石料，便于就地取材，这也为修造石桥提供了有利条件。

——茅以升《中国石拱桥》

2. 时间顺序

扬州漆器生产历史悠久，西汉时，即获得高度发展。从扬州市郊出土的汉代漆器就有数十起，不下万余件，其中以彩绘漆器最为发达。宝石镶嵌、金银平贴装饰工艺均已出现。唐代扬州漆器生产已颇兴盛，螺钿镶嵌等工艺逐步成熟并形成特色。到了元代，扬州已逐渐成为全国漆器的制作中心，进入大规模发展时期。点螺工艺的出现，更是熠熠生辉，促进了漆器造型艺术的提高。明清两代，扬州漆器进入全盛时期。刷红雕漆、百宝镶嵌等传统工艺颇为兴旺。

——《扬州漆器》

3. 空间顺序

画面开卷处描绘的是汴京近郊的风光。疏林薄雾，农舍田畴，春寒料峭，赶集的乡人驱赶着往城内送炭的毛驴驮队。在进入大道的岔道上，是众多仆从簇拥的轿乘队伍，从插满柳枝的轿顶可知是踏青扫墓归来的权贵。近处小路上，骑驴而行的则是长途跋涉的行旅……画面中段是汴河两岸的繁华情景……巨大的漕船，舳舻相接，忙碌的船工从停泊在河边的粮船上卸下沉重的粮包，纤夫们拖着船，逆水行驶，一片繁忙景象。汴河上有一座规模宏敞的拱桥，其桥无柱，以巨木虚架而成，结构精美，宛如飞虹。桥的两端紧连着街市，车水马龙，热闹非凡……后段描写汴梁市区的街道。在高大雄伟的城楼两侧，街道纵横，房屋林立，茶坊、酒肆、脚店、肉铺、寺观、公厕等一应俱全。各类店铺经营着罗锦布匹、沉檀香料、香烛纸马，另有医药门诊、大车修理、看相算命、修面整容，应有尽有。街上行人摩肩接踵，络绎不绝，士农工商，男女老少，各行各业，无所不备。

——毛宁《梦回繁华》

4.说明顺序的综合运用

狗的历史可以追溯到四千万年前的始新世。一般认为，现今狗、狼及狐的直系祖先为距今一千多万年前的脱马克（又名"汤氏熊"）。现在一般认为家狗的最早出现是在一万五千年前的中石器时代。我国已发现的最早的家狗化石，是在河姆渡遗址出土的，时间大约为7000年前。史前人驯养狗的原因及过程，现已很难确知。北美印第安人对美尔糜狗的驯养以及澳洲土人对澳洲犬的驯养，大概可以视作史前原始人驯养狗的缩影。原始人居住在野兽之中，靠猎物生存。但是四周的野兽都比人强大，原始人面临艰难困境，寻找"助手"，盖亦亟须。他们发现在洞穴附近徘徊寻食的史前犬类动物（它们与狼、豺有进一步的分化），比其他动物更易于"交往"，也不那么凶猛，性好顺从和群居。于是，原始人便开始与之接触，渐渐地对它们进行了成功的驯养，使其为人服务……狗的种类繁多，达125种以上。现生狗可分为游猎狗、役狗、猎狗、玩赏狗等几大类。狗的用途极为广泛，它可以用来牧羊、救生、看守、搜捕、实验等，甚至还可以用来反坦克。役狗中最负盛名的是牧羊犬。一只优秀的牧羊犬，能看管200多只羊。纽芬兰犬能像蛟龙般地出没在波涛汹涌的大海之中，以搭救落水者为己任……军犬在各类狗中堪称出类拔萃，它一般选用德国牧羊犬。德国牧羊犬集所有猎狗优点之大成，常在军队、公安、边防等重要部门服务。

——李峰《人类最完美的战利品》

二、课前练笔

题目：

你有自己特别熟悉、喜欢的小天地吧？比如你自己的房间、你在教室里的座位、校园里的某个角落等。以"我的小天地"为话题，写一个片段，向别人介绍它，200字左右。

思维建模：

1. 小天地，指个人相对封闭和自足的生活圈子。

2. 小天地有什么鲜明特点呢？是温馨的、古典的、文学的、科技的，太空式、迷彩式，还是公主系、动漫系？可先进行特色定位，取一个名称或雅号。

3. 小天地中有哪些物品可以突显特色呢？可绘制草图，并配以简单的文字说明。

4. 小天地中还有哪些物品可以体现你的兴趣、审美或者文化品位呢？

5. 怎样介绍你的小天地才能达到让别人身临其境的效果呢？

经典展示：

以下两个文段是对故宫博物院的介绍，看看它们是如何介绍建筑物的构造的。

文段一：

紫禁城的城墙十米多高，有四座城门：南面午门，北面神武门，东西面东华门、西华门……走进午门，是一个宽阔的广场，弯弯的内金水河像一条玉带横贯东西，河上是五座精美的汉白玉石桥。桥的北面是太和门，一对威武的铜狮守卫在门的两侧。进了太和门，就到紫禁城的中心——三大殿：太和殿、中和殿、保和殿。

观察视线是从南往北，沿着一条直线。

文段二：

太和殿俗称金銮殿……大殿正中是一个约两米高的朱漆方台，上面安放着金漆雕龙宝座，背后是雕龙屏。方台两旁有六根高大的蟠龙金柱，每根大柱上都盘绕着矫健的金龙。仰望殿顶，中央藻井有一条巨大的雕金蟠龙，从龙口里垂下一颗银白色大圆珠，周围环绕着六颗小珠，龙头、宝珠正对着下面的宝座。

以朱漆方台为定点，视线从方台出发，往左、右及殿顶三个方向延伸。

片段展示：

我的小天地之漫音阁

窗户的右边是一张淡粉色的床，软软的、柔柔的，一躺上去就像是坠入了棉花堆。床头两边各有一个小小的床头柜，左边的柜子上放着一盏台灯和一个手办，右边的柜子上则放着一只晶莹剔透的花瓶，里面插满了玫瑰花，艳而不俗，娇艳欲滴。床的右边是一排乳白色衣柜，打开柜门，五颜六色的漂亮衣服映入眼帘，它们静静等待着我。衣柜的右边还摆放着一架白得发亮的雅马哈钢琴和一张小小的琴凳，每当学习累了，我就弹琴来放松，让修长的手指在黑白键上尽情跳跃、飞舞，毕竟"饮食以养身，音乐以养性"。

窗户左墙边是一张精致的书桌，上面有台灯和文具。书桌左上角有个小小的收纳箱，里面装有许多零食。书桌前正上方是一个悬空的书架，里面摆得满满的，全是书。书桌前当然得配一把舒适的椅子，毕竟每次做作业，一坐就是好几小时，都要靠它呀！书桌旁边摆着好几盆绿植，房间因此变得生机勃勃。绿植上方的墙面上贴满了漫威英雄的海报：金刚狼、蜘蛛侠、绿巨人、奇异博士……英雄情怀充斥我的心间。

点评：

片段主要使用了空间的说明顺序，以窗户为定点，顺着视线依次介绍房间的陈列，运用了大量的方位词，使得介绍井然有序，同时展示出小作者的兴趣爱好，突出小天地的休息、娱乐、学习功能。

三、课中练习

题目：

智能手机、平板电脑、电视机顶盒、无线路由器……我们生活中的科技新产品层出不穷。选择一种产品，写一篇文章介绍它的功能和使用方法，不少于600字。

思维建模：

1. 选取说明对象时，建议选用常用的或熟悉其功能的科技产品。

2. 介绍产品要确定合适的说明顺序，功能和使用方法的介绍更适合以逻辑顺序为主。

3. 运用说明方法，如列数字、打比方、做比较等，更准确、生动地说明产品特征。

习作展示：

平板电脑的三十六变

张 蔓

随着科技的迅速发展，许多科技产品成了我们生活中的爱用品，平板电脑就是其中之一。

（平板电脑是生活中常常使用的科技产品。将熟悉的科技产品作为说明对象，能更详细清楚地说明其功能和使用方法，使行文过程中有话可说。）

与传统电脑相比，平板电脑的外形更加轻薄，它只有一本小册子的厚度，能够轻松地放进背包中，同时也不需要鼠标与键盘，只需用手轻触屏幕，便可自由地在网络世界中遨游。

别看它外形娇小，但内在功能却很强大。外出时，平板电脑中的地图软件可以帮助我们辨别方向；休息时，平板电脑里的视频与游戏软件也能让我们获得暂时的放松；无聊时，我们还可以运用平板电脑进行绘画。

而这些功能当中，最强大的还要属学习功能。平板电脑像一个聚宝盆，埋藏着数不尽的知识宝藏。当我们在学习中产生疑问时，只需要轻轻一点，平板电脑强大的搜索引擎便可以帮助我们快速获得信息。最重要的是，平板电脑能实现无纸化学习，只要搭配智能触控笔，它就能化为随身笔记本，随写随记。如果觉得平板电脑的触屏模式不方便学习，它还可以连接键盘与鼠标，化身为轻便版的笔记本电脑。

（介绍事物的性质、功用等，通常采用逻辑顺序。这里先介绍了平板电脑的外形，再介绍了其内在功能，从现象到本质地对平板电脑进行了说明。在介绍其功能时，先总说其内在功能的强大，再对其休闲、学习等功能进行具体说明，依照了从概括到具体的顺序。）

这样看来，平板电脑像不像一个百变的魔术师？尽管有这么多复杂的功能，但平板电脑的使用方法却很简单。只要是有无线网络的地方，它就有用武之地。当我们需要使用它的某项功能时，只需用指纹或密码打开平板电脑，连接网络，然后打开应用商店，找到需要的软件，点击下载，便能获取想要的功能。

当然，平板电脑也需要"进食"。一旦我们长时间使用它，它的电量便会下降，电池显示也会由白色变成警示的红色，提醒我们该给它充电了。当我们不使用它的时候,为了减少耗电,可以长按屏幕旁的关机键,让它与我们共同进入睡眠。

如今,平板电脑已经悄然无声地融入我们的日常生活。如果我们用它来提升自己,便相当于拥有了一个神奇的百宝箱;但如果我们过分沉溺于平板电脑的休闲功能,它就会变成一只巨口怪兽,将我们的时间吞噬。

(作者在说明时,多次采用打比方的说明手法。如在说明平板电脑既可单独使用,又可连接键盘、鼠标,变成笔记本电脑时,将其比作"百变的魔术师",形象生动地展示了其功能的多样性。又如将充电比作进食,将平板电脑比作百宝箱、巨口怪兽等,都让说明更具趣味。)

四、课后巩固

题目:

你生活在城市还是农村?这几年来,你觉得周围的环境有了哪些变化?原因是什么?以"我周围的环境"为话题,写一篇事理说明文。题目自拟,不少于600字。

思维建模:

1. 明确说明的对象:以周边环境为对象。可明确为家乡环境。

可聚焦家乡在空气质量、绿化、交通等方面的具体变化及原因进行说明。

2. 灵活选用说明顺序。

写变化可以时间顺序为主,再搭配空间、逻辑顺序。

3. 展开联想和思考:对家乡的变化进行思考,升华主旨。

由家乡的变化联想到"我",抒发自己对未来的期许与展望。

写作训练:

(作文格)

五、写作评价

评价指标	评价方式	评价标准		
		是	一般	否
能运用说明顺序较完整地写一篇说明文	自评			
	互评			
	师评			
能条理清楚、顺序合理地写一篇说明文	自评			
	互评			
	师评			
能以一种顺序为主,兼用其他顺序,条理清楚地写一篇说明文	自评			
	互评			
	师评			

八年级下第三单元　学写读后感

泰和县第三中学　刘　莎

导语：

唐代大诗人杜甫曾经说过："读书破万卷，下笔如有神。"言下之意，书读得越多，写起文章来就会越得心应手。其实，读书还能拓宽视野，发展思维能力，所以每读完一本书，我们都要写下自己读书的感悟，才能让每一本书真正发挥作用，成为我们成长旅途中的路灯。今天我们来一起训练写作"读后感"。

一、课前导学

分点一：感的概念

首先，读后感是承接关系的短语，要先读，然后才能有感而发，不能闭门造车。其次，"读"是广义的，不仅仅是读书，也可以是看报、看电影、看电视、听音乐、欣赏美术作品等。只要能通过感官来感受到社会文化现象，触动你的心灵，进而引发你的感慨，把它写出来就是感。最后，"读后感"这个词还存在重心偏移问题，偏在后，重在感。读，考察的是概括能力；感，检测的是思考能力与表达能力。

分点二：感的精髓

读后感的精髓在于读千遍万遍也不厌倦，也就是"情人眼里出西施"。如何才能做到呢？首先，要用心、用真情去感受对象；其次，这感悟对象还得是你中意的；再次，得千遍万遍地感触，读出其中的滋味；最后，就是得把它写出来，大方地展示在人们面前。

分点三：感的原则

所感可以正面褒扬，亦可以反面批评，但必须有感而发，绝不无病呻吟。

分点四：感的形式

读后感的形式可以个性化。

范例展示1：

案件回顾：平民许霆趁ATM自动取款机的系统出故障——取出一百元却显示仅取出一元，而恶意提款十七万元潜逃，被判处无期徒刑。有不少人认为许霆无罪，此损失完全应由银行自行承担，甚至把许霆推崇为心目中的英雄、批判社会的领头羊……如果把这个现代案件放到中国古代来审，又会……

知县（"啪"一拍惊堂木）：传许霆！

——伍音璇《知县审案记》

穿越回古代，衙门审案这种形式的读后感让人眼前一亮。

范例展示2：

近在咫尺却始终有缘无分的石头和水，由卒姆托宽厚的手掌温柔地把它们完美地融合在一起。

从外观看瓦尔斯温泉浴场，它理性得有些突兀，毫无变通的几何线条，强烈对比的色彩与柔和的绿色山谷似乎格格不入，但这正是卒姆托的自信，建筑师与他的作品像遗世独立的一对爱人，只将自然和亲密献给对方，不为取悦更多的人。

升腾的雾气模糊了眼前的线条，旁边的一切都推到了阴影里，似乎可以听到不同的回声：宁静、原始、深思、永恒的低语。

——喻儿《我最欣赏的一种建筑》

这样的建筑令人神往。

范例展示3：

画的名字叫《一部电梯卡住了我的人生》：一个电梯轿厢的背景和一个抢眼的主人公。

这个满脸沧桑、衣着不整的中年人竟是杂志社的经理。那天他实在太卖力了，若干个小时的加班后，筋疲力尽地走进电梯，还不幸地被困在了里面。轿厢压抑得让人喘不过气来，他费了九牛二虎之力才撬开电梯门，却怎么也迈不动自己的腿了，瘫坐了下来……看似简单的短线条突显了他厚重的眼袋和蒙在脸上的灰尘。画家还给他扣了一顶帽子，盖住了杂乱的毛发，遮住了紧锁的双眉，眼里透出的一切在阴影下迷蒙成了一个谜。

——黄志浩《我最欣赏的一幅画》

虽然这不是一幅名画，但魅力无穷。

分点五：感的写法技巧（感—引—议—联—结）

1. 读好原文，选准感点

①由感的概念和感的精髓可知，"读"是"感"的基础。走马观花地读，可能连原作讲的是什么都没有掌握，哪能有"感"？读得肤浅，当然也感得不深。只有读得认真，才能有所感，并感得深刻。

一个作品，可以读出许多感点，但在一篇读后感里只能论述一个中心，切不可面面俱到，所以紧接着便是对感点进行筛选比较，找出自己感受最深、角度最新、现实针对性最强、自己写来又觉得顺畅的一个感点，作为读后感的中心，然后加以议论成文。

②你可以抓住原作的中心思想写，也可以抓住文中自己感受最深的一个情节、一个人物、一句闪光的话来写。最好是突出一点，深入挖掘，写出自己的真情实感。总之，感受越深，表达才能越真切，文章才能越感人。

2. 抓住感点，引述得当

①明确感点之后要抓住感点，引述内容。"引"的目的是交代"感"从何而来，并为后文的议论做好铺垫。

②如何适当引述？首先要围绕感点引述，其次读后感中的引述要简单扼要，它不要求"感人"，只要求能引出事理。感受较深的部分可以直接引述，也可加以概括，或间接引述。

3. 联系实际，注意联想

写读后感的重点是联系实际发表感想。我们所说的联系实际范围很广泛，可以联系个人实际，也可以联系社会实际；可以是历史教训，也可以是当前形势；可以是童年生活，也可以是班级或家庭状况。但最主要的是无论怎样联系都要突出时代精神，要有较强的时代感。

4. 总结思路，完成写作

结尾可总结全文，可首尾呼应，或重申观点，或提出希望。

习作展示：

陪伴，是最明亮的温情

——读《傅雷家书》有感

偶然机会读到一本名著导读中《傅雷家书》的选文，我被傅雷情深意切的语言深深地打动了。（感点）

"这种精神消沉的情形，以后还会有的。我是过来人，决不至于大惊小怪，你也不必为此担心，更不必硬压在肚里不告诉我们"，(引)这哪里像是对异国他乡长久不能见面的儿子说话，倒更像是对一个近在身前的儿子掏出一颗心来，那质朴的语言中蕴含着一份如山的父爱。(议)我爱不释手地读完了节选的这封书信。

然后，我就迫不及待地想进一步认识这位伟大的父亲——他是如何通过书信的方式传递出一段跨越千山万水的深情！

我很快找来《傅雷家书》这本书如饥似渴地读了起来。随着越来越深入地阅读，"良师益友"和"多年父子成兄弟"的词句在我的脑海里不断地蹦出来。记得傅聪在克拉科夫举行的两场音乐会结束后，面对听众热情的拥抱与高度的赞誉，不禁心潮澎湃，在信中写道："能够使人家对我最爱的祖国产生这种敬仰之情，我真觉得幸福。"仅仅是简单地抒发感情，却引发了傅雷深刻的思考："赤子孤单了，会创造一个世界。"(引)傅雷对孩子苦心孤诣的教导态度，也正如傅雷对待其他工作一般，他以高度负责的精神与心力，对社会、祖国和人类世界尽自己的责任。"永远保持赤子之心，永远能够与普通天下的赤子之心相接相契相抱！"(引)这是对中国音乐演奏事业的诠释，是对浓烈的爱国情感的抒发，也是对人生真理的阐明。(议)

读着那一封封书信，读着那一句句睿智理性的问候，一幅幅温馨的画面如电影镜头般在我的眼前闪现。在傅聪二十多年的海外生活中，他经历了喜怒哀乐，低谷和辉煌，作为父亲的傅雷一直用书信的方式和儿子交流，谈生活，谈音乐，谈交友，谈爱情，谈做人……

万水千山也无法阻隔这种陪伴，直至傅雷离开这个世界。其实，他并没有离开，至少在傅聪心中，至少在喜爱他的读者心中，他从未离开。那一封封书信给我的震撼如同海上涨起的潮水——汹涌澎湃，经久不息。(议)

这也让我想到了史铁生的母亲。(联)当儿子遭遇不幸时，当儿子的命运被紧紧地摁在黑暗中时，她承受着常人难以承受的不能说出的痛苦，总是陪伴在儿子的身后，以静默的方式，以最大的努力陪伴儿子走出人生的低谷。史铁生终成著名作家，其实，他的每一处车辙里，都有他母亲的脚印，他的每一次眺望，都有一个身影，身影的背后写着"陪伴"。

这又让我想到了《父亲的油菜花》这篇小说。(联)在物资匮乏的年代，面对即将失学的儿子,目不识丁的老父亲只能用灌入自己思想的油菜花在儿子激荡的脑海中沉淀,一直激励和陪伴着儿子的一生。刹那间,我脑海中浮现了瘦弱却又坚强的父亲,他无声的陪伴,丝丝缕缕,如阳光如雨露,不曾远离。

然而,在人类社会高速发展的今天,一些父母在陪伴孩子成长的过程中,却渐渐隐身,以至于缺失。(联)如此,许多孩子在健康成长的人生道路上越走越远。我想说:只有陪伴才能洞察孩子内心的真正需要,才能及时发现并纠正孩子人生成长轨迹的偏差啊。

愿天下的父母儿女们,都来读一读《傅雷家书》吧,让陪伴的温情,在两代人之间明亮起来,在我们每一个人的心中,明亮起来。(首尾呼应,深化感点)

二、课前练笔

题目:

下面是一位同学写的《核舟记》读后感的提纲,请你把"联"这部分内容补充完整。

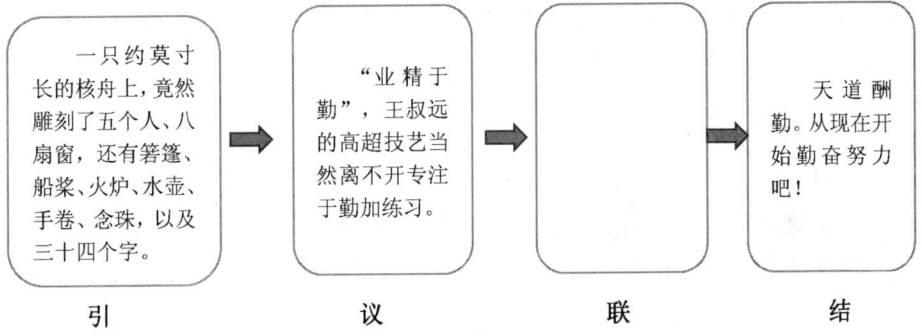

引　　　　　议　　　　　联　　　　　结

范例展示1:王羲之与墨池

王羲之是东晋有名的书法家。他每天坚持练字,练完后就在家边的一口池塘里洗笔。这样日复一日,整口池塘的水竟被染成了黑色,像墨一般。于是,人们把这口池塘叫作墨池,也叫洗砚池、洗笔池。

点评:

王羲之付出了汗水才实现了自己的理想,天道酬勤。

范例展示2:达·芬奇画蛋

达·芬奇在很小的时候就非常喜欢画画,于是父亲就把他送到欧洲的艺术中心佛罗伦萨,拜著名的画家和雕塑家韦罗基奥为师。韦罗基奥是个非常严格的老师,学习的第一天,他让达·芬奇画蛋,让他横着画,竖着画,正面画,反面画。达·芬奇画了一天就厌倦了,但是老师却一直让他画蛋,画了一天又一天。达·芬奇想:画蛋有什么技巧呢?于是向老师提出了疑问。韦罗基奥回答:"要做一个伟大的画家,就要有扎实的基本功。画蛋就是锻炼你的基本功啊。你看,1000个蛋中没有两个蛋是完全一样的。同一个蛋,从不同的角度看,它的形态也不一样。通过画蛋,你就能提高你的观察能力,就能发现每个蛋之间的微小的差别,就能锻炼你的手眼的协调,做到得心应手。"达·芬奇听后觉得很有道理,从此他更加认真地学习画蛋,天天对着蛋画,努力将各种绘画技巧融于其中。经过长期勤奋艰苦的艺术实践,达·芬奇终于创作出许多不朽的名画。

点评:

向上的道路都是枯燥的,唯有勤奋,方不负已。

范例展示3: 爱迪生一生有一千多项发明,他为了发明电灯,阅读了大量资料,光笔记就有四万多页。他试验过几千种物质,做了几万次实验才发明电灯。

点评:

天才源于勤奋。我们作为凡人更应如此。

三、课中练习

题目:

认真反复阅读朱自清的《背影》,写一篇读后感。

思维建模:

1.《背影》这篇课文主要写了什么?

《背影》中,作者抓住背影这一独特视角来抒写一位父亲对儿子至深的爱,字里行间却洋溢着独特的伤感。家中光景惨淡,又遭突变,父亲却依然默默地关爱着儿子。在火车站,父亲买橘子的背影,爬上月台的背影,深深地烙在我们每个人的心中。尤其在父亲临走时,在来来往往的人群中留下了那一道肥胖的青布棉袍、黑布马褂的背影更是令人心酸,引人共鸣。

2.这篇课文给你最大的感受是什么?

读了这课文,可以看出朱自清对未能及时读懂父爱而深感惭愧与感动,对老境颓唐的父亲的深深牵挂与怀念。父母爱之深,无法用言语形容。

3.对于父亲的这个背影你能有什么联想和感动之情?能用来证明自己的

感点吗？

4.全文构思部分哪些应该详细写？题目又应该如何拟定？

习作展示：

感恩与怀念
——读《背影》有感

在记忆深处，总抹不去朱自清的《背影》，他细腻的文笔看似平淡却令人刻骨铭心，像云絮轻轻划过天际，留下永远拭不去的痕迹。（运用比喻修辞，点明《背影》对作者影响很深。）

浓浓的父爱，让人深深地怀念。（明确感点。）在《背影》中，一位父亲对儿子至深的爱，在朱自清笔下却洋溢着独特的伤感。家中光景惨淡，又遭突变，父亲却依然默默地关爱着儿子。在火车站，父亲买橘子的背影，爬上月台的背影，深深地烙在我们每个人的心中。父亲面对贫苦的家境，在一个人挑起这个支离破碎的家庭的同时，对儿子更是爱护有加。当作者去北京求学之时，年迈的父亲还执意把作者送到北去的月台，临走时，留下了那一道耐人寻味的背影。（用自己的话概括，引述得当。）

那是一道爱的背影，温暖着每位读者的心房，也触动着每个儿女最柔软的情感芳草地。

读了《背影》，我想起了一位母亲。那也是一道爱的背影，在推开现实大门的那一刻，我们被深深地震撼！那是一场史无前例的大地震，山崩地裂！汶川，一个让人听到便无限悲痛的地方。有多少父母，为了儿女的安危，留下了那一个个壮丽的背影。在楼房塌陷的那一刻，一位母亲用自己的身体护住了仅有15个月大的孩子。她用精神肉体筑成了一座坚不可摧的堡垒。沉重的水泥板、石块砸下来，她纹丝不动。更让人惊异的是，孩子竟在母亲的庇护下安静地睡着了！母亲最后留下的背影，那样艰难却又那样坚强，守护着她身下挚爱的幼小生命。这是生命中最亮丽的背影，留给世人最伟大的母爱芬芳！（切合实际联想，紧扣感点。）

背影，无数的背影。抗洪抢险时，一个又一个默默无闻的人民子弟兵在洪水泛滥的生死关头，日夜兼程赶赴灾区。他们轻轻地来，默默地走，不留下一个姓名，只留下一个个在洪水中奋勇拼搏的背影，那样疲倦却又那样巍然的背影，筑起一道坚不可摧的精神长城！（联想）

背影,静静地来,悄悄地去。无论是大是小,是崇高是卑微,都凝聚了水乳交融般的真挚情感,那是自然赋予人类最美的情感——爱!(总结全文,重申感点。)

四、课后巩固

题目:

仔细阅读《小石潭记》,并写好一篇不少于600字的读后感。

思维建模:

1.《小石潭记》中哪些内容可以作为你的感点?针对这些感点又能展开怎样的议论?

①"伐竹取道,下见小潭,水尤清冽。全石以为底,近岸,卷石底以出,为坻,为屿,为嵁,为岩。青树翠蔓,蒙络摇缀,参差披拂。"小石潭只是一个普通的小水潭,但在作者笔下却分外幽美。

②结合背景知作者是怀着被贬的忧伤出游,但小石潭的"清冽之水"和"快乐游鱼"让他暂时忘记了尘世的烦恼。

③仕途失意的柳宗元用他那充满诗意的眼睛发现了小石潭,用他那轻快灵动的笔触描绘了小石潭的美。

2. 根据感点你能有什么联想?这些联想能用来证明自己的感点吗?

①"小石潭只是一个普通的小水潭,但在作者笔下却分外幽美"可联想成,生活中不是缺少美,而是缺少发现美的眼睛。

②"结合背景知作者是怀着被贬的忧伤出游,但小石潭的'清冽之水'和'快乐游鱼'让他暂时忘记了尘世的烦恼"可联想成,自然山水可以抚慰我们受伤的心灵,自然就是我们最亲近的朋友。

③"仕途失意的柳宗元用他那充满诗意的眼睛发现了小石潭,用他那轻快灵动的笔触描绘了小石潭的美"可联想成,柳宗元失去了朝廷的器重,却得到了文学的青睐,给后人留下了脍炙人口的《永州八记》。这正是"失之,得之"。

3. 如何能做到总结全文、升华主题?

4. 读后感的题目拟定,如何才能更有新意?

可以是"读《小石潭记》有感",也可以是"《小石潭记》读后感",还可以是"×××——读《小石潭记》有感"。

写作训练：

（作文格）

五、写作评价

评价指标	评价方式	评价标准		
		是	一般	否
引述原文是否得当	自评			
	互评			
	师评			
感点选择是否准确	自评			
	互评			
	师评			
联系实际是否生动贴切	自评			
	互评			
	师评			

八年级下第四单元　撰写演讲稿

泰和县第三中学　胡华平

导语：

同学们，在平时的学习和生活中，当我们聆听完了一场充满激情的公开演讲后，是不是内心也会涌起一种冲动，也很想把自己心中的话大声地说出来呢？好，那就让我们一起来，一起走上台，大声地演讲吧！

要进行一次成功的演讲，首先要把演讲稿写好。那么，怎样写好演讲稿呢？我们这次的写作训练就是来学撰写演讲稿的。

一、课前导学

分点一：要有针对性，做到"心中有听众"

要充分考虑听众的年龄、身份、文化程度、心理需求等，以此来确定演讲的主题、内容和语言风格，这样才能做到有的放矢。

……在座的同学也许发现刚进大学时，还和曾经的高中同学没什么差异，也许你们高中45个同学，有的去了清华、复旦，有的去了南昌大学，有的去了财大，那是什么让你们在4年后发生如此大的变化？第一是学校的专业设置，让你们用专业思维看世界。但是你们有没有用你们的眼光看待、分析世界呢？人的成功也取决于思维方式的成功，一个思维方式不断学习变化的人会更强，一个人云亦云的跟随者则不强，一个人的收入和社会地位等因素跟你的不可替代性成正比，一定要让自己成为不可替代性更高的人。独立的人格和独立的思维方式不可替代。我们总是想做到和别人一样，但是你能做到令别人无法和你一样吗？比如我们干新闻的，每天围绕不超过5个的网站找选题，新闻不再有独家占有的可能，拼的是在传播发布新闻中你是否具有独特的吸引力，这就是挑战，这就是竞争。

——白岩松在江西财经大学的演讲（节选，有删改）

分点二：注意写好开头，吸引听众的关注

演讲开头的方式有很多种，可以从问候或感谢语开始，拉近与听众的距离；可以由演讲的缘起、现场的氛围等引入正题；可以开门见山，直奔主题；还可以提出问题，引发思考。本单元所选的几篇演讲词开头各有特点，但都能快速"抓住"听众，值得在写作中效仿。

同学们好！今天的我看上去是不是有点憔悴？原因一会儿大家就知道了。

最近网上盛传，有一个老师，她对央视记者这样说："我要办一所免费的女子高中，把山里的女孩子都找来读书，这是我的梦想。"这是云南丽江华坪女高的张桂梅老师，"乞讨"5年，修建学校。前后12年时间，她的学校共有1645个女孩考上大学。

这就是我憔悴的原因，她让我想到我儿时的梦想，只是她实现了，我还没有。

——《我的梦想——帮助贫困女孩改变命运》

分点三：明确表达观点，把思路展现出来

听现场演讲与读文章的不同在于，听众无法像读者那样反复阅读，慢慢思考。因此，写演讲稿时要注意提高自己观点和思路的"辨识度"，除了观点要明确外，尤其要注意用提示性词语、关联词语和过渡性语句来提示自己的思路，将其更直接、更清晰地呈现出来，不要过多地让听众去揣摩、分析。

分点四：精心设计结语，提升演讲的效果

在演讲稿的最后，可以重申观点，加深印象；也可以提出号召，鼓舞人心；还可以幽默调侃，逗大家一笑。好的结语能有效调动听众的情绪，或将他们的思考引向深入。

只要你们有一个坚定的信念，永不放弃的精神，在机会还没有到之前，你一定要保持一个最佳的状态，等待那个机会的来临。当机会来临的时候你要好好抓住它，紧握它，不要放弃，去把它放大，全力以赴去放大它，我相信你们都可以当一个成功的梦想实现家！

——《做一个梦想实现家》

我知道今天在场的许多人家境都特别好，你们很幸运，那么你愿意来帮助我们的贫穷女孩吗？我也知道，今天在场的也有一些家境贫困的女孩，我想告诉你们的是，我们不能选择出身，但是我们可以选择改变自己的命运，别放弃，努力向命运抗争,相信绝壁可以开出生命的花来。希望我们在一起,改变命运!你愿意吗?愿意的,请举起你的手,谢谢你们,感谢你们!

——《我的梦想——帮助贫困女孩改变命运》

分点五:着力锤炼语言,增强演讲的感染力

演讲稿的语言可以有不同的风格,或庄重严肃,或轻松活泼,但总体来说应该尽可能体现口语化、大众化的特点,尽量避免使用听众不熟悉的文言、方言或生僻词语;多用短句,少用结构复杂的长句。

其实,人跟人之间啊,我在你们生命当中出现,就是一个匆匆的过客。我今天想要来分享的呢,是一个我的人生经验,跟我人生的一点干货。比如说,如何在四个月的时间内完成接近四十斤的减肥。

对,你看!一聊到减肥这个话题,那个姑娘马上就不玩手机了!

——易小星《我和自卑的战斗史》

我也刚满30岁。然而之后我却被公司炒了鱿鱼。怎么会有人被自己创立的公司炒了呢?……而我在而立之年被当众扫地出门。突然,我人生的重心不见了,这对我是非常沉重的打击。

最初的几个月里,我不知所措。我甚至都想干脆离开硅谷一走了之。但我又渐渐意识到,我对事业的热爱没有改变。我的意外出局并没有动摇我的热爱。虽然被拒绝,但我心依旧。所以我决定从头再来。

我当时没有察觉,但是回头看被苹果炒掉,其实是我一生中最有意义的事。成功的巨大压力变成了新人接受挑战的轻盈,不再受固有思维羁绊。我轻盈地进入了我人生中最具创造力的时期。

——乔布斯在斯坦福大学的演讲

分点六:善用修辞手法,展现语言魅力

还可以通过词语的精心选用和比喻、拟人、排比、对偶、设问、反问等修辞手法的巧妙运用来增强语言的表达效果;有意识地锤炼"金句",给听众以深刻的印象。

二、课前练笔

题目一:

请你为自己竞选班干部写一段竞选演说的开场白。

思维建模：

演讲的开头是给听众的第一印象，要先声夺人，开始就控制住听众的情绪，营造一种气氛。开头要找好演讲的切入点，这样才能使演讲内容新颖，构成独特的视角。

演讲稿开头示例：

各位同学：

大家好！有幸走上讲台参加竞选，我激动、感动但不会冲动。瞧我一头简洁的运动短发，一身宽松的运动服，一双高弹力运动鞋，干净利落吧。这模样当班长太风风火火，做学习委员嫌冒冒失失，任文娱委员又恐缺少内涵……但是当你们脑海中闪过"体育委员"四个字时，你们不觉得眼睛为之一亮，胸襟为之一阔吗？咱这"造型"绝对的"标准"，不，简直就是"经典"！（用幽默的竞选独白"自嘲"，收放自如地调动了听众的情绪。）

题目二：

请你为以"爱心"为主题的演讲稿写一段结尾。

思维建模：

结尾是演讲内容的收束，它起着深化主题的作用。演讲稿的结尾可以用感谢、展望、鼓舞、倡议、号召等语句作结，使演讲能自然收束，给人留下深刻印象。

演讲稿结尾示例：

爱心也许是那天上缥缈的云，虽然我们看不到它，摸不着它，但它时时刻刻在我们身边，向我们诉说着一个个伟大的故事。爱的心田是我们心中那永远洁白无瑕、自由而充满欢笑的相互帮助，使人与人之间架起了一座桥，是它让我们更能相互了解沟通。我们的整个世界充满着爱，让我们的爱充满整个世界。（总结演讲主题，并发出呼吁，收束自然；语言生动、形象、有趣，富有感染力。）

题目三：

假如你的演讲在比赛中获奖了，学校邀请你上台领奖并发表感想，请尝试抒发自己的获奖感悟。

思维建模：

撰写演讲稿要注意提高自己观点和思路的"辨识度"，除了观点要明确外，尤其要注意用提示性词语、关联词语或过渡性语句等来提示自己的思路，将其更直接、更清晰地呈现给听众。

演讲稿范例：

<h2 style="text-align:center">摘下属于自己的星</h2>

各位老师、各位同学：

　　大家好！站在这个领奖台上我倍感荣幸，很感谢大家对我能力的认可，让我有了自信。

　　从这次比赛中，我收获了三个关键词：勇气、坚持和感恩。

　　（先整体上点明从比赛中获得的感悟，提纲挈领，让听众心中有数。）

　　第一个关键词是勇气。列夫·托尔斯泰曾说："勇气是智慧和一定程度教养的必然结果。"刚得知要参加演讲比赛时，我是害怕的。我既害怕自己表现不好，丢了脸，也害怕得不到好的名次，更害怕自己从此以后丧失信心……最后在收到老师写的鼓励的小纸条时，我终于点了头："一定要参加，不管得奖与否。"那一瞬间，勇气在我心中绽开了花。

　　至今仍记得，候场时我本能地又想退缩，拿着演讲稿的手止不住地哆嗦。但箭在弦上，无法回头。等到主持人报完幕，我缓缓走上台，望着观众的眼睛，心怦怦乱跳，右手紧紧捏着衬衫下摆。开口只说了一句话，颤抖的音调更让我心慌。我深吸一口气，脑子里快速回顾了一下演讲稿内容，逐字逐句地说起来，也越来越进入状态。

　　第二个关键词是坚持。备赛过程中，我遇到了许多困难，特别是在演讲稿的打磨上。我甚至一度怀疑，是不是我的写作能力太平庸，这稿子怎么读来都显得干瘪，连自己都感动不了，怎么感动别人呢？面对演讲稿，我哭了许久。可一想到曾经的那份决心，我就打消了放弃的念头。我反复查阅资料，反复请教老师，反复修改……尽管骆驼走得慢，但是它终能到达终点；尽管我缺少天赋，但只要坚持，总有成功的时候。

　　第三个关键词是感恩。我感恩在那个无助哭泣的夜晚，打来安慰电话的老师；感恩这段时日里充当演讲教练的父母；也感恩自己当初有勇气接受这份挑战，并且坚持了下来；最后感谢所有认可我的人，包括台下的你们，哪怕我自觉实力不够，你们仍给予了我莫大的信心。

　　（以三个关键词来表达获奖后的感想，逻辑清晰、层次分明，既展现了"我"在这次经历中的成长与收获，也向帮助"我"的人表达了感谢之情。特别是关于比赛前的心理状态的描述，既显真诚，又达到了很好的共情效果。）

我深知,这次获奖只是对我过去的肯定,并不代表我的将来。在接下来的路上,我会拼尽全力,用汗水浇灌出自己的青春之花。我相信,厚厚的阴霾背后,总会有璀璨的星辰,我应该为之努力,去摘下那一枚属于自己的星星!

(结尾表达对未来的展望和期许。语言富有感染力。)

三、课中练习

题目:

撰写演讲稿,要体现出演讲的特征。现在,请拿起笔来,以"书香,伴我成长"为话题,自己尝试着撰写一篇演讲稿,不少于600字。

思维建模:

1. "书香"对人成长的重要性,即阅读的重要性是什么?(态度要明确、观点要鲜明)
2. 不同阶段、不同书籍的阅读给你成长带来的影响?(思路要清晰)
3. 注意写好开头和结语,吸引听众的注意,提升演讲的效果。
4. 着力语言的锤炼,增强演讲的感染力。

习作展示1:

我与《红楼梦》的这些年

各位朋友:

高尔基曾说:"书籍是人类进步的阶梯。"莎士比亚说:"生活里没有书籍,就好像没有阳光;智慧里没有书籍,就好像鸟儿没有翅膀。"书,是知识的源泉,它照亮成长之路,让我们振翅翱翔。今天站在这里,很荣幸能为大家分享我的读书故事。

(开篇引用名人名言,掷地有声地指出阅读的重要意义;语言生动简练,很有感染力。)

我曾在很小的时候看过《红楼梦》的戏剧。那时,五彩的戏服,姑娘们身边"灿烂绽放"的几朵绒花,就已让我如痴如醉。回家后,我便翻出了家中收藏的《红楼梦》。书中的插图和半文半白的文字好似海市蜃楼,让我琢磨不透但又觉得很美。那时,《红楼梦》于我而言,只是一轴美丽的画卷。那淡淡的书香,在成长旅途中时常浮现,给我陪伴的慰藉。

小学六年级时,电视台又开始重播《红楼梦》了,我再次翻开这本萦绕心头的书。触及书页,我忽觉儿时观插图的急切竟不再,对文字理解的渴望盖住了对插画的欣赏。书中的一切,对我充满了吸引力,我沉浸在书中一段段隽永而细腻的描写中,只觉书香越发浓郁。

完整地再品《红楼梦》,又是几年匆匆而过。我不再停留于细微的描写,而是尝试去理解整本书。我心血来潮为它梳理脉络,甚至绘出了大观园的一花一木。这时我才猛然发现,贾府的兴衰,人物一生的起起伏伏,那个时代隐晦而缓慢的变迁,都隐匿在曹公宏大的格局和巧妙的构思之中。

离完全读懂《红楼梦》还有很远,但每次重读,它都能在我心中刻下痕迹。《红楼梦》的精髓品之不尽,这书香已深深浸润在我的人生中,引领我成长。我开始广泛地将阅读的触角往外延伸,书籍,正在不断地丰盈着我的内心。

(选择读《红楼梦》的经历和体验,来呈现"我"在不同的人生阶段阅读时的不同体会和收获。小时候读《红楼梦》是痴迷精美的插图,书香是浅淡的;后来,随着阅读体验的层次不断提升,拓宽了阅读视野,书香已然浸润到了灵魂深处。)

这就是我与《红楼梦》的这些年。书香并不是扑面而来的浓香,而是韵味悠久、沁人肺腑的幽香。所以,拿起书来吧,让书香充盈你的人生,让它陪伴、见证、引领你的成长。踏上与书香同在的路吧!

(再次点出自己在成长中与书籍相伴的体验,随后发出号召,收束演讲,铿锵有力。)

习作展示2:

感恩父母心

亲爱的老师,同学们:

大家好!

首先我要感谢让我参加这次活动的所有人。今天我演讲的题目是《感恩父母心》。

孝,其为人之本也。一个人只有懂得感恩父母,才能更好地感恩他人,感恩社会。亲爱的同学们,你们想过没有?从我们出生到现在,那个被我们称为母亲、称为妈妈的人,为我们做过什么?

当你1岁的时候,她喂你喝奶并给你洗澡;而作为报答,你整晚地哭着。

当你3岁的时候,她怜爱地为你做菜;而作为报答,你把一盘她做的菜扔在地上。

当你 4 岁的时候,她给你买下彩笔;而作为报答,你涂了满墙的抽象画。

当你 5 岁的时候,她给你买了漂亮的衣服;而作为报答,你穿着它到泥坑里玩耍。

当你 7 岁的时候,她给你买了足球;而作为报答,你用足球打破了邻居家的窗户玻璃。

当你 9 岁的时候,她付了很多钱让你学习钢琴;而作为报答,你常常旷课。

当你 11 岁的时候,她陪你还有你的朋友们去看电影;而作为报答,你让她坐到另一排去。

当你 13 岁的时候,她建议你去把头发剪了,而你说她不懂什么是现在的时髦发型。

当你 14 岁的时候,她付了你一个月的夏令营费用,而你却整个月都没有打一个电话给她。

当你 15 岁的时候,她下班回家想拥抱你一下,而你转身进屋把门锁上了。

当你 17 岁的时候,她在等一个重要的电话,而你却抱着电话和你的朋友聊了一晚上。

当你 18 岁的时候,她为你高中毕业感动得流下眼泪,而你却跟朋友在外聚会到天亮。

当你 19 岁的时候,她付了你的大学学费又送你到学校,而你要求她在远处下车,怕同学看见会笑话……

这就是母亲为我们做的事情,当然,母亲为我们做的还远远不止这些!"滴水之恩,当涌泉相报",亲爱的同学们,那么我们回报给父母的又是什么呢?你是否在他们劳累一天后为他们递上一杯茶,送上一双拖鞋?是否为他们洗过一件衬衣,哪怕一双袜子?你是否察觉到父亲那已经微微驼了的背,母亲那满脸的皱纹、缕缕的银发?

亲爱的同学们,让我们一起珍惜父母在身边的日子吧!在我心中,父母一直都是我的奇迹!不要等到我们失去他们的那一天才发现,我们不曾做的还有很多很多……让我们从现在开始学会感恩吧。真心地为父母做些事情,哪怕捶捶肩、洗洗碗,哪怕陪他们散散步、聊聊天,哪怕给他们唱段曲子、讲个笑话!让我们一起将这份感恩之心延续,我想父母的冬天将不再寒冷,黑夜将不再漫长,幸福快乐将常常陪伴在他们身旁!

在此,我祝愿天下所有父母安康、快乐!

(作者通过小细节、小感触成功地将平凡生活升华到了父母伟大的爱,用语朴实,但是处处动人心弦。对一篇感恩类演讲稿来说,不需要很多故事去打动听众,而是要说出自己的故事,让回忆成为演讲稿中的事例。所以这篇演讲稿虽然平凡朴素,带给我们的却是无尽的感动,它让每一个听到这篇演讲稿的人都会情不自禁地想起自己的父母。)

四、课后巩固

题目:

请以"我的梦想"为话题,尝试着撰写一篇演讲稿,不少于600字。

思维建模:

1. 你的梦想是什么?

2. 为什么会有这个梦想?哪些事促使你产生了这个梦想呢?列举你看到的、听到的或者经历的事。

3. 你为梦想做了什么?

写作训练:

(作文格)

五、写作评价

评价指标	评价方式	评价标准		
		是	一般	否
演讲稿针对性是否强	自评			
	互评			
	师评			
观点是否明确、思路是否清晰	自评			
	互评			
	师评			
开头和结尾是否有讲究	自评			
	互评			
	师评			

八年级下第五单元　学写游记

泰和县第五中学　肖莉萍

导语：

　　游记，即描写游览中的见闻和经历，并表达自己思考和抒发情感的记叙性散文。写游记可以让作者开阔眼界，增长见识，陶冶性情，了解现实，也能让读者跟随作者的脚步，去领略山河之雄奇，品味语言之优美，了解历史之悠远，仰望文化之璀璨，感受思想之光芒。

　　写作游记要关注三个要素：所至、所见、所感。所至，即游踪，是游记的提纲；所见（所闻），即游记游览过程中目睹耳闻的自然风景和人文风貌，是游记的主体；所感，即由见闻引发的思考和感受，是游记的点睛之笔。好的游记不仅要有序地安排这三要素，更要合理地综合运用这三要素。

一、课前导学

分点一：总写所感，概括特征

我只觉得阿里山的风光美如画。

——《阿里山纪行》

啊！壶口，在你的怀抱里我陶醉了。

——尧山壁《陶醉壶口》

在成都走一遭。一座城，就是一种文化。

——《在成都走一遭》

分点二：交代所至，明确游踪

　　清晨时还很大的兴趣，却渐渐被漫长的旅途磨损了……车一停，我们便迫不及待地跳下去，快步走下岩磴，跑过石滩，来到面对瀑布的巨岩边……我默立在瀑布面前，被这气势这风采惊得目瞪口呆……我走到高处观察壶口的构造。

——尧山壁《陶醉壶口》

以作者的行走路线为游踪。

中午12点，出租车便停在了瘦西湖门口。满城风雪，人烟稀少……进了景区大门，沿着铺满积雪的长堤一直走，五亭桥出现在眼前……过五亭桥，穿过暗香浮动的徐园，我徐徐走上二十四桥……离开二十四桥，绕过小金山，离开瘦西湖。

——《雪后瘦西湖》

以景区的转换为游踪。

上午十点，我和妹妹从清音阁出来之后，便横穿一线天，直抵猴区……看完猴子，我们意犹未尽地在峡谷中徒步游，上上下下跃过几万级石阶，最后夜宿洗象池……一路向上，直到下午两点，终于登上了金顶。

——章玲佳《又见峨眉山》

以时间地点转换为游踪。

前往勃朗峰的途中，我们先坐火车去了马蒂尼，翌日早晨八点多，便徒步出发。路上有很多人结伴而行，乘坐马车的，骑骡的——因而扬起阵阵尘埃。队伍分散开去，络绎不绝，前后长达一英里左右。路为上坡——一路都为上坡——且相当陡峭。天气灼热难当，乘坐在缓慢爬行的骡背之上和辚辚移进的马车里的男男女女，焦炙于火辣辣的艳阳之下，真是可怜可悯。我们可在树林中避暑纳凉，稍作（做）歇息，可那些人不行。既然花了钱坐车，就一定要使他们的旅行物有所值。

我们取道黑首，抵达高地，沿途不乏秀色美景。有一处需经隧道，穿山而过；俯瞰脚下峡谷，只见其间一股清流急湍，环顾四周，岩壁巉峻，丘岗葱绿，美不胜收。整个黑首道上，到处瀑布倾泻，轰鸣作响。

抵达阿冉提村前约莫半小时，在一道呈V字形的山口中间，一座巨大的白雪穹顶骤然映入眼帘，日照其上，光艳耀目。原来我们已目睹了被称为"阿尔卑斯之王"的勃朗峰。我们拾阶（级）而上，威严的穹顶也随之愈升愈高，耸入蓝天，最后仿佛独踞苍穹。

——[美]马克·吐温《登勃朗峰》

分点三：抓住特点，描写景物

在逗留高地、向山下的阿冉提村进发之前，我们曾仰面遥望附近的一座峰巅，但见色彩斑斓，彩霞满天，白云缭绕，轻歌曼舞，那朵朵白云精美柔细，宛如游丝蛛网一般。五光十色中的粉红嫩绿，尤为妩媚动人，所有色彩轻淡柔和，交相辉映,妖媚迷人。我们干脆就地而坐,饱览独特美景。这一彩幻只是稍作(做)驻留,顷刻间便飘忽不定,相互交融,暗淡隐去,可又骤然反光灼灼,瞬息万变,真是无穷变幻,纷至沓来;洁白轻薄的云朵,微光闪烁,仿佛身披霓裳羽衣的纯洁天使。

——[美]马克·吐温《登勃朗峰》

两边也有山,但都变成缓缓的土坡,随着地形的起伏,草场一会儿是一个浅碗,一会儿是一个大盘。草色已经转黄了,在阳光下泛着金光。由于地形的变换和车子的移动,那金色的光带在草面上掠来飘去,像水面闪闪的亮波,又像一匹大绸缎上的反光。草并不深,刚可没脚脖子,但难得的平整,就如一只无形的大手用推剪剪过一般。这时除了将她比作一块大地毯,我再也找不到准确的说法了。但这地毯实在太大,除了天,就剩下一个它;除了天的蓝,就是它的绿;除了天上的云朵,就剩下这地毯上的牛羊。这时我们平常看惯了的房屋街道、车马行人还有山水阡陌,已都成前世的依稀记忆。

——梁衡《草原八月末》

分点四:融入真情,抒发感受

黄河博大宽厚,柔中有刚;挟而不服,压而不弯;不平则呼,遇强则抗;死地必生,勇往直前。正像一个人,经了许多磨难便有了自己的个性;黄河被两岸的山、地下的石逼得忽上忽下、忽左忽右时,也就铸成了自己伟大的性格。这伟大只在冲过壶口的一刹那才闪现出来被我们看见。

——梁衡《壶口瀑布》

瘦西湖,纵然瘦,纵然没有山泽的气魄,皇家的排场,但它的清冷雅致,遗世独立,更像扬州人的精神写照,从淮扬菜到扬州园林,从慕名而来的文人雅客,到城根下的市井平民,他们从不为博取赞赏和世俗的虚名而生活,而是自顾自地满足着美丽着,直到极致。如辋川别业、黄州竹楼,是真名士,自有一段风流。

——《雪后瘦西湖》

原来峨眉山回赠给游客的从不是千篇一律。她玲珑秀气,却含蓄低调,从不张扬,一如灵猴,又如洗象池静谧绝美的夜,一如金顶多姿自由的云。峨眉山从不喧哗,却自带灵秀仙气。

——章玲佳《又见峨眉山》

二、课前练笔

题目一：

模仿课文《一滴水经过丽江》的构思，参观校园，写一篇游记，全方位展现自己校园的风貌。

游记常常要对某处景物做定点的观察以写出景物的特点。选择一处自己游览过的景点，围绕其中一处风景写一个片段，200字左右。

思维建模：

1. 你会想象自己是什么身份？一片云、一片树叶、一只蝴蝶……

2. 你会选择学校哪一处风景来写？怎样从自述的视角来谈所至、所见、所闻？

3. 你会运用哪些表现手法具体描绘该处风景？

4. 你会在描写风景时怎样融入一些个人感受，写出自己独特的体验？

片段展示：

我是一只花蝴蝶，今天，我飞到了五中校园。一进门，就看到了两棵老树。映入眼帘的还有东面校园墙壁上满墙的爬山虎，它们绿油油的，蓬勃生长。我飞到了东南角的一片茂密的大树中，听到几只不知名的鸟儿在欢唱。我也飞到教室里听听老师们在讲什么吧。我轻悠悠地飞进了八年级(7)班，看到王老师正在眉飞色舞地上课。飞离学校时，我哼着小曲，心情极好。

点评：

小作者奇思妙想，以一只蝴蝶的口吻，运用拟人手法通过一只蝴蝶的视角观察校园，表达所见所闻。作者写景绘物时融入了自己对校园的喜爱之情，表现校园生活的盎然生机。

题目二：

我们可能都有过旅游的经历。旅途中，我们不仅能观赏自然风光、了解民风民俗，还会有许多新奇的感受，产生很多思考和遐想。选择一处自己游览过的景点，写一篇游记。题目自拟，不少于600字。

思维建模：

1. 试回想当时的印象及总体感受如何？是怎样的游览路线？

2. 回想最打动你的景物有哪几处？

3. 选择怎样的观察角度？通过哪些修辞手法或表现手法来展现它们的独

特之处？

4.在记叙或描写中融入自己怎样的情感？加入哪些人文景观的介绍或引用他人的描写评价等,从而丰富文章内容？

片段展示：

车一停,我们便迫不及待地跳下去,快步走下岩磴,跑过石滩,来到面对瀑布的巨岩边。只见滚滚黄水从高高的崖头跌落下来,挟风带雨,雷霆万钧,溅起的水雾飘散在空中,蒸云弥漫……震荡峡谷,气吞山河。大家聚精会神,不知什么时候云破日出,这瀑布骤然亮起来,闪耀着金属般的光泽。那升腾的水雾因为阳光的折射幻化出道道彩虹。

——尧山壁《陶醉壶口》

点评：

游踪交代清晰,"车一停""快步走下岩磴""跑过石滩"等,写景有详略取舍,从仰视角度具体描写瀑布,细腻有气势,听觉、视觉多种感官相结合。融入了对瀑布的感叹赞美之情。应适当联想,增加人文气息的文字,丰富文章内容。

三、课中练习

题目一：

将题目一的作品,模仿课文《一滴水经过丽江》的构思扩展成一篇游记。

思维建模：

1.从蝴蝶的视角去思考:它最喜欢飞往哪几处景物？

2.描写景物时适合调动哪些感官,运用哪些表现手法细致观察从而具体描绘该处风景？

3.描写风景时要怎样融入哪些个人感受,以适合表现校园生活这个主题？

佳作展示：

我是一只花蝴蝶,今天,我飞到了五中校园。一进门,便看到了恩爱的老树夫妻,他们笑着朝我点点头,我也欢快地向他们扇动翅膀。听妈妈说,几年前,他们也这么恩爱。(运用拟人修辞手法符合蝴蝶这个视角)"嘿,老伴儿,今年又要走一批孩子了。""是啊,年年如此!""可我不想接受这种离别。"老树先生的妻子十分伤心,连着她那飘逸的头发都在诉说着留恋。"每个孩子都能接受离别,你也要学会接受离别。他们要奔赴属于他们自己的未来,但总有一天,他们

会回来的……"(虚实结合)

当我再次振翅起飞,映入眼帘的是东面校园墙壁上满墙的爬山虎,它们绿油油的,蓬勃生长,似墙布,似油画,在朝着阳光倾尽全力生长。(符合蝴蝶选择的视角,运用比喻生动描绘校园的蓬勃生机)我飞到了东南角的一片茂密的树林中,听到几只不知名的鸟儿在欢唱,在高歌。我想:难道他们也是在学习,在高兴地背诵诗歌吗?(运用听觉,多种感官使描写丰富细腻,给人身临其境之感)那我也飞到教室里听听老师们在讲什么吧。我轻悠悠地飞进了八年级(7)班,看到王老师正在眉飞色舞、满面笑容地给同学们上《学写游记》呢,同学们又专心又积极。我看到马瀚姝高高地举起了手在回答问题,说得头头是道。王老师不断点头,我也开心地笑了!

飞离学校时,我哼着小曲,心情极好。校园内依旧阳光灿烂,清风送爽,(通过天气描写渲染气氛)我真想一飞冲天。我衷心祝愿:莘莘学子苦寒窗,十年磨砺展锋芒。乘风破浪龙门跃,金榜题名现辉煌!(美好祝愿,融入情感)

题目二:

将题目二的作品,运用所学的游记写作知识,扩展成一篇优秀游记习作。

思维建模:

1.最打动你的景物是什么?选择怎样的观察角度?变换观察角度又有怎样独特的景象?

2.通过哪些感官感受或哪些修辞手法、表现手法来展现它们的独特之处?

3.在描写中融入自己的情感,怎样表现瀑布动态变幻之美?

4.可以引用哪些人文景观的介绍或名人诗文等丰富文章内容,增加文章的文化气息?

习作展示:

陶醉壶口

尧山壁

车一停,我们便迫不及待地跳下去,快步走下岩磴,跑过石滩,来到面对瀑布的巨岩边上。(定点)只见滚滚黄水从高高的崖头跌落下来。挟风带雨,雷霆万钧,(仰视)溅起的水雾飘散在空中,蒸云弥漫,仿佛从水底冒出滚滚的浓烟。(平视)水底悬流激荡,(俯视,观察角度不同,不同立足点看到的局部景物应各具特色,更能全方位具体展示景物的特点)这雾,这云,这烟,全部是黄色,(色彩)散发着泥土气息,(嗅觉)使这瀑布增加了厚重感,更使那吼声如洪钟闷雷,震荡峡谷,气吞山河。(运用听觉,调动多种感官,从不同的角度,使描写细腻而丰富有立体感。)

　　大家聚精会神,不知什么时候云破日出,这瀑布骤然亮起来,闪耀着金属般的光泽。那升腾的水雾因为阳光的折射幻化出道道彩虹,有的从天际插入,似长鲸饮涧;有的横卧河上,如彩桥飞架;有的飘忽游移,像花团锦簇;有的断断续续,呈扑朔迷离。(比喻形象,排比一气呵成,描绘的景象丰富生动。)

　　……我忽然领悟了李白"黄河之水天上来"的境界,光未然、冼星海《黄河大合唱》的灵感,明白了为什么在民族危亡的时刻,东渡抗日的将士们要选这里誓师出征。(引用诗句和故事,由景物描写升华民族精神。)

点评:

　　1. 写景有详略取舍,抓住水雾、水势调动五官,突出视觉中的色彩、听觉中的声音。

　　2. 与前一篇相比,能改换视角从不同角度看瀑布。

　　3. 尤其加入阳光照射下的瀑布描写,巧用修辞融入色彩光泽的变幻之美、动态之美,作者对瀑布的感叹赞美之情跃然纸上。

　　4. 结尾联想丰富,增加壶口瀑布的民族文化认同感。融入情感、展望抒怀这种思考和感受,应该是在充分细致地描写景物后自然产生的。我们可以找到景物特征与思想感情间的契合点,进行联想和想象,做到有感而发,感有所依。

四、课后巩固

(一)游记常用好词

柔美　险峻　游览　浏览　环顾　鸟瞰　壮丽　浩渺　辽阔　缥缈
青翠　葱郁　明净　峰峦　风景　隐约　富丽　光顾　观赏　仰望
远眺　俯瞰　流连　凝视　凝眸　享受　名不虚传　连绵不断
千山万水　怒涛汹涌　巨浪滚滚　摩肩接踵　熙熙攘攘　诗情画意
金沙碧浪　千姿百态　鬼斧神工　拔地而起　白浪滔滔　气壮山河
云雾缭绕　水明如镜　青翠欲滴　花团锦簇　气势磅礴　流连忘返
依依不舍　满载而归　盘旋而上　川流不息　峰峦叠翠　大饱眼福
赏心悦目　心旷神怡　目不暇接

(二)游记常用好句

1. 我们登上山顶时,头上的月亮和稀疏的星星还迷恋着夜色,不肯隐去,脚下一层乳白色的浓雾笼罩着整个山峰。

2. 到了山脚下,只见一片树林遮住了远眺的视线,一条曲折而神秘的小路伸向远方。

3. 这里的石头山千姿百态,有的像展翅的雄鹰,有的像打鸣的公鸡,有的山凌空而起,有的山连绵起伏。

4. 山,绿宝石一般的山,形如一只卧虎;森林里参天的树木,宛如一支庞大的乐队,在风的指挥下,奏出了那"哗啦啦"的山林交响曲。

5. 啊!无边无际的大海,碧水和蓝天在遥远处相接,真是水天一色,近处的海浪不断地向沙滩上涌来,发出哗哗的声响。

6. 海星、珊瑚等在灯光的照射下,五光十色,分外耀眼,再加上激光的照射,海底生物变得更活灵活现了。

7. 一盏盏点燃起来的灯,远远望去,犹如天女撒下朵朵金花,又似满天繁星,闪着亮光。

8. 雾散云净,青山秀丽,一座座屏风般的悬崖峭壁上,涂抹着胭脂红一样的彩霞。

9. 放眼望去,蔚蓝的江水缓缓东去,阳光洒满江面,波光粼粼,凉爽的江风徐徐吹来,令人心旷神怡。

10. 离开鼋头渚,晚霞已映红了西天,那山冈,那湖水,更显得苍茫迷蒙,使人流连忘返。

五、写作评价

评价指标	评价方式	评价标准		
		是	一般	否
所至是否清晰	自评			
	互评			
	师评			

续表

评价指标	评价方式	评价标准		
		是	一般	否
所绘是否生动	自评			
	互评			
	师评			
所感是否深刻	自评			
	互评			
	师评			

八年级下第六单元　学写故事

泰和县桂花实验学校　刘雪丹

导语：

中国古代的四大民间故事，大家一定都不陌生吧。这些故事，情节生动，人物形象鲜明，内容更是在一代代人的传播中不断丰富。我们自幼便听过许多故事，但同学们有没有想过，如何写出一个故事呢？

一、课前导学

分点一：环境描写，烘托氛围

六月十五那天，天热得发了狂。太阳刚一出来，地上已经像下了火。一些似云非云似雾非雾的灰气低低地浮在空中，使人觉得憋气。一点风也没有。祥子在院子里看了看那灰红的天……喝了瓢凉水，走了出去。

——老舍《骆驼祥子》

从这段环境描写中，可以看出故事发生在夏天（季节），天气非常炎热，人非常难受。

后来我们终于动身了。我们上了轮船，离开栈桥，在一片平静得好似绿色大理石桌面的海上驶向远处。

…………

后来大家都不再说话。

在我们面前，天边远处仿佛有一片紫色的阴影从海里钻出来。那就是哲尔赛岛了。

——[法]莫泊桑《我的叔叔于勒》

分点二：运用多种描写手法刻画人物

我说道："爸爸，你走吧。"他往车外看了看说："我买几个橘子去。你就在此地，不要走动。"我看那边月台的栅栏外有几个卖东西的等着顾客。走到那边月台，须穿过铁道，须跳下去又爬上去。父亲是一个胖子，走过去自然要费事些。

我本来要去的，他不肯，只好让他去。我看见他戴着黑布小帽，穿着黑布大马褂，深青布棉袍，蹒跚地走到铁道边，慢慢探身下去，尚不大难。可是他穿过铁道，要爬上那边月台，就不容易了。他用两手攀着上面，两脚再向上缩；他肥胖的身子向左微倾，显出努力的样子。这时我看见他的背影，我的泪很快地流下来了。我赶紧拭干了泪。怕他看见，也怕别人看见。

——朱自清《背影》

分点三：情节曲折，故事性强

《皇帝的新装》情节特别生动，故事性特别强，但不同年龄的人读这篇故事，会有自己独特的感受。故事中的皇帝、大臣、骗子、小孩等人物，在故事中各有其个性特点，读者如果将故事中的人物与当今社会中的一些人联系起来思考，也会有新的思考与认识。曹文轩的《草房子》，写的是苏北水乡少年的一段生活经历，表现的是水乡的风土人情，但这部作品被翻译成多国文字，受到了世界各国众多读者的喜爱，因为故事契合着人心、人情、人性。写故事不仅仅要重视新鲜素材的选择、故事情节的设计，更要多思考这个故事如何打动人心，如何传递人情，如何挖掘出深刻的人性，给人的生活以启迪，给人的生命以滋养。

分点四：处理好写实与虚构的关系

那种生物是在一座位于南太平洋的小岛上发现的，发现者是一位美国生物学家。他从几年前起就在这一带调查核试验的影响，看到那形貌令人惊异的生物时，难免联想到核辐射的作用，其他生物学家也同样如此……这种新生物的名称是——Angel(天使)。

....

Angel以塑料、树脂等石油化学制品为食，对石油更是情有独钟，这已是众所周知的事实。摄取石油后，Angel的繁殖能力会比正常情况暴增近十倍，这在学界也已成为常识。

....

最后美国政府调查发现，这群惹是生非的天使已经开始在一个至关重要的地方异常繁殖——油田。

各国首脑立即共聚一堂，紧急召开会议研讨对策，认定Angel为人类历史上危害最严重的生物，此时距指定它为特别保护动物还不足十年。

——［日］东野圭吾《Angel》

二、课前练笔

题目:

在第六单元学习古诗文的过程当中,我相信,有一些人一定给我们留下了深刻的印象。假如有一天,他来到了我们现实生活中,会发生什么故事?发挥想象和联想,以"那一天,我遇见了他"为题,写一个故事。

思维建模:

1.审题立意。研读题目,这是一篇故事编写,需要充分发挥想象力,要饶有趣味,一波三折,给人留下悬念,耐人寻味。

2.选材。可以以本单元《茅屋为秋风所破歌》的诗人杜甫为对象。

3.提纲。撰写提纲时,从所确定的文体出发,表现文体特点,切不可胡乱安排,写作时信马由缰,既偏离文章主题,又文体不清。写作时可采用环境描写、人物描写、虚实结合以及比喻、拟人、排比等手法,使文章语言生动形象。

片段展示:

那一天,我遇见了他

"八月秋高风怒号,卷我屋上三重茅。"(诗句开头,吸引读者)我走在路上,只听见一声悲叹声,我定睛一看——杜甫同学!(引发读者的阅读兴趣)

我连忙走上前去打招呼,"嘿,这不是我们的大诗人杜同学吗?老兄,怎么闷闷不乐呀?""唉,别提了,昨天一位仙人遇到我,给了我一个遥控器,说可以带我穿越时光,我一按,谁知道竟然来到了21世纪。我身上的钱都被骗完了,他留下了一块砖……"(交代穿越的原因)"砖?你手上的吗?亏你这聪明脑壳,这可是手机啊!是发家致富的好宝贝啊!"我拿过杜甫的手机,只听一声"支付宝到账1000万元",吓得我连忙掏了掏耳朵,又揉了揉眼睛。(人物描写细腻)"疼!疼!疼!你掐我干吗?""我的天,老兄,我们发达啦!""啥啥啥?"我抓着杜甫的手,拼命地往前跑!

两年后,杜甫出版社成立,闻名世界。(想象力丰富,故事到达高潮)身为总经理的我,喝着红酒,一会儿刷刷微博,一会儿看看今日的营业额。

突然,一个遥控器出现在我眼前,我定睛一看:唐朝?我疑惑地按下了按钮。谁知传来"八月秋高风怒号,卷我屋上三重茅"的悲叹声。(诗句结尾,前后呼应)"杜……杜甫!"我望着这"床头屋漏无干处"的茅草屋,在这秋风瑟瑟中,流下悲痛的泪水来。

点评：

开头引人入胜，激发读者的阅读兴趣，通过细腻的描写、丰富的想象，以《茅屋为秋风所破歌》的诗人杜甫为对象，改写了一个很有趣味的故事。开头、结尾引用诗句，首尾呼应。

三、课中练习

题目：

设置一情景——"喜爱表演的张岩加入学校舞台剧社团，她一直想登台表演，但竞争非常激烈"，学写故事，把故事写完整。字数600字。

思维建模：

1. 七步公式：目标+阻碍+行动1+结果1+意外+行动2+结果2。

目标：可以是物质层面的，也可以是精神层面的。

阻碍：在主角实现目标的路上设置障碍，让主角不断被"折腾"。

行动1：主角向着目标迈进所做出的努力。

结果1：可以在情理之中，也可以在意料之外。

意外：与第一个结果呈现相反的情节，也可以视为外界的介入或帮助。

行动2：主角继续向着目标迈进，或者有了新的调整。

结果2：可以在情理之中，也可以在意料之外。

2. 情景：喜爱表演的张岩加入学校舞台剧社团，她一直想登台表演（目标），但竞争非常激烈，一个角色有五六个人想演（阻碍）。张岩努力表演，在排练中真情流露（行动1），获得社团团长的肯定（结果1）。又因为种种原因，这个角色被取消了（意外），张岩虽然有些遗憾，但不改初衷，仍然去舞台剧社团观摩、排练（行动2），最终张岩被影视公司看中（结果2）。

习作展示：

张岩的梦想

当演员一直是张岩的梦想，之所以报考E学校，是因为E学校有全区最有名的舞台剧社团。张岩好不容易过五关斩六将考进了社团，却一直没有登台的机会。社团的人太多，要等很久才有排演的机会。不过运气来了，学校接到中小学校社团比赛通知，张岩也接到社团团长电话，叫她马上到学校排练室试角色。但一个角色有五六个人竞争，团长叫她做好两手准备。（设定目标，开篇点题,把事情的原委交代清楚。)

剧本讲的是家庭生活和校园生活。张岩抽到的角色叫清玄——一个多愁善感、自尊心特强、又有点忧郁的女孩,父母关心少、身边人的冷漠造成了她的内向与自卑。这个角色的哭戏是一大亮点,人物形象也十分丰满。她渴望得到别人的关爱,但又不懂得表达自己的情感。张岩平时喜欢喜剧角色,"清玄"这个人物完全不是自己的"菜",真是个难题啊!可以换角色吗?同学小菲刚向团长提出换角色的申请,就被一顿好骂:"你想演什么就演什么吗?不试试怎么行,不想演就拉倒!"(故事中的"阻碍",为后文做铺垫。)

来到练习室的张岩平静地坐下来,拿着剧本仔细地读着,不停思索着人物的性格。第一次尝试出演角色,她没有技巧可言,只有将角色代入自己的内心,成为角色这样的人,才能表达出更好的效果……(故事中的"行动",主角努力奋斗,读者看着大快人心。)

"清玄"倚在桌前,迷茫地自言自语:"为什么别人都可以幸福地生活,我只能孤单一人……只有我能听见自己心里的绝望,没有一个人懂我,我为什么会变成现在这样?"泪如雨点般洒下。突然,她暴躁地掀开茶几上的东西,大喊道:"这到底是为什么?我努力地表现出讨喜的模样,却得不到半点喜欢,只能任人嘲笑,为什么?!"(故事中的"行动",写出主角的吃苦耐劳,为后文"意外"做铺垫。)

当表演结束时,张岩还泪流满面,沉浸在角色的痛苦中。排练室里悄无声息,几秒后才爆发出热烈的掌声,团长也微笑着点头。张岩赢得了"清玄"这个角色。(故事中的"结果",给读者留下悬念。)

晚上,张岩正忙着补作业,急促的电话铃响起,是社团团长打来的。

"张岩啊,这么晚了,还没睡呀?有一件事……是这样的,学校领导说,清玄那个人物设定太过悲情,最后她还离家出走,这不符合青少年价值观,缺少正能量,学校担心影响获奖,所以他们把这个角色拿掉了……(故事中的"意外",一波三折之势。)

"张岩,没事的,你有这么好的潜力。下次的剧本,你也可以来演出,没事的,我们已经看到你的天赋了……"

张岩默默地挂了电话,并没有因此而灰心。她仍然不定时去舞台剧社团,练练台词,听听大家对角色的讨论。(故事中的"行动2"。)

一天晚上,张岩接到一个陌生电话。

"喂,是张岩同学吗?你好,我是××影视公司的童助理。"

"影视公司?童助理?谁呀?"

"张岩同学,请听我解释,我们公司看了你在学校舞台剧团试角的录像,你诠释的清玄,非常棒。我们觉得你非常有潜力,社团团长也对你大加赞赏,我们公司正在拍摄一部以青少年生活为主要内容的电影,想请你加入,我们能面谈吗?"(故事中的"结果2",结果鼓舞人心。)

张岩看向窗外,星光正璀璨……(环境描写结尾,耐人寻味,烘托氛围。)

点评:

这篇作文严格按照"七步公式"制造了波澜:热爱表演的张岩,却拿到了不适合自己的角色,后通过认真排练,获得团长肯定,结果角色又因故取消。但张岩没有灰心,最终被影视公司看中。故事一波三折,人物描写细致,是一篇佳作。

四、课后巩固

题目:

我们熟悉的各种事物,都可能引发故事。比如眼睛、头发、嘴巴,比如校服、手机,又比如军训、旅游、社会实践活动,等等。这些物或事一定有不少值得挖掘的地方,有不少出人意料的富有戏剧性的故事。以"_____的故事"为题,写一篇作文,不少于600字。

思维建模:

1. 将题目补充完整。

根据提示,可以填写身体的某一部位,如嘴巴、眼睛、耳朵等;也可以填写其他具体的物件,如书包、手机、电脑等;还可以填写一件事,如军训、吃饭、上课等。写故事可以是真人真事,也可以天马行空进行想象。

2. 赋予其他物体人的特性。

人物有语言、有动作、有思想,会说话、会哭笑、会吵架、会聊天……

3. 想象合理。

其他物体怎样说话,怎样做事情呢?这就要靠我们充分发挥想象力,把一切不可能的事情变成可能,但是想象一定要合理,符合现实生活的规律。

4.要有意义。

不仅要告诉读者一个有趣的故事,给人带来乐趣,还要包含深刻的道理,使人读后能够从中受到一些启发,或者学到一些知识。

写作训练:

(作文格)

五、写作评价

评价指标	评价方式	评价标准		
		是	一般	否
是否有环境描写	自评			
	互评			
	师评			
是否运用多种描写方法刻画人物	自评			
	互评			
	师评			
情节是否曲折、跌宕起伏	自评			
	互评			
	师评			

九年级上第一单元　尝试创作

吉安市青原区思源实验学校　李桂珍

导语：

诗歌是世界上最美的花朵,历来有"文学之母""语言的钻石"之美誉。我国诗词作品浩若烟海,博大精深。我们这一单元学习了很多诗歌,有表达思乡之情的,有表达爱国之情的,有关爱的赞颂的,还有赞美大自然的。学了这么多的诗歌,我们已经基本掌握了如何去鉴赏和分析一首诗歌,那我们是不是也可以试着仿写或创作一首诗歌呢?

一、课前导学

分点一：确定一个主题,抒发一种情感

一首诗必须先有一个主题,没有主题的诗就像没有色彩、没有生机的花园；一首诗歌的感情是其生命,诗歌或诗句能使人感动,关键在于它的情感。古人云："感人心者,莫先乎情。"写诗时要善于捕捉生活中体现爱与美的细节和瞬间,并深化内心的情感体验,提高感悟能力,力求表达出自己对自然、社会、人生的感受、体验和思考。

为什么我的眼里常含泪水？
因为我对这土地爱得深沉……

——艾青《我爱这土地》

你是爱,是暖,是希望,你是人间的四月天！

——林徽因《你是人间的四月天》

分点二：捕捉典型形象

所谓"形象"就是文学作品中展示出来的生活画面,即诗人根据现实生活中的各种现象加以艺术概括所形成的具有一定思想内容和艺术感染力的具体生动的人、物和自然景象。一首好的诗歌,无不是借助准确、鲜明的形象去比拟不可视的情感或不具象的事物。只有对生活有独特的发现,捕捉到具有新意的形

象,挖掘出深刻的思想内涵,才能写出一首好诗。

诗歌的形象包括景物形象(或意象)和人物形象。

景物形象(或意象)。有人说:"两足不成鼎,缺象不成诗。"由此可见"象"在诗歌中的重要位置。意象是诗歌艺术的精灵,诗人一般借意象来表现自我,来寄托主观情思。写献给母亲的诗篇时,既可以精选和母亲有关的意象,如母亲的白发、眼睛、手脚等;又可以选择母亲劳作时的工具,如锄头、镰刀、铁锹等。无论选取哪种意象,都要把自己的情感蕴含其中。如徐志摩的《再别康桥》一诗选取了"云彩""金柳""艳影""青荇""水草""虹""梦""长篙""星辉""笙箫""夏虫""康桥""衣袖"等意象。这些意象都已超越了它们的自然属性,是诗人珍藏在心灵深处的一份情感,意象的"虚"与诗人心中情的"实",相映成趣,一张一合,无不流露出意象的张力。

再 别 康 桥

徐志摩

轻轻的我走了,
正如我轻轻的来;
我轻轻的招手,
作别西天的云彩。

那河畔的金柳,
是夕阳中的新娘;
波光里的艳影,
在我的心头荡漾。

软泥上的青荇,
油油的在水底招摇;
在康河的柔波里,
我甘心做一条水草!

那榆荫下的一潭,
不是清泉,是天上虹;

揉碎在浮藻间,
沉淀着彩虹似的梦。

寻梦?撑一支长篙,
向青草更青处漫溯;
满载一船星辉,
在星辉斑斓里放歌。

但我不能放歌,
悄悄是别离的笙箫;
夏虫也为我沉默,
沉默是今晚的康桥!

悄悄的我走了,
正如我悄悄的来;
我挥一挥衣袖,
不带走一片云彩。

  人物形象,指的是诗歌中塑造的人物形象或抒情主人公。要想写好与母亲有关的诗歌,诗歌中要或明或暗地出现一个抒情主人公的形象,那就是写诗人自己。这个抒情主人公可以直接以"我"的形式出现,也可以以"儿子"或"女儿"这样的字眼出现,只要情真意切就行。如穆旦的《赞美》里既有"我"这样的抒情主人公,又有象征着已经觉醒且正在浴血奋战的广大中国人民的人物形象——一个受苦受难、不断失望、忍辱负重而又义无反顾地投身民族解放事业、抱着必死的决心、坚强不屈的平凡而又伟大的农夫形象。

赞 美

穆 旦

走不尽的山峦的起伏,河流和草原,
数不尽的密密的村庄,鸡鸣和狗吠,
接连在原是荒凉的亚洲的土地上,
在野草的茫茫中呼啸着干燥的风,

在低压的暗云下唱着单调的东流的水，
在忧郁的森林里有无数埋藏的年代。
它们静静地和我拥抱：
说不尽的故事是说不尽的灾难，
沉默的是爱情，是在天空飞翔的鹰群，
是干枯的眼睛期待着泉涌的热泪，
当不移的灰色的行列在遥远的天际爬行；
我有太多的话语，太悠久的感情，
我要以荒凉的沙漠，坎坷的小路，骡子车，
我要以槽子船，漫山的野花，阴雨的天气，
我要以一切拥抱你，你
我到处看见的人民呵，
在耻辱里生活的人民，佝偻的人民，
我要以带血的手和你们一一拥抱，
因为一个民族已经起来。

一个农夫，他粗糙的身躯移动在田野中，
他是一个女人的孩子，许多孩子的父亲，
多少朝代在他的身上升起又降落了
而把希望和失望压在他身上，
而他永远无言地跟在犁后旋转，
翻起同样的泥土溶解过他祖先的，
是同样的受难的形象凝固在路旁。
在大路上多少次愉快的歌声流过去了，
多少次跟来的是临到他的忧患，
在大路上人们演说，叫嚣，欢快，
然而他没有，他只放下了古代的锄头，
再一次相信名词，溶进了大众的爱，
坚定地，他看着自己溶进死亡里，
而这样的路是无限的悠长的，

而他是不能够流泪的,
他没有流泪,因为一个民族已经起来。

在群山的包围里,在蔚蓝的天空下,
在春天和秋天经过他家园的时候,
在幽深的谷里隐着最含蓄的悲哀:
一个老妇期待着孩子,许多孩子期待着
饥饿,而又在饥饿里忍耐,
在路旁仍是那聚集着黑暗的茅屋,
一样的是不可知的恐惧,
一样的是大自然中那侵蚀着生活的泥土,
而他走去了从不回头诅咒。
为了他我要拥抱每一个人,
为了他我失去了拥抱的安慰,
因为他,我们是不能给以幸福的,
痛哭吧,让我们在他的身上痛哭吧,
因为一个民族已经起来。

一样的是这悠久的年代的风,
一样的是从这倾圮的屋檐下散开的无尽的呻吟和寒冷,
它歌唱在一片枯槁的树顶上,
它吹过了荒芜的沼泽,芦苇和虫鸣,
一样的是这飞过的乌鸦的声音,
当我走过,站在路上踟蹰,
我踟蹰着为了多年耻辱的历史
仍在这广大的山河中等待,
等待着,我们无言的痛苦是太多了,
然而一个民族已经起来,
然而一个民族已经起来。

分点三:新颖的构思,奇特的想象
没有想象就没有诗。学写诗歌,要善于将抽象的情感形象化。创作时,可以确定一个贴近自己生活的具体事物或情景,调动多种情感,大胆进行合理而充分的联想与想象,为自己的诗作添彩。

如《天上的街市》一诗,诗人由街灯联想到明星,想象了天上的美丽街市、牛郎织女的幸福生活,形象地表达了诗人对自由的向往和对理想社会的企盼之情。

如"墙角的花,你孤芳自赏时,天地便小了"(冰心《春水》)。花儿长在墙角本来就平凡,且容易被人们忽视,倘若只欣赏自己的美貌,它便变得更加渺小了。诗人在这通过想象,以花喻人,从一件平凡的事物中得出了不平凡的道理,没有想象,是写不出这样富有启发性的诗句的。

分点四:语言凝练,言简意赅

著名诗人公木说:"文学是语言的艺术,特别是诗歌,它是经过提炼的最精粹的语言。"诗歌的语言精练,并不是使语言深奥、艰涩,而是使语言更加流畅自然,通俗易懂,能够把深刻的思想内容用浅显而又含蓄的语言表达出来。

如余光中的《乡愁》,结尾句"我在这头/大陆在那头",高度凝练的语言营造出丰富的意蕴空间,有无限的眷恋,有无法排解的家园愁绪,有渴望,有无奈……令人难忘。我们可以通过以下方式来提高语言的凝练度。

(1)精选动词。诗歌语言在塑造审美意象时可做的工作是精心锤炼表现意象的动词。精选的动词更富有表现力,使诗歌灵动。

(2)巧用词性。我们可以利用汉语语法词性灵活的特点,改变某些诗句中词语的词性,使诗歌语言新奇,意象鲜活而有特点。

(3)跳跃省略。诗歌语言侧重于表现主观心灵,再加上篇幅限制,所以必须借助跳跃和省略,跨越一些过程的叙述,省略一些小说、散文语言中必不可省的连接语和转折语,创造一种"语不接而意接"的诗歌语言,以此来引发读者丰富、自由的联想。

(4)学会用韵。用韵很关键,它通常决定着一首诗的优劣。一首好诗往往韵律十足,这样读起来才会朗朗上口,所以写诗的时候我们要选择合适的韵脚,这样才能体现诗歌的节奏美、音乐美。如林徽因的《你是人间的四月天》,基本上三句形成一小节,整体节奏舒缓、明快;在韵脚上,"天、烟、前、圆、鲜、莲、燕、暖"押同样的韵,读起来音韵和谐优美。

(5)运用修辞。诗歌要高度地概括生活,这就需要用最精练的语言去刻画鲜明的艺术形象。诗要抒发强烈的感情,就需要运用各种修辞手法强化感情。诗歌常用的修辞手法有比喻、夸张、对偶、拟人、反复等。运用不同的修辞会取得不同的表达效果。给母亲写诗,可以运用比喻的修辞手法。我们可以把母亲比喻成"天空",撑起我们的一片天;也可以把母亲比喻成"大地",生育并养育着我们;还可以把母亲比喻成"春蚕""蜡烛"等,生命不息,关爱不止。给母亲写诗,还可以运用排比的修辞手法。例如:"母亲是什么?母亲是在孤寂的深夜里为我递上一杯热牛奶的温暖。母亲是什么?母亲是放学时永远伫立于路口的等待。母亲是什么?母亲是在我们成功时那缀满欣慰泪花的笑容。母亲是什么?母亲是我们欲逃避时那坚毅的眼神。"这些排比句的运用,就会把对母亲的那份浓浓感激之情真挚地表达出来,就能更好地打动读者。

分点六:注意诗的格式

诗的格式也是一个必须注意的问题,一是要按内容分行来写,分行、分节带来间歇感、跳跃感,因韵脚有规律地出现而产生的对称感、和谐感,往往具有言外之意的张力。

分点七:修改

反复吟诵,冷处理。

二、课前练笔

题目:

好朋友的生日快要到了,你想对他说些什么呢?试着写一首诗,把你的祝福和希望送给他。

思维建模:

1. 充分表达对友谊的珍视,感情要真挚,体现出两人关系的亲密无间。

2. 要选取生活中美好的事物作为意象来寄寓深情厚谊。

3. 要多一点文学味。

片段展示:

生 日 快 乐

六月,我从远方
顺流驾起十五只小船
点燃十五根蜡烛

撒下十五片花瓣

满载星星与月光

为你送去

幸福的花冠

点评：

作者通过"小船""蜡烛""花瓣""星辰""月光""花冠"等具体意象来表达对好友"六月"里的"十五岁"生日的祝福。精选"驾""点燃""撒下""满载"等动词来表达与朋友的亲密友情。

三、课中练习

题目：

将上面的小诗续写几节，展现生日聚会时的快乐情景及友谊的深厚。

习作展示：

生 日 快 乐

六月，我从远方

顺流驾起十五只小船

点燃十五根蜡烛

撒下十五片花瓣

满载星星与月光

为你送去

幸福的花冠

（作者通过"小船""蜡烛""花瓣""星辰""月光""花冠"等具体意象来表达对好友"六月"里的"十五"岁生日的祝福。）

拾万点诗句

载万句鸟鸣

今夜零点

是我祝福抵达的时间

哪怕天涯海角

你的身边

永远都有我心的陪伴

(直抒胸臆,感情浓烈且真挚,具有动人心弦的效果。)

今日,月华衣你以华裳

阳光饰你以光环

一渠芙蓉

轻笑

如你的肌肤

如你清澈的心田

(运用比喻,将好友比作芙蓉,形象写出来好友的美丽。)

想象,欢快的你

一定着一身温柔的蓝

对着甜甜的蛋糕许着甜蜜的愿

笑容无比灿烂

幸福不会变淡

你的快乐

就是我要的最好答案!

(想象好友的穿着、神情、举动、心情等,既赞美了好友,又在与好友共同分享这份快乐的兴奋中表现了二人亲密的友情。)

四、课后巩固

题目:

参照本单元学过的任意一首诗,自己仿作一首。如模仿《我爱这土地》《乡愁》创作一首同题诗歌;模仿《你是人间的四月天》《我看》,以"你是_____"或"我看"为题,创作一首表达形式接近的诗歌。

思维建模:

1. 确定自己容易把握的主题。

主题可选取爱国、乡愁等,尽量避免过于抽象的主题。

2. 发挥想象与联想寻找意象,注意从事物的本身特点出发,赋予其相应的象征意蕴,借助意象表达自己的真情实感。

3. 进行仿写时,可以模仿课文的句式。

写作训练:

(作文格)

五、写作评价

评价指标	评价方式	评价标准		
		是	一般	否
主题是否鲜明，情感是否真实	自评			
	互评			
	师评			
是否有具体可感的形象	自评			
	互评			
	师评			
语言是否生动且凝练	自评			
	互评			
	师评			
是否注意诗的格式	自评			
	互评			
	师评			

九年级上第二单元　观点要明确

吉安市青原区思源实验学校　朱宝琴

导语：

如同自然界中的"泾渭分明"现象，我们在写议论文时，同样需要明确表达自己的观点，主张什么，反对什么，都要清清楚楚，不能含含糊糊，模棱两可。通俗来讲，这就是说议论文要做到观点明确。

一、课前导学

怎样才叫"观点明确"？

分点一：对问题有一个鲜明的态度和立场

比方说，我确信，一个人是不是真正有教养，首先要看他在自己家里、在自己亲属之间的表现，看他和亲人们的关系究竟怎么样。

——［苏］利哈乔夫《论教养》

分点二：论点要正确，有针对性

正确，指论点本身符合客观实际。

有针对性，即论有所指（观点直接针对某种现象展开，不泛泛而谈）、论有所用（观点要面向生活，深入思考生活，而且能用思考所得指导生活）。

如话题"拼搏"：

我们要更坚强一些，更努力一些，我们的理想才能实现。（没有针对性）

为了实现我们美好的理想，我们要学会拼搏，学会坚强。（有针对性）

分点三：提出的观点要具体，避免空泛

1. 论说的范围不要太大，要恰当、切合实际。

范围太大，容易写得空洞抽象。范围恰当、切合实际，易于提炼明确的论点，写得具体实在。下面示例的画线部分就是该段的中心论点。

我这题目，是把《礼记》里头"敬业乐群"和《老子》里头"安其居乐其业"那两句话，断章取义造出来的。我所说的是否与《礼记》《老子》原意相合，不必深求;但我确信"敬业乐业"四个字,是人类生活的不二法门。

——梁启超《敬业与乐业》

2.分论点要紧扣中心论点而展开。

《于细节处见精神》中三个分论点:于细节处可以看到人的品质;于细节处可以看到民族的特质;于细节处可以看到国家的发展状况,紧紧围绕中心论点"于细节处见精神"展开。

分点四:观点要简洁,语言要凝练

满招损,谦受益

——吴晗《说谦虚》

如何明确提出观点?

分点一:用一个判断句将观点表述出来

判断句,可以是对实际情况的判断,也可以是按事理做出的推断。

①……是……

如:诚实是做人的基本品质。

青少年爱玩电子游戏是_____。

②……要/应当/必须……

如:人应当敬业、乐业。

人在困难面前必须_____。

③……能够/将会……

如:脸上常带微笑,能够让你更美丽。

给爸妈献一次爱心,将会_____。

分点二:在文章中凸显观点

①题目直接表明观点,如《应有格物致知精神》。

②在开篇处亮明观点,如《敬业与乐业》。

③在结尾处总结观点,如《谈创造性思维》。

④观点还可以放在文章中间,是一个过渡性的语句,如《怀疑与学问》。

二、课前练笔

题目:

好奇,指的是对未知发生兴趣,感到新奇。有人对宇宙的奥秘感到好奇,于是着迷地仰望星空,观察探究;有人对"小人国"的故事感到好奇,于是反复阅读《格列佛游记》;有人对周围事物的变化感到好奇,于是去追寻这变化的原因……好奇,会促使你发现未知的精彩,会让你的生活更加丰富多彩。阅读下面论及"好奇"的语句,从表达观点是否清楚的角度进行判断、评价,然后选定其中的一个观点,列出你的作文提纲。

①好奇,往往是发现真理的第一步。

②好奇,有时被毁灭在所谓规范统一、无个性差异的教育之中。

③好奇,有健康与不健康、有价值与无价值之分,还有年龄的差异、性别的差异,当然这些区分和差异不太明显。

④好奇,是一种良好的心理状态,引人探究复杂的未知领域,但也有可能使人在探究过程中因太执着而迷失自我。

思维建模:

1. 理解语句含义,从中选出你最有感触、有话可说的一句话作为自己的观点。

2. 围绕观点列出提纲,要体现出你的论证思路。

3. 可以按议论文"引论—本论—结论"的一般结构编写提纲。

片段展示:

好奇,往往是发现真理的第一步

引论:开门见山,由生活现象提出自己的观点——好奇,往往是发现真理的第一步。

本论:1. 具体论述,明确在我们的生活实践中为什么需要好奇。

2. 列举牛顿由苹果落地产生好奇并由此发现"万有引力定律"的事例,论证好奇的作用。

3. 从正反两方面论述好奇在探索真理方面的作用。

结论:呼吁大家要有一颗好奇心。

点评:

1. 思路清晰,结构完整。提纲中先列出作文题目,即作者观点,然后按议论文结构特点一次列出各部分主要内容。

2. 内容充实。提纲能结合具体的论证方法体现论证的内容。如举出牛顿由苹果落地现象发现"万有引力定律"的例子,使提纲的内容显得比较充实。

三、课中练习

题目：

在课前练笔题目的基础上，写一段议论性文字。

思维建模：

1. 认真阅读材料，从材料中提取自己的观点。

2. 确立观点时，要尽可能选择让自己有话可说的观点。

3. 围绕观点确定要论证的两个方面，可以是正反两方面，如围绕"好奇"，可以是"有好奇心会怎样""没有好奇心会怎样"，通过正反论证，得出"好奇"的重要性。

4. 也可以先论证"好奇"的好处，再论证"好奇"过度的坏处。

5. 要围绕观点选取事例。

习作展示：

好奇，往往是发现真理的第一步

你希望你的人生是一潭死水，还是波涛起伏？你希望你的人生是封闭成茧，还是节节向上？相信大多数人会选择后者。那么，请你拥有一颗好奇心吧！因为好奇往往是发现真理的第一步。（巧妙引出观点：开头运用两个设问句提出问题，然后在此基础上自然表明自己的观点。）

有了好奇，你的生活就处处充满了乐趣。马路上的一条小虫，天空的一只小鸟，耳畔的一段对话，天边的一片彩云，都可能给你带来一种冲动，一份惊喜，一片遐想……好奇心就像一撮奇妙的盐巴，放进生活的水杯里，普普通通的白水就变得有滋有味。（从生活中的细节说起，体现好奇给人带来的乐趣。）

有了好奇，往往就有了探索真理的动力。牛顿因为对一只砸到头上的苹果产生好奇，最终发现了万有引力；瓦特因为对水蒸气顶起笨重的水壶盖产生好奇，最终发明了蒸汽机；伽利略因为对吊灯摇摆产生好奇，最终取得了物理学上新的突破。（论述具体有力：列举牛顿、瓦特、伽利略的典型事例，充分证明了中心论点。）

好奇是多么奇妙！好奇是多么重要！让我们拥有一颗好奇心吧，因为它往往是我们发现真理的第一步。（结尾点题：强调了拥有好奇心的重要性，深化了中心论点。）

点评：

1. 观点鲜明，层次清晰。开篇由设问引出论题，用简洁的语言表明了自己的观点,然后围绕论点从普通生活细节、科学家研究发现两个角度进行了论述。结尾总结全文,强化中心。结构层次清晰完整。

2.举例典型,论证有力。文中列举牛顿、瓦特、伽利略等名人事例充分论证了中心论点。

四、课后巩固

题目：

青少年应该如何对待时下流行的各种电子游戏？大家认识不一。对此,你有什么看法？自拟题目,写一篇议论性文章,不少于600字。

思维建模：

1.可以确定什么观点？

青少年爱玩电子游戏是对自己不负责任的一种行为。

青少年爱玩电子游戏是一种堕落。

面对电子游戏,青少年应该理性对待。

青少年应当远离电子游戏。

青少年不应当沉迷于电子游戏。

理性对待电子游戏,能够让青少年成长得更健康。

沉迷于电子游戏,将会对青少年的成长造成不利的影响。

2.明确怎样的论证思路？

先提出自己的观点,再列举典型、有代表性、有说服力的论据进行论证,最后总结并发出呼吁。

3.可以选择哪些典型、有代表性、有说服力的论据？

素材：

①歌德有言:"谁若游戏人生,他就一事无成;谁不能主宰自己,便永远是一个奴隶。"适度游戏娱乐无可厚非,但若过度沉溺其中则必然成为它的奴隶。到头来,不是你在玩游戏,而是游戏在玩你——它用铢积寸累的力量侵入你的生活,早已成为最大的赢家。被游戏掌控的人生,不仅不能排遣空虚寂寞,反而留下了无法填补的精神空白和人生遗憾。

②世界是多姿多彩的,中学生的生活更应是充满激情的,如果因为电子游戏而葬送自己的幸福前途,这是多么的不值啊！除了电子游戏,生活中还存在

许许多多有益身心健康的活动,如:郊游、跑步、听音乐……电子游戏只是这个多彩世界的一粒尘埃,千万不要让这颗尘埃成为你前进的绊脚石。作为祖国未来的花朵,请擦亮你的双眼,认清电子游戏的危害,将最主要的精力都放到学习功课上来,为你的梦想去努力拼搏。这样,你将来才会无悔你的青春年华!

写作训练:

(作文格)

五、写作评价

评价指标	评价方式	评价标准		
		是	一般	否
观点是否正确	自评			
	互评			
	师评			
观点是否具体	自评			
	互评			
	师评			
观点是否简洁	自评			
	互评			
	师评			

九年级上第三单元　议论要言之有据

吉安市白鹭洲中学　张丽荣

导语：

议论文写作，也讲究"铁证如山"。这个"证"指的就是论据，即用来证明观点的材料。议论要做到言之有据。

一、课前导学

分点一：论据的概念

用来证明观点的材料，就是论据。

分点二：论据的种类

论据包括事实论据和道理论据。

事实论据指的是生活中客观存在的事实，它包括具体事例、概括事实、统计数字、亲身经历等等。

道理论据包括经典著作中的理论、名人名言，党在不同时期的方针、路线、政策，科学上的公理、原理、定义、法则、定律，生活中的格言、俗语、成语、谚语，以及众人皆知，并为人所公认的最普遍的道理等。

分点三：论据的特点

1.论据要典型，即具有代表性和普遍意义。

诚然，"不专则不能"，但为什么一些人跨界照样成功？秘诀无他，还是专一。专业是社会分工的结果，而专一则是一种精神状态。如果说专业是身体上的不同器官，那么专一就是流动其中的血液。科学界巨星"三钱"之一钱伟长，在应用数学、弹性力学、中文信息学等领域都有重要成就，被人称为"万能科学家"。钱老不管做什么研究，都非常专一，不驰于空想，不骛于虚声，而唯以求真的态度做踏实的功夫。以此态度求学，则真理可明；以此精神干事，则功业可就。从这个意义上讲，因为专一，所以专业。

——周云龙《有一种精神叫专一》

2.论据要新颖,即时代感强,有针对性。要注重平时的阅读积累,善于从生活中选择新鲜的论据。

　　读书可以防止浮躁贪婪,让心灵宁静澄澈。在快节奏的现代社会,人容易变得浮躁,尤其作为一名干部,不时对自己的品德修养进行校正,十分重要。对我来说,向书中的古代圣贤寻求教诲是一条重要的途径。老子说,"祸莫大于不知足,咎莫大于欲得";孟子说,"养心莫善于寡欲";诸葛亮说,"静以修身,俭以养德";王阳明认为,君子要懂得"收放心",磨炼自己的心性……通过读书,让自己沉淀下去,把心收回来。从一定意义上说,坚持读书,对世俗生活保持一份超然心态,能使人远离庸俗无聊,不被五光十色的诱惑所左右,有效遏制"病毒入侵",守住心灵的宁静与澄澈。

——吴黎宏《读书是一种心灵修复》

分点四:如何做到言之有据

1.确保论据真实准确,经得起推敲。

事实论据,包括具体事例、概括事实、统计数字、亲身经历等等。

　　我国数学家陈景润刻苦勤奋地钻研,光每次用来演算数学题的草稿纸就有几麻袋,正是如此,他才能不受别人那些尖酸刻薄的话影响;正是如此,他才能在工作室里一遍一遍地认真演算,最终攀上了"哥德巴赫猜想"中数学题"1+2"的高峰,他的研究被国际数学界称为"陈氏定理"。

——《梅花香自苦寒来》

道理论据:

中国有句古谚:书山有路勤为径,学海无涯苦作舟。

有诗云:不经一番寒彻骨,怎得梅花扑鼻香。

发明家爱迪生说过:"天才是99%的汗水再加1%的灵感。"

——《梅花香自苦寒来》

2.概括叙述论据,不需要详细记叙事件本身,只要抓住人物和基本事件即可。

　　1868年,美国3M公司发明了一种胶水,却不是很成功。这种胶水看上去很黏,可就是粘不牢东西。这一缺憾一直困扰着工程师福莱。直到1974年,福莱参加礼拜翻开歌本时,书签掉了下来,他突然想起那次不成功的发明,于是灵机一动:把这种胶水粘在书签上,书签不就掉不下来了吗? 通过实验,一种带黏性的书签诞生了,无论把这种书签粘贴到哪儿,它都会乖乖地待在那儿,不需要时把书签揭下来,也不会对书有任何损伤,而且往上写字也非常方便,这就是不干胶便利贴的前身。便利贴一经问世,便十分畅销,至今仍是3M公司的不败商品,并持续演化出其他无痕挂钩等明星产品。一次失败未必永远失败,工程师福莱就是一个人生的智者,他将生活的缺憾智慧地转变成了完美。

——《缺憾与完美》

3. 分析论据,建立起材料与观点之间的联系。

(1)因果分析法

从因果关系上把论点与论据联系起来,即对事件中的行为思考:为什么这个事例能证明作者的观点,从而探究其根源,发现其本质。

读书可以避免浅陋直白,让心灵丰盈圆润。大学毕业刚工作时,我工作热情主动却有些马虎,考虑问题不够全面;待人真诚却嫌直白,有时甚至好心办了坏事。这些问题,固然有客观的原因,但说到底,还是心智不够成熟,修养不到家。除了在生活中体悟之外,我常从书中找老师,在阅读中修炼心性。通过读《论语》《菜根谭》《小窗幽记》,我懂得了"己所不欲,勿施于人""责人之心责己,恕己之心恕人",学会了换位思考。由是,心智日渐丰盈成熟起来,待人接物和处理工作也变得更加稳重。

——吴黎宏《读书是一种心灵修复》

(2)假设分析法

假设某种结果的条件不存在,又会发生什么样的结果,再与原条件下的结果进行比较,通过这种比较来证明观点。

(3)意义分析法

意义分析法就是透过论据提供的现象揭示出事物的本质或所蕴含的意义,或予以高度评价,或揭示其要害、危害等,从而证明论点。

姑且假定你特别崇拜拿破仑,成为像他那样的盖世英雄是你最大的愿望。好吧,我问你:就让你完完全全成为拿破仑,生活在他那个时代,有他那些经历,你愿意吗?你很可能会激动得喊起来:太愿意啦!我再问你:让你从身体到灵魂整个儿都变成他,你也愿意吗?这下你或许有些犹豫了,会这么想:整个儿变成了他,不就是没有我自己了吗?对了,我的朋友,正是这样。那么,你不愿意了?当然喽,因为这意味着世界上曾经有过拿破仑,这个事实没有改变,唯一的变化是你压根儿不存在了。

——周国平《成为你自己》

4.注意材料的丰富性。

英国作家毛姆曾经说过:"完美有一个重大缺陷,它往往是无趣的。"更何况,完美从来没有统一的定义,今天的完美不一定是明天的完美,今天的某种理解,明天就有可能被颠覆。在模特行业,完美的长相和身材,无疑是竞争的最大优势。然而,不久前,一名患有白癜风疾病的模特却出人意料地登上了国际著名秀场——长相身材的不完美可以通过气质来弥补。一些条件并不完美的模特,因为在千篇一律的模特界独树一帜,反而更容易获得成功。

——武志红《感谢自己的不完美》

二、课前练笔

题目：

"钱钟书当年就常常爱翻阅一两册中文或外文笔记,把精彩的片段读给杨绛听。"这个事例放到下面哪个段落中呢?

段落一:钱钟书读书也爱做笔记,从20世纪30年代到90年代一直坚持,单是外文笔记就达200多本、3.5万多页。据杨绛所言,他的笔记本"从国外到国内,从上海到北京,从一个宿舍到另一个宿舍,从铁箱、木箱、纸箱,以至麻袋、枕套里出出进进"。其笔记不仅数量惊人,内容也广袤博杂,从精深博雅的经史子集,到通俗的小说院本、村谣俚语和笔记野史,古今中外,无所不容。把这些笔记前后参照、相互引证、融会贯通后,才有了如《管锥编》里那样汪洋恣肆、行走于东西之间游刃有余的文章。

段落二:做笔记固然重要,但经常温故笔记更重要。虽说"好记性不如烂笔头",但只记笔记却不温习,一样容易遗忘,时常巩固方能加深记忆,需要用时才能信手拈来;此外,温故而知新,在翻阅读书笔记时,往往能够前后贯通,发现新的问题。

——汤欢《读书莫忘做笔记》

段落一写了钱钟书记笔记的事,也写了杨绛对钱钟书记笔记的事的评价,但这一句是在评论温习笔记的重要性,与段落一意思不符。段落二的主旨"做笔记固然重要,但经常温故笔记更重要"表明了温习笔记的重要性,所以应该放在段落二。

三、课中练习

题目：

孔子说："人而无信,不知其可也。"(《论语·为政》)诚信,自古就是美德。欺诈、造假等不讲诚信的现象历来为人们所深恶痛绝。请以"谈诚信"为题,写一篇议论文,不少于600字。

思维建模：

1. 关于"诚信",可说的角度很多,要深入思考,多方挖掘,形成一个明确的观点。部分角度如下：

诚信在人间必不可少

找回诚信

关于"诚信"的思考

与诚信同行

诚信的意义

诚信——让生命天平不再摇摆不定的砝码

诚信——交往的桥梁

2. 关于"诚信"的材料很多,注意围绕自己确定的观点,选取恰当的材料。

有关"诚信"的名言：

言必信,行必果。——孔子

人而无信,不知其可也。——孔子

生命不可能从谎言中开出灿烂的鲜花。——海涅

言不信者,行不果。——墨子

民无信不立。——孔子

如果要别人诚信,首先要自己诚信。——莎士比亚

诚实和勤勉应该成为你永久的伴侣。——富兰克林

虚伪的真诚比魔鬼更可怕。——泰戈尔

诚实是人生永远最美好的品格。——高尔基

人背信,则名不达。——刘向

小信成则大信立。——韩非

内不欺己,外不欺人。——金缨

诚信为人之本。——鲁迅

3. 思考所举材料与观点的关系。

谈 诚 信

诚信是一条跨江的桥梁,让人们彼此互相沟通;诚信是一面坚实的盾牌,保护我们应有的权益;诚信是一个醒目的路标,防止人们掉进金钱关系的深渊;诚信是夜空中闪烁的北斗,指引一个又一个有良知的人走向成功和辉煌。但在市场经济下,诚信正在缺失,但这并不表明诚信在金钱和利益面前站不稳了。因为个人需要诚信、集体需要诚信、社会需要诚信。

诚信是人们通向成功的必要因素。

历史上没有一个伟人或团体的成功离得开诚信。华盛顿勇于向爸爸承认砍掉樱桃树的错误,诚信便映射他那美国第一总统的身影;商鞅坚守承诺给了搬木头的人百两黄金,诚信便帮助中国走进了封建社会的大门;百年老字号同仁堂坚持炮制虽繁不敢省人力、品位虽贵不敢减物力的传统,始终在经济化全球化的今天屹立不倒,诚信便成为一个企业成功的法宝。在人们的成功之路上,诚信也许不能算第一,但也不可缺少。丢掉诚信的人,即使躲过一时的风浪,但也只能漂泊在茫茫的大海上。

(这段分别列举了华盛顿勇于认错、商鞅坚守承诺、同仁堂坚持传统做法三个事例,从古到今、从国外到国内,从个人到集体,具体有力地证明观点:历史上没有一个伟人或团体的成功离得开诚信。)

诚信是中华民族固有的精神财富。

诚信是中国文化的瑰宝,不少成语与诚信有关,如一言九鼎、一诺千金等。在古代,九鼎、千金是权利与财富的象征,古人把诚信与此二者相比,可见我们民族对诚信的重视。仁、义、礼、智、信是君子、贤人必需的品德。中国是文明古国、礼仪之邦,诚信已成为全世界十多亿炎黄子孙的美好品德和做人准则。

(这段列举古之君子必备品德及有关诚信的典故,有力地证明了诚信是中华民族固有的精神财富。材料与观点吻合,做到材料为观点服务。)

诚信是当今世界不可缺少的重要因素。

在金钱至上的今天,一些商家只顾眼前利益而生产、销售劣质产品的现象屡见不鲜,三聚氰胺奶、瘦肉精火腿肠、过期月饼,还有地沟油……诚信缺乏,让人们连吃饭都不敢下咽。有人说市场经济有钱是好汉,没钱玩不转;一些好汉为了玩得转可谓不择手段。就像马克思说的一样:资本来到世间,从头到脚,每个毛孔都滴着血和肮脏的东西。我想:没有诚信的市场经济只能是使世界充满欺诈与腐败的大赌场。

同学们,无论是为了个人、集体还是社会,请坚守住心中的诚信吧!

点评:

1. 观点明确,全文分论点有:诚信是人们通向成功的必要因素;诚信是中华民族固有的精神财富;诚信是当今世界不可缺少的重要因素。

2. 列举的论据多样化,且充分证明观点。事实论据有:华盛顿勇于认错、商鞅坚守承诺、同仁堂坚持传统制作方法、三聚氰胺奶、瘦肉精火腿肠、过期月饼、地沟油,而且叙述言简意赅。道理论据有:古之君子必备品德、有关诚信的典故。

四、课后巩固

题目:

范仲淹在《岳阳楼记》中说:"先天下之忧而忧,后天下之乐而乐。"对此你怎么看?自定立意,自拟题目,写一篇议论文,不少于600字。

思维建模:

1. 你要表明什么观点?注意言之成理。

(1)为人民着想,把自己的幸福同人民的幸福联结在一起,为实现人类美好的理想而奋斗。

(2)一个人应把大众利益摆在第一位,把个人利益摆在第二位,在天下人忧虑之前忧虑,在天下人快乐之后快乐。

2. 你选择哪些与观点一致的材料?最好既有事实论据,又有道理论据,并分析材料与观点的关系。

事实论据:

(1)马克思在中学毕业时就具有了这样高尚的幸福观。他说:"我的幸福属于全人类。"他就是以此为目标,为人类的解放事业,为共产主义贡献了一生。

(2)我们敬爱的周总理也是以天下为己任,从小就立下为中华之崛起而读书的雄心,他为中国人民鞠躬尽瘁,受到人民的无比爱戴。

(3)滕子京虽左迁巴陵郡,但他并没有因此而冷淡人民。到巴陵郡后,见当地百业俱废,忧国忧民之愁即上心头,他抛开个人的不幸,全心全意地为百姓谋幸福。

道理论据:

(1)俗话说:"大河有水小河满,大河无水小河干。"个人利益与国家、大众的利益是分不开的。如果国家衰败、生灵涂炭,那么个人利益又从何谈起呢?只有国家兴旺发达、人民安居乐业,个人才有幸福可言。

(2)天下兴亡,匹夫有责。

3.根据你的观点和材料列一个提纲,与同学交流,互相补充论据,在此基础上完成作文。

引论:由范仲淹名言引出论点——一个人应把大众利益摆在第一位,把个人利益摆在第二位,在天下人忧虑之前忧虑,在天下人快乐之后快乐。

本论:先提出"个人利益与国家利益是密不可分的"的分论点;接着列举古今名人、伟人(滕子京、范仲淹、周恩来、焦裕禄)扛起国家重任、实现人生价值的例子证明此观点;然后提出"那些个人利益与国家利益脱离的人大有人在,但能成就伟业的却少之又少";再列举"路易十五的奢华暴虐,劝降苏武的小人卫律唯利是图,汉文帝时的中行说归降匈奴"证明。

最后得出结论:为人民着想,把自己的幸福同人民的幸福联结在一起,为实现人类美好的理想而奋斗,这是一种高尚的幸福观。

写作训练:

(作文格)

五、写作评价

评价指标	评价方式	评价标准		
		是	一般	否
观点是否明确	自评			
	互评			
	师评			

续表

评价指标	评价方式	评价标准		
		是	一般	否
论据是否真实准确	自评			
	互评			
	师评			
论据是否多样化	自评			
	互评			
	师评			
叙述论据是否简明	自评			
	互评			
	师评			
论据与论点的关系	自评			
	互评			
	师评			

九年级上第四单元　学习缩写

吉安市白鹭洲中学　张丽荣

导语：

"浓缩就是精华。"这虽是趣味式的表达，但此话源于客观现实。自然界中的动植物，大多数体内90％以上是水，浓缩了，那有效成分就会增加。而现实生活中，我们笑谈那些个子矮小的人，但他们特别聪明机智。那如果把长篇文章浓缩成简短文章，会不会也成为精品呢？又如何浓缩成精品呢？我们不妨走进"学习缩写"，找寻我们所要的答案。

一、课前导学

分点一：缩写是什么

缩写就是在保持中心思想不变的前提下，压缩文章的篇幅，把主要内容用自己的话说一遍。

分点二：缩写的作用

通过缩写训练，可以提高把握文章要点、思路的能力，还能培养概括、综合能力。

分点三：复述和缩写

两者都要求保持原意不变。复述强调的是口语表达，要清楚、正确、流畅、明白。缩写强调的是书面表达，也要求正确、流畅、明白。

分点四：梗概和缩写

缩写后的文章要有故事，有情节，不随意添加自己的看法、感想和体会。梗概一般只是对内容的概括，没有具体的故事情节，可以有自己的评价和体会。

分点五：缩写应该注意的地方

一定要忠实于原文内容和原文的体裁。

在全面地、准确地反映原文内容的同时，一定要突出原文的中心意思，不能写成流水账。

缩写后的文章自成一文,要以自己的话为主,可适当摘取原句。

缩写成的文章要首尾连贯,过渡自然,不能写成段落提纲。

分点六:缩写形式

1. 具体描写概括化

原文:

那天,是他们离家以来遇到的最恶劣的一个天气。一早上,天就阴沉下来。天黑,河水也黑,芦苇荡成了一片黑海。杜小康甚至觉得风也是黑的。临近中午时,雷声已如万辆战车从天边滚动过来,不一会儿,暴风雨就歇斯底里地开始了,顿时,天昏地暗,仿佛世界已到了末日。四下里,一片呼呼的风声和千万枝芦苇被风折断的咔嚓声。

鸭栏忽然被风吹开了,等父子俩一起扑上去,企图修复它时,一阵旋风,几乎将鸭栏卷到了天上。杜雍和大叫了一声"我的鸭子",几乎晕倒在地上。因为他看到,鸭群被分成了无数股,一下子就在他眼前消失了。

——曹文轩《孤独之旅》

缩写后:

一场噩梦源自那场暴风雨。乌云如墨,染黑了天,染黑了水,狂风骤起,雷声轰鸣,暴雨倾盆而下。每一根芦苇都像一个个失去理智的狂魔,整个世界成了一个黑色的磐石,要将杜小康活活压瘪。鸭栏被吹散了,鸭群像中了魔法一样,被黑色的妖风卷进芦苇荡……

2. 人物语言概括化

原文:

到暴风雨将歇时,依然还有十几只鸭没被找回来。杜雍和望着儿子一脸的伤痕和冻得发紫的双唇,说:"你进窝棚里歇一会,我去找。"杜小康摇摇头:"还是分头去找吧。"说完,就又走了。

——曹文轩《孤独之旅》

缩写后:

暴雨将歇,还有十几只鸭没有找到,杜小康和父亲又分头出发了。

3. 次要内容可删减

原文:

一年一年过去,牛郎渐渐长大了。哥哥嫂子想独占父亲留下来的家产,把他视为眼中钉。一天,哥哥把牛郎叫到跟前,装得很亲热的样子说:"你如今长大了,也该成家立业了。老人家留下一点儿家产,咱们分了吧。一头牛,一辆车,都归你;别的归我。"

嫂子在旁边,三分像笑七分像发狠,说:"我们挑有用的东西给你,你知道吗? 你要知道好歹,赶紧离开这儿。天还早,能走就走吧。"

牛郎听哥哥嫂子这么说,想了想,说:"好,我这就走!"他想哥哥嫂子既然这样对待他,他又何必恋恋不舍呢? 那辆车不稀罕,幸亏那头老牛归了他,亲密的伙伴还在一块儿,离不离开家有什么关系?

缩写后:

牛郎渐渐长大了,哥哥嫂子赶走牛郎。

二、课前练笔

缩句练习:

1. 缩前:我国这一园林艺术的瑰宝、建筑艺术的精华,就这样化成了一片灰烬。

缩后:瑰宝、精华化成了灰烬。

2. 缩前:我常不由自主地想起我们的刘老师,想起他放的风筝。

缩后:我想起刘老师,想起风筝。

缩写文章练习:

从学过的小说里选择一篇,尝试缩写。

思维建模:

1. 小说的中心思想是什么? 请你写出各段的大意。

2. 围绕着中心,文章主要写了哪些事件和材料,哪些是次要情节和材料? 你觉得哪些可以删掉?

3. 文章哪些地方描写得具体细腻? 怎么将它们变成简洁叙述的文字?

4. 认真读一读全文,你觉得段与段之间的衔接自然吗? 首尾贯通吗? 缩写后,怎么做到首尾贯通?

习作展示：

《孤独之旅》缩写

一

　　家境衰败，杜小康失学了，放鸭成了他们全家唯一的希望。（保留主要事件，次要事件概括化。）

　　坐上父亲的小船，望着渐渐远去的家，杜小康哭了，哭出了声。父亲沉着脸望着他。鸭群游成了一个倒置的扇形，激起急促而均匀的水声，此刻，没有人理解杜小康的心。

　　迎面扑来的是陌生的水面、陌生的天空、陌生的面孔，故乡离杜小康远去了……（鸭群的生动描写概括化。）

二

　　终于到了。那是一片望不到边际的芦苇荡，风吹芦苇，如绿色的浪潮涌向天边，涌向血红的夕阳。闻着芦叶的清香，一股莫名的压力涌上心头，压得杜小康胸口发闷。（远去的家乡、父亲的心理等次要事件删掉。）

　　一个芦苇围成的鸭栏，一个低矮的窝棚，这就是杜小康的家。他和父亲将在这里放鸭直到来年的春天。（具体描写概括化。）

　　日子一天天过去，父子间的对话越来越少，单调的工作，乏味的生活，杜小康的整个世界都充满了孤独。（人物描写概括化。）

　　欲哭无泪，欲逃不能。杜小康心里慢慢接受了这不可回避的孤独。日升日落，云卷云舒，赶鸭回家，这便成了杜小康的生活。

三

　　一场噩梦源自那场暴风雨。乌云如墨，染黑了天，染黑了水，狂风骤起，雷声轰鸣，暴雨倾盆而下。每一根芦苇都像一个个失去理智的狂魔，整个世界成了一个黑色的磐石，要将杜小康活活压瘪。鸭栏被吹散了，鸭群像中了魔法一样，被黑色的妖风卷进芦苇荡……（详尽描写简单化。）

　　杜小康抛下父亲，朝鸭群追去，泪水、汗水、雨水模糊了他的视线。脸被芦叶划破了，脚被芦根戳破了，杜小康忍着疼丝毫不敢停下……

　　暴雨将歇，还有十几只鸭没有找到，杜小康和父亲又分头出发了。

　　找啊，找啊，真好啊！那十几只小鸭终于被杜小康找到了。芦苇连天，它们迷失了方向，小鸭们像受惊的孩子一般依偎在杜小康的身边。那一刻，杜小康哭了,哭声里没有悲哀,而是一种从来没有体验过的感觉,那一刻杜小康觉得自己已成了一个真正的男子汉。(详尽描写化为简洁叙述。)

后记

八月的一个早晨,杜小康打开鸭栏,他看见一颗白色的鸭蛋……

点评:

本次缩写体现了原文的中心思想:通过写杜小康因家道中落随父亲去偏远芦苇荡放鸭的经过,表现出他面对陌生的自然环境由恐慌到坚强的一个成长过程,告诉我们成长并不是一帆风顺的,只有经历磨难才能更好成长、更快成长。同时,缩写时懂得取舍,保留了"杜小康在暴风雨中奋力找鸭"的情节,将人物的各种描写、鸭群的描写或概括或删除,凸显了文章的中心与重点。此外,缩写中以自己的话语为主,适当摘取原句,使得文章融为一体,文意畅通。

三、课中练习

题目:

从学过的议论性文章里选择一篇进行缩写。

思维建模:

1. 你所选文章的中心论点是什么?其中哪个是中心论点?哪些是分论点?
2. 请用简洁的语言将文章的论证过程概述清楚。
3. 作者为了证明自己的观点,选取了哪些论据?其中哪个论据是关键性的论据,哪些是次要的论据?你能把关键性的论据简单概括一下吗?
4. 认真读一读全文,你觉得段与段之间的衔接自然吗?首尾贯通吗?缩写后,怎么做到首尾贯通?

习作展示:

《论教养》缩写

良好的教养不仅来自家庭和学校,而且可以得之于自身。(保留作者的观点)

但什么是真正的教养呢?

我确信,一个人是不是真正有教养,首先要看他在自己家里、在自己亲属之间的表现,看他和亲人们的关系究竟怎么样。(删减了论据)

一个有教养的人,必定从心里愿意尊重别人,也善于尊重别人。对他而言,礼貌待人不仅习以为常,轻松自然,而且能让他心情愉快。有教养的人,对别人一律谦让和礼让,无论接触的人年长还是年幼,是社会贤达还是平民百姓。

有教养的人待人处事绝不会自吹自擂,他们懂得珍惜别人的时间。他们允诺别人的事一定尽力去做。无论在什么场合,有教养的人始终如一,稳重随和。(大量删减叙述部分)

有些人认为优雅风度就是矫揉造作,是附庸风雅,是毫无意义的扭捏作态。其实,优雅风度是祖祖辈辈一代又一代人的经验积淀而成的,并且标志着人们渴望变得更高尚,渴望生活更优越、更美好。这是一种世代相传、持续不懈的追求。

那么养成优雅风度,应该遵循哪些原则?一切优雅风度的基础,其实就是一种关照态度——时时刻刻要记住:一个人不应该妨碍他人的生活,要让大家都有良好的自我感觉。

总之,要想成为有教养的人,只需记住一条:必须以尊重的态度对待别人。(凸显原文的论点)

点评:

本次缩写体现了原文的观点:要想成为一个有教养的人,必须以尊重的态度对待每一个人。缩写内容体现了原文的论证思路,大量删减了论据,对论据中的叙述部分做了较大幅度的压缩甚至全部删掉。

四、课后巩固

题目:

班上计划编一份"班级读书档案",邀请每位同学用缩写的方式介绍自己最喜欢的一本书,并就此写一篇作文。题目自拟,不少于600字。

思维建模:

1. 你喜欢的一本书的名字叫什么?你知道它的基础信息吗?简要说明这本书的基本情况,如书名、作者、出版社、出版年月等。

可以从九年级上册推荐阅读的名著中挑选,如《艾青诗选》《泰戈尔诗选》《唐诗三百首》《水浒传》《世说新语》《聊斋志异》等。

2. 梳理全文的结构,找出其中核心章节集中在哪几章,并用简洁的语言加以概括。

3.这本书中最能表现主题的人物有哪些?有关主人公的主要事件有哪些?请简要概括。

4.文章主体部分呈现这部书的主要内容。整本书的篇幅一般较长,内容丰富,需要拟写比较详细的缩写提纲。

5.可以单设一段,说说你对这本书的评价和推荐它的理由。

写作训练:

(作文格)

五、写作评价

评价指标	评价方式	评价标准		
		是	一般	否
体现原文的主题(中心论点)	自评			
	互评			
	师评			
主要情节概括化	自评			
	互评			
	师评			
具体描写概括化(主要论据概括化)	自评			
	互评			
	师评			
人物语言概括化(论据中的叙述成分概括化)	自评			
	互评			
	师评			
次要情节可删减(次要论据可删减)	自评			
	互评			
	师评			
语言连贯流畅,文意畅通	自评			
	互评			
	师评			

九年级上第五单元　论证要合理

吉安市青原区思源实验学校　刘海明

导语：

"陛下虽有以上六德,但自从隋末天下大乱以来,直到现在,民生并未恢复,仓库尚为空虚,而车驾东巡,千骑万乘,耗费巨大,百姓承受不了。况且陛下封禅,必然万国咸集,远夷君长也要扈从。而如今中原一带,人烟稀少,灌木丛生,万国使者与远夷君长看到中国如此空虚,岂不产生轻视之心?如果赏赐不周,就不会满足这些远人的欲望。免除赋役,也远远不能补偿百姓的破费。如此仅图虚名而受实害的事,陛下为什么要做呢?"封禅之事从此停止。

以上是魏徵说服唐太宗停止封禅的一段话,上述交流告诉我们,无论说话还是写文章,都要在其中摆事实、讲道理,也就是要进行论证,从而使人信服并接受你的观点,即论证要合理。

一、课前导学

分点一：观点保持一致

《怀疑与学问》中心论点是:治学要有怀疑精神。在整个论证过程中观点确定,保持统一,没有随意变更。

分点二：材料选用恰当

有人说:环境太平凡了,不能创造。平凡无过于一张白纸,八大山人挥毫画他几笔,便成为一幅名贵的杰作。平凡也无过于一块石头,到了飞帝亚斯(菲迪亚斯)、米开朗基(米开朗琪罗)的手里可以成为不朽的塑像。

有人说:生活太单调了,不能创造。单调无过于坐监牢,但是就在监牢中,产生了《易经》之卦辞,产生了《正气歌》,产生了苏联的国歌,产生了《尼赫鲁自传》。单调又无过于沙漠了,而雷塞布竟能在沙漠中造成苏彝士(苏伊士)运河,把地中海与红海贯通起来。单调又无过于开肉包铺子,而竟在这里面,产生了平凡而伟大的平老静。

可见平凡单调,只是懒惰者之遁词。既已不平凡不单调了,又何须乎创造。我们是要在平凡上造出不平凡,在单调上造出不单调。

有人说:年纪太小,不能创造,见着幼年研究生之名而哈哈大笑。但是当你把莫扎尔特(莫扎特)、爱迪生及冲破父亲数学层层封锁之帕斯加尔(帕斯卡)的幼年研究生活翻给他看,他又只好哑口无言了。

有人说:我是太无能了,不能创造,但是鲁钝的曾参,传了孔子的道统;不识字的慧能(惠能),传了黄梅的教义。慧能说:"下下人有上上智。"我们岂可以自暴自弃呀!可见无能也是借口。蚕吃桑叶,尚能吐丝,难道我们天天吃米饭,除造粪之外,便一无贡献吗?

有人说:山穷水尽,走投无路,陷入绝境,等死而已,不能创造。但是遭遇八十一难之玄奘,毕竟取得佛经;粮水断绝、众叛亲离之哥伦布,毕竟发现了美洲;冻饿病三重压迫下之莫扎尔特(莫扎特),毕竟写出了《安魂曲》。绝望是懦夫的幻想。歌德说:"没有勇气一切都完。"是的,生路是要勇气探出来、走出来、造出来的。这只是一半真理;当英雄无用武之地,他除了大无畏之斧,还得有智慧之剑,金刚之信念与意志,才能开出一条生路。古语说:穷则变,变则通。要有智慧才知道怎样变得通,要有大无畏之精神及金刚之信念与意志才变得过来。

——陶行知《创造宣言》

先以"有人说"的形式,列出错误观点,作为批驳的靶子;然后举例论证,以古今中外的名人在平凡单调的环境中创造出不平凡业绩的事例,证明"有人"观点的荒谬。具体的事例与尖锐的剖析相结合,大大增强了文章的说服力。

分点三:选择合适的论证方法

举例论证:

这方面的典型代表,首推谷登堡。他将原来毫不相关的两种机械——葡萄压榨机和硬币打制器组合起来,开发了一种新机械。因为葡萄压榨机用来从葡萄中榨出汁,所以它在大面积上均等加力;而硬币打制器的功能则是在金币之类的小平面上打出印花来。有一天,谷登堡半开玩笑地自言自语道:"是不是可以给几个硬币打制器加上葡萄压榨机的压力,使之在纸上打印出印花来呢?"由此发明了印刷机和排版术。

——[美]罗迦·费·因格《谈创造性思维》

道理(引用)论证：

孔子说："饱食终日，无所用心，难矣哉！"又说："群居终日，言不及义，好行小慧，难矣哉！"

——《敬业与乐业》

比喻论证：

活人的塑像和大理石的塑像有一点不同，刀法如果用得不对，可以万像同毁；刀法如果用得对，则一笔下去，画龙点睛。

——陶行知《创造宣言》

正反对比论证：

因怀疑而思索，因思索而辨别是非；经过"怀疑""思索""辨别"三步以后，那本书才是自己的书，那种学问才是自己的学问。否则便是盲从，便是迷信。

——顾颉刚《怀疑与学问》

分点四：文章结构要合理

几种切实可行的结构模式：

1. 总—分—总（总—分）式

如《怀疑与学问》，在开头提出中心论点，然后以分论点的形式从各个不同的角度来论证中心论点。

2. 并列式

对中心论点所涉及的几个主要问题，分别进行论述，几个层次之间的关系是并列的，它们从不同的角度来论证文章的论点。掌握这种模式的关键是从并列的几个方面多角度地观察、分析、认识事物。可按事物的性质并列，也可按事物的特点并列，也可按"首先""其次""再次"等排列。

3. 递进式

如《谈创造性思维》，采用"提出问题—分析问题—解决问题"的结构，层层深入展开论证。

4. 对照式

对照式，就是在中心论点提出之后，从正反两个方面对中心论点进行论证。运用对照式，目的是通过两个方面的对照，突出论述其中的一个方面的正确性，另一个方面起烘托、陪衬作用。

二、课前练笔

题目：

《怀疑与学问》一文中指出，做学问不要盲从或迷信，要有怀疑的精神。请你也写一段文字论证这个观点，200字左右。

思维建模：

1. 可以用相关事例、名言等材料作为论据，论证题目中的观点。

2. 要对所用的材料进行具体分析，不要只是简单的"观点+材料"。

片段展示：

怀疑与学问

怀疑精神是做一切学问的基本条件。高尔基有言："要想把问题弄清楚，就不要急着去相信，知识的力量就在于怀疑。"如果没有怀疑精神，笛卡尔屈从于神学的权威，就不会在科学和哲学领域取得辉煌成绩；如果没有怀疑精神，伽利略不会在比萨斜塔做两个铁球同时着地的实验，就不会揭开物体运动的秘密；如果没有怀疑精神，钟南山院士就不会质疑医学权威认为的SARS病毒为衣原体病毒，就不会为救治病人立下大功。怀疑精神对于治学就如氧气之于生命，失去了怀疑，学问也就失去了进步的可能。

点评：

本段文字紧紧围绕"怀疑精神是做一切学问的基本条件"的观点展开论证。首先引用高尔基的名言，增加了观点的说服力；接着列举出笛卡尔、伽利略、钟南山的事例，在简要的分析中进一步证实观点；最后将怀疑之于学问比作氧气之于生命，也就更容易让人信服。限于字数的要求，小作者能够做到论证结构合理，思路清晰，论证方法较为丰富，可谓难得。

三、课中练习

题目：

俗话说："知足常乐。"有的人却说："知足未必常乐。"试围绕"知足与快乐"这一话题，自定立意，写一篇议论文。自拟标题，不少于600字。

思维建模：

1. 审题，围绕话题确定自己的观点。

2. 在标题或文章开头明确表达自己的观点。

3. 对运用的材料进行分析,突出材料对观点的支撑或证明作用。
4. 选择恰当的论证方法。
5. 恰当安排论证的结构,注意层次清晰,逻辑严密。

习作展示:

知足就会常乐

春去秋来,花开花落,岁月就这样流逝,不留痕迹。有人喜欢伤春悲秋,有人喜欢享受当下,而我们应该做的,就是珍惜现在的一切,明白知足方能常乐。(开门见山,作者明确提出自己的观点:我们要珍惜现在的一切,明白知足方能常乐。)

不知足常悲。有句俗语说得好:"人心不足蛇吞象。"(作者笔锋一转,引用俗语,运用道理论证。)蛇吞象,受苦的还是自己,就像人如果只看到自己没有的,只会令自己郁闷,自寻烦恼。追名逐利一直是很多人的梦想,他们原本是为了让自己更快乐,却在追寻的过程中丧失了原本的快乐,即使后来成功拥有了名和利,也是不快乐的,何苦呢?很多人为了名利放下亲情、友情,等到后来才明白这些才是人生最重要的,可是这些都已经消逝,再也找不回来了,因此他们只能空悲叹。不知足常悲,因此我们不要不知足,否则只会令自己后悔。(先从反面论述了"不知足常悲",不落俗套,令人耳目一新。)

知足常乐。多想一下自己拥有什么,你会学会知足,同时,你也会快乐起来。唐伯虎曾写下"不见五陵豪杰墓,无花无酒锄作田"。与仕途擦肩而过,唐伯虎没有悲伤,反而对自己的田园生活感到快乐。"赌书消得泼茶香,当时只道是寻常。"纳兰容若的恬适生活令他沉醉,他满足于这样的生活,所以他是快乐的。苏轼的"一蓑烟雨任平生",豁达乐观令世人感慨,虽仕途不顺,但他不过分悲叹自己,反而生出这样的大境界,如何能不令人敬佩?还记得那个"奉旨填词"的柳三变吗?"且去浅斟低唱,何要浮名?"皇帝的一句话,便断送了柳永的仕途。他悲伤过,低落过,但他最后选择接受命运的安排,在勾栏瓦肆之地浅斟低唱,追寻自己的内心。朝廷只是少了一位小官,却成就了一位大词人,璀璨了两宋文坛,照亮了宋词的前程。不要老想着你没有什么,要想到你拥有什么,你就会快乐。(通过列举唐伯虎、纳兰容若、苏轼、柳永等人的典型事例进一步论证了要"知足常乐",增强了说服力。)

人生就像一场梦,要做个好梦,就得带着微笑,多看看自己拥有的,比如亲情、友情。如果你懂得自己拥有多少珍贵的东西,怎么会不快乐呢?(要珍惜拥有,要知足常乐。结尾的问句引人深思,耐人寻味。)

点评:

作者在开篇就明确表达自己的观点,那就是知足方能常乐。紧接着,作者使用了道理论证和事实论证两种方法对观点进行了论证,层次清晰,逻辑严密。

四、课后巩固

题目:

中国有句俗话,叫"近朱者赤,近墨者黑",强调环境对人成长的影响。对此,你怎么看?请自定立意,自拟题目,写一篇议论文,不少于600字。

思维建模:

1. 梳理驳论的写法,选择一个合适的角度来批驳,同时要表明自己的观点:是同意"近朱者赤,近墨者黑",还是认为"近朱者未必赤,近墨者未必黑"。

2. 选择与观点一致的材料,最好既有事实论据,又有道理论据。

3. 根据内容的需要选择恰当的论证方法,增强说服力,增加表达的丰富性。

4. 采用合理论证结构,可以采取设置分论点的形式,从多方面、多角度展开论证;也可以采用"提出问题—分析问题—解决问题"的结构,层层深入展开论证。

写作训练:

(作文格)

五、写作评价

评价指标	评价方式	评价标准		
		是	一般	否
观点是否保持一致	自评			
	互评			
	师评			

续表

评价指标	评价方式	评价标准		
		是	一般	否
材料选用是否恰当	自评			
	互评			
	师评			
论证方法是否合适	自评			
	互评			
	师评			
论证结构是否合理	自评			
	互评			
	师评			

九年级上第六单元　学习改写

吉安市青原区思源实验学校　李桂珍

导语：

改写，是按照需求和需要把一种文章改变为另一种文章的作文方法，是对原作从形式到内容进行某种改动的再创造。相对于其他表现形式（扩写、缩写、续写）来说，改写在写作和表现形式上是比较自由的，可以对作品的体裁、结构、人称、描述方法、语言等进行重构。

一、课前导学

分点一：改写的主要形式

1. 改变文体。对原作的思想内容基本上不做改动，只侧重于改变原作体裁形式。比如将诗歌改写成散文，将小说改写成剧本。

2. 改变语体。比如将文言文写成现代的白话文，将书面改成口语。

3. 改变叙述角度。比如将第一人称改为第三人称，将第三人称改为第一人称，或者将顺叙改为倒叙、插叙，将倒叙改为顺叙等。

分点二：改写遵守的原则

1. 忠于原文，掌握内容。要先读懂原文，理解内容，把握重点，在忠于原文的基础上改写，不改变原文的主题，重要情节保持与原文一致，改写的内容紧紧围绕主题，紧扣人物特点、思想感情、写作重点。

2. 合理想象，适当扩展。补充细节描写、人物描写、环境描写，也可以增加一些议论、抒情，增加必要的资料或补充论据（议论文）等。

3. 详略得当，结构完整。扩写的语言同样要求简练明确。对照原文在内容或形式上要有所创新，认真构思，讲究条理清楚、层次分明，注意前后照应，保持结构的完整性。

4. 要有自己的风格。改写需要想象力，不能大段地抄原文，只能增删或改动部分内容，使作品有新意。在写作过程中，要避免千篇一律，尽量体现自己的语言、行文风格,既区别于原文,又富有个性。

5.叙述角度一致,避免人称不统一和叙述上的混乱。比如,改写后的文章使用第三人称写的,要避免混入第一人称的叙述;如果改变了原文记事顺序,就要精心安排叙事结构,还要有适当的过渡。

二、课前练笔

题目:

选取一则古代寓言,用现代汉语改写成一篇小故事,300字左右。

思维建模:

1.仔细研读原作,明确原作的主要故事内容、主要形象特点、说明的道理等,这些不可改动。

2.古代寓言故事大多短小精悍,叙事简洁,改写时不可逐句翻译。

3.发挥想象,适当增添一些情节及必要的动作、神态、心理等描写,使人物形象丰满,故事情节更生动。

佳作展示:

《穿井得一人》改写

春秋战国时期的宋国,地处中原腹地,缺少江河湖泽,而且干旱少雨。农民种植的作物,主要靠井水浇灌。(交代"穿井得一人"故事发生的环境,为下文写丁家穿井一事做铺垫。)

当时有一户姓丁的农家,种了一些旱地。他家的地里没有水井,浇地十分困难。于是,丁氏与家人决定打一口水井。当丁氏打井成功,从井里提起第一桶水时,全家人欢天喜地,高兴得合不拢嘴,从此以后,他们家再也用不着总派一个人风餐露宿,为运水浇地劳苦奔波了。丁氏逢人便说:"我家里打了一口井,还得了一个人呢!"(记叙穿井过程,引出"穿井得一人"的说法。)

村里人听了丁氏的话以后,便有人说:"丁家在打井的时候从地底下挖出一个人!"一传十,十传百,此话竟然传到了宋国国君的耳朵里。宋君想:"假如真从地底下挖出一个活人,那不是神仙便是妖精。我非打听个水落石出才行。"为了查明事情真相,宋君特地派人去问丁氏。丁氏回答:"我家打的那口井给浇地带来了很大方便。过去总派一个人常年在外运水,现在可以不用了,从此家里多了一个空闲的人手,但这个人并不是从井里挖出来的。"(交代"穿井得一人"

说法的误传以及勘误过程。）

点评：

本文作者将古代寓言故事"穿井得一人"做了十分精彩的改写，故事情节完整，在叙述故事情节的过程中，大胆运用联想，先交代丁家的地理环境，写出穿井的必要性，后还增加对宋君听到传言后的心理描写，使故事更加生动有趣，整体上又忠实于原文及其寓意，是一篇较成功的改写文。

原文：

穿井得一人

宋之丁氏，家无井而出溉汲，常一人居外。及其家穿井，告人曰："吾穿井得一人。"有闻而传之者，曰："丁氏穿井得一人。"国人道之，闻之于宋君。宋君令人问之于丁氏，丁氏对曰："得一人之使，非得一人于井中也。"求闻之若此，不若无闻也。

三、课中练习

题目：

从学过的小说中选一篇，改变原来的叙事视角，换成另一个人物的口吻来讲述这个故事。

思维建模：

1. 选定改写的篇目，确定叙事视角。

2. 根据所选视角重新梳理小说内容，发挥想象，换位思考，或增或减或换内容，使故事情节更合情合理。

3. 叙事视角改变，叙事的顺序也可能有相应的变化，注意叙事有条理，用好过渡，把故事说清楚。

4. 叙事视角改变，但小说的主题不能改变，基本思想需要忠于原作。改写后的作品在人称上、语言风格上也要前后一致。

习作展示：

我 的 自 传

我叫杨志，曾经是一个充军发配的罪人，幸得梁中书的信任，派我押送生辰纲前往汴梁，给他的岳丈、当朝太师蔡京祝寿。我曾听闻，去年送去的生辰纲在半路上被人劫走了，所以这次梁中书把如此重要的任务交给我，是对我的信任，我一定要安全送达,说不定还能就此高升,光宗耀祖。(简单交代故事背景,让读者知道来龙去脉。)

因要赶上蔡京六月十五日的生日,我们五月中旬就要出发,天气虽晴朗,却是酷热难行,树上没有一丝风,知了"喳——喳——"地叫个不停,空气中充满了焦躁。我也知他们累,他们热,但为了不遇到劫匪,只能辰时起身,申时才歇。而他们却像造反一样,专和我对着干,就连那个老都管和那两个虞候也对我指手画脚。(从杨志的角度阐述矛盾,角度转换得好。)为了让这些厢禁军抓紧时间赶路,我只能对他们责骂加鞭打。我知他们对我多有不满,可为了完成任务,我也没有他法。

这一天正午正走到黄泥冈,那十一个厢禁军自作主张停下来要歇,我自知这一带劫匪甚多,便催促他们快走。可他们却坐在地上不动了,任我怎样拿鞭子抽打,也不起来,连老都管也极不分轻重地跟我争辩。(将具体的对话改成了概括式的叙述,详略得当。)

这时,我发现松林里好像有人,心中一紧,恐是贼人,赶紧拿了朴刀过去。进入松林,我发现那里有七个汉子在乘凉。与他们一番交谈后,知他们是贩枣的客人,才放下心来。走出松林,看着这些厢禁军大汗淋漓的样子,想着没什么危险,我就同意他们在此处休息。

不一会儿,来了一个卖酒的人,有人要买酒,被我阻止了,我说这酒里不知放了什么,还是不要喝的好。那几个贩枣的客商,先买了一桶酒,喝完后,其中一个客商又把另一桶打开舀了一瓢要喝。卖酒的汉子上前阻拦。另一个客商趁机也拿了一个瓢来舀酒。卖酒的见了,抢过瓢来,劈手将酒倒在桶里。殊不知,就在这时,药被放进了桶里。(因是"自传",为突出重点,此处不再设置悬念,直接交代酒被下药这一事实。)老都管过来对我说:"杨提辖,你看他们喝了都没事,我们也渴了,就买点吧。"我思量着,这一桶也被喝过,应该没事,便同意了。

于是他们便冲上去买酒,有人还给了我一瓢。我见众人喝了无事便喝了一半。过了一会儿,我看他们一个个都头重脚轻地栽倒在地上,心里暗叫:"不好,中计了。"但再想站起来,已经不可能了。看见那群枣商一个个笑着搬运生辰纲,我真是后悔让大家休息和买酒喝。又一次任务失败了,回去怎么交代……不一会儿,我眼前一片漆黑,什么也不知道了。(突出了杨志的心理,并补充了那群枣商的神态。)

醒来后,周围只剩我们一行人,生辰纲早已不见踪影,无奈之下,我只能逃走,却不知该逃往哪里……

点评：

人称的变化在改写中有一定的难度,容易改得与原文几乎一样。但本文的改写很有特点,从第三人称改写成第一人称,从杨志的角度叙述和描写故事,融入了作者自己的理解,没有改变原作的中心和人物形象,有适当的细节描写,尤其是对杨志失掉生辰纲后的心理描写,表现了杨志的自责与后悔,符合原著的形象。改写的文章重新安排了详略,详写了路上天气的炎热及手下人的不满,略写了吴用等人智取的过程,结构合理,是一篇很成功的改写文章。

四、课后巩固

题目：

发挥想象,将南宋诗人陆游的《游山西村》改写为一篇游记。

附：

游山西村

莫笑农家腊酒浑,丰年留客足鸡豚。

山重水复疑无路,柳暗花明又一村。

箫鼓追随春社近,衣冠简朴古风存。

从今若许闲乘月,拄杖无时夜叩门。

思维建模：

1. 正确理解诗歌大意与主旨,再进行创作。

这首诗首联写村里人的热情好客;颔联写景,也是蕴含哲理的名句;颈联写村子的风俗;尾联写作者的愿望。

2. 改写为游记,应包括哪些内容?

包括两方面内容,一是写景,二是叙事,要在写景、叙事当中自然流露作者的喜好。写景要紧扣景物特点,叙事要注意详略得当。文章要突出风光之美、风俗之美、人情之美。

3. 可以按怎样的写作思路来写?

首先交代游玩的起因。主体部分,第一部分写景,紧扣颔联,写自己途中所见美景;第二部分叙事,叙述自己在此地的游玩经过,突出村民的淳朴、热情、好客;末段抒情,表达自己尽兴而归,并希望以后再来的愿望。

4.可以选择什么写法?

寓情于景,紧扣景物特点,以事件来刻画人物形象,以细节描写来表现人物心理。

写作训练:

(作文格)

五、写作评价

评价指标	评价方式	评价标准		
		是	一般	否
是否改变叙述角度或文体等	自评			
	互评			
	师评			
是否忠于原文	自评			
	互评			
	师评			
是否有想象创新	自评			
	互评			
	师评			

九年级下第一单元　学会扩写

吉安市第十三中学　刘　娟

导语：

扩，本义为张大、增大。扩写，即对本来较为简略、概括的文章或片段加以扩展、补充，使之成为篇幅更长，内容更充实、更饱满的文章的一种写作方式。扩写需要在忠于原文的基础上进行，忠于原文首先要遵循原文体裁，准确把握原文的主要内容，理解原文中心思想，在此基础上发散思维，大胆创造，使原文更充实。

扩写要对提供的材料文字进行扩充，这个过程就如同在建造房屋时进行的添砖加瓦，其前提是忠实于原建筑的设计及风格，这就要求在进行扩写时首先必须看懂这段文字的意思，忠于原文，然后找准扩写点，保持文章内容的一致和连贯。

一、课前导学

分点一：调动多感官，使描写更细腻

在描写某个事物时，尽可能地从不同的感官角度进行描写，选取不同角度进行景物描写，可以使描写更生动形象，丰富细腻，立体可感，使人产生身临其境的感觉。

他靠纱窗望出去。满天的星又密又忙，它们声息全无，而看来只觉得天上热闹。一梳月亮象形容未长成的女孩子，但见人已不羞缩，光明和轮廓都清新刻露，渐渐可烘衬夜景。小园草地里的小虫琐琐屑屑地在夜谈。不知哪里的蛙群齐心协力地干号，像声浪给火煮得发沸。几星萤火优游来去，不像飞行，像在厚密的空气里飘浮，月光不到的阴黑处，一点萤火忽明，像夏夜的一只微绿的小眼睛。

——钱钟书《围城》

桃树、杏树、梨树，你不让我，我不让你，都开满了花赶趟儿。红的像火，粉的像霞，白的像雪。花里带着甜味；闭了眼，树上仿佛已经满是桃儿、杏儿、梨儿。花下成千成百的蜜蜂嗡嗡地闹着，大小的蝴蝶飞来飞去。野花遍地是：杂样儿，有名字的，没名字的，散在草丛里，像眼睛，像星星，还眨呀眨的。

"吹面不寒杨柳风"，不错的，像母亲的手抚摸着你。风里带来些新翻的泥土的气息，混着青草味儿，还有各种花的香，都在微微润湿的空气里酝酿。鸟儿将窠巢安在繁花嫩叶当中，高兴起来了，呼朋引伴地卖弄清脆的喉咙，唱出宛转的曲子，与轻风流水应和着。牛背上牧童的短笛，这时候也成天在嘹亮地响。

——朱自清《春》

分点二：细节多观察，使记叙更生动

记叙性文章的扩写可以从情节、人物、场景三个角度开展。记叙文的情节、对话和场面描写，都有较大的扩展和发挥余地。最常见的扩写方法有两种：一是展开情节，充实原文内容；二是描绘形象，使文章具体生动。

我看见他戴着黑布小帽，穿着黑布大马褂，深青布棉袍，蹒跚地走到铁道边，慢慢探身下去，尚不大难。可是他穿过铁道，要爬上那边月台，就不容易了。他用两手攀着上面，两脚再向上缩；他肥胖的身子向左微倾，显出努力的样子。这时我看见他的背影，我的泪很快地流下来了。

——朱自清《背影》

分点三：方法巧运用，使说明更充实

扩写说明性语段，要围绕事物的特征或事理进行扩写，可以从以下三个方面入手：添加充实材料，运用说明方法，进行多元表达。

荔枝大小，通常是直径三四厘米，重十多克到二十多克。二十世纪六十年代，广东调查得知，有鹅蛋荔和丁香大荔，重达四五十克。还有四川合江产的"楠木叶"，《四川果树良种图谱》说它重十九克左右，《中国果树栽培学》则说大的重六十克。所谓"膜如紫绡"，是指壳内紧贴壳的内壁的白色薄膜。说它"如紫绡"，是把壳内壁的花纹误作膜的花纹了。明代徐勃有一首《咏荔枝膜》诗，描写吃荔枝时把壳和膜扔在地上，好似"盈盈荷瓣风前落，片片桃花雨后娇"，是夸张的说法。

——《南州六月荔枝丹》

分点四：恰当引论据，使论述更有力

议论文的扩写要围绕论述中心展开，论据的恰当引用给议论文的扩写提供了较大的扩展空间,同时恰当地引用添加论据,也可使论证更为有力。除此之外,利用新闻事件引出话题也可以成为扩写的一个角度。

　　从来文章都提倡简练,而繁冗拖沓为作文病忌。这诚然是不错的。然而,文章的繁简又不可单以文字的多寡论。言简意赅,是凝练、厚重;言简意少,却不过是平淡、单薄。"繁"呢,有时也自有它的好处:描摹物态,求其穷形尽相;刻画心理,能使细致入微。有时,真是非繁不足以达其妙处。这可称为以繁胜简。看文学大师们的创作,有时用简:惜墨如金,力求数字乃至一字传神。有时使繁:用墨如泼,汩汩滔滔,虽十、百、千字亦在所不惜。简笔与繁笔,各得其宜,各尽其妙。

　　一部《水浒传》,洋洋洒洒近百万言,作者却并不因为是写长篇就滥用笔墨。有时用笔极为简省,譬如"武松打虎"那一段,作者写景阳冈上的山神庙,着"破落"二字,便点染出大虫出没、人迹罕到景象。待武松走上冈子时,又这样写道:"回头看这日色时,渐渐地坠下去了。"真是令人毛骨悚然。难怪金圣叹读到这里,不由得写了这么一句:"我当此时,便没虎来也要大哭。"最出色的要数"林教头风雪山神庙",写那纷纷扬扬的漫天大雪,只一句:"那雪正下得紧。"一个"紧"字,境界全出,鲁迅先生赞扬它富有"神韵",当之无愧。

——《简笔与繁笔》

二、课前练笔

题目:

　　学习完本单元的诗歌,一名同学总结了自己对诗歌的认识,写了下面这句话。回顾阅读过的诗歌,从中选择几首作为例子,将这句话扩写成一段话,不少于300字。

　　诗歌是一种很特别的文学体裁,有三个突出特点:一是用意象来表达情感,二是语言凝练,三是讲究节奏和韵律。

思维建模:

　　1.写作时紧扣作文题中明确的诗歌的三个特点,调用知识储备,从所学诗歌中分别找出特征明显的典型作品加以分析。

　　2.挑选出恰当的例子后,可做一些分析,更加清楚、具体地表现对诗歌的认识。

3. 可以艾青《我爱这土地》为例,分析诗歌用意象来表达情感的特点。

4. 结合《风雨吟》,分析诗歌语言凝练的特点。

5. 可以《乡愁》为例,分析诗歌讲究节奏和韵律的特点。

片段展示:

诗歌是一种很特别的文学体裁,有三个突出特点:一是用意象来表达情感。如艾青的《我爱这土地》一诗中,诗歌的意象极具时代悲壮色彩,在"土地""河流""风""黎明"等意象中,我们可以品味出作者所经历的坎坷、辛酸以及对祖国、对人民、对土地深沉的爱。二是语言凝练。在芦荻的《风雨吟》中,首句运用"卷""奔"二字,写出风、雨的动态,描绘出风的呼啸奔腾和雨的滂沱而下,展示了席卷一切的气势;接下来"如海""如舟"的两个比喻,突出了狂风裹挟着暴雨造成的巨大的破坏力。三是讲究节奏和韵律。《乡愁》四个小节在字数、句式上基本一致,一气呵成,回环往复,似乎是情感的一唱三叹,余音缭绕。而无论是《你是人间的四月天》中押韵的"妍""圆""莲",还是《月夜》里排列整齐的"着"字句,都体现了诗歌独有的韵律和节奏感。

点评:

片段紧扣诗歌的三个特点,选取艾青《我爱这土地》一诗中有代表性的意象"土地""河流""风""黎明",来分析诗歌借用意象表达情感的特点;选取芦荻《风雨吟》中"卷""奔"等词的运用,分析诗歌语言凝练的特点;在分析诗歌讲究节奏和韵律这一特点时,恰当地选用余光中《乡愁》回环往复的结构、林徽因《你是人间的四月天》里整齐的韵脚,《月夜》中的"着"字句来进行分析,整个片段中选取的作品具有典型性与代表性。

三、课中练习

题目:

阅读下面的材料,将其扩写成一篇具体、生动的文章。题目自拟,不少于600字。

春秋时期,晋公子重耳和他的随从在逃难途中,经过卫国,卫文公没有以礼相待。他们从五鹿经过,向乡下人讨饭吃,乡下人给他们土块。重耳大怒,想要用鞭子打乡下人。狐偃劝他说:"这是上天赏赐的土地呀!"重耳于是磕头致谢,收下土块,装在车上。

思维建模：

1.首先，阅读所给材料后，仔细体会确定中心，围绕中心找准扩写的点。例如面对乡下人送的土块，虽然同样身处困境，但重耳和狐偃表现的不同态度则是他们面对困境不同心态的表现，狐偃在困境中看到希望，并以此改变了重耳的态度。找准扩写点后，设计好提纲。

2.扩写时注意发挥想象，可以通过增加必要的神态、语言、动作、心理及场面描写，使文章更生动。比如可以通过想象，描写乡下人对重耳一行人轻视的态度以及产生这一态度的原因；狐偃的劝说是重耳态度转变的关键。

3.同时要注意忠于原文。首先对人物性格特征的理解要贯穿于扩写文段之中，人物的语言、动作、心理等均要与人物性格特征相一致；其次，扩写时还需要把握好原文中的人称。

4.扩写后的情节尤其是一些细节要与原材料相统一，注意段落之间的过渡衔接，同时还要做到详略得当，切不可出现细枝末节大于故事主体的现象。

习作展示：

<h3 style="text-align:center">向土地跪拜</h3>

春秋时期，晋国的公子重耳仓皇出逃，途经卫国，卫文公看到重耳落魄的样子，对他们十分轻蔑，没有以应有的礼仪招待。他们只好拖着疲累的身体继续前行。

经过五鹿时，又累又饿的重耳想向乡下人讨点吃食。"大伯，行行好，你家里的吃食能给我们一些吗？"眼前是一个四五十岁的农民，黝黑而干瘦，身上穿着缀满补丁的粗布短衣。他看了看来讨饭吃的这群人。这一路的颠沛流离，让他们面容憔悴，嘴唇干裂，眼中也布满血丝，原本丰润的身材，稍显清瘦，尽管衣帽间藏污纳垢，但就材质和纹理来看，依然华贵无比。他不禁想到连年的战争、达官贵人的盘剥、沉重的赋税，他在生活的枷锁里努力挣扎，如今妻离子散，只剩自己在这乡下的茅屋中苟延残喘。呵，眼前这群落难的达官贵人，也知道饥饿的痛苦吗？就算自己饥饿了，他们也不会考虑百姓的死活，这一行几十人，他哪里有这么多吃食供给？他们大概都不知道粮食是怎么得来的吧！乡下人弯下身从地上拾起土块，直接递给重耳气愤地喊道："拿去，吃吧！"（外貌描写准确传神，同时进行了细腻的心理活动描写，交代了下文"愤怒"情绪产生的原因。）

饥饿难耐且近乎绝望的重耳怒气冲天，他举起鞭子要抽打农夫。狐偃见状,赶忙阻止了重耳。狐偃明白乡下人的苦衷,他也知道这次逃亡对重耳的意义,便说道:"这是上天赏赐的土地呀,说明我们复国在望。"重耳深感疑惑。狐偃径直走到这个乡下人的面前,向他致谢:"大伯,是咱们统治阶层不知道爱惜土地和百姓,才造成了今天这个局面。感谢您赐予土块,让我们明白这个道理。"狐偃的话就像一根根钢针直戳重耳的心脏。于是,他满脸羞愧地向这位农民深深地鞠了一躬,郑重地接过了土块。手捧着土块,重耳的眼前浮现出这样的画面:他已经结束了流亡生涯,在狐偃、赵衰等人的陪同下,返回晋国,面南即位,他成了威震一方的霸主!他脚踏着坚实的土地,他的臣民们跪伏着向他行叩拜礼……(抓住人物的神态、动作、语言进行扩充,生动展现人物的性格特征,使人物形象立体丰满。)

仔细审视着这块土块,重耳感受到了它的分量,不禁一下子跪伏在大地上,神态庄重地完成了对土地的跪拜!(重耳态度的转变,"跪伏"一动作,准确地突出了重耳对土地的敬重与敬畏。)

蓦然间,重耳仿佛浑身充满了力量,他将土地和土地上承载的一切放进心里,继续前行。

四、课后巩固

题目:

阅读下面的语段,深入思考,将其扩写成一篇议论性文章。题目自拟,不少于600字。

"苟有恒,何必三更眠五更起;最无益,莫过一日曝十日寒。"这是明代学者胡居仁撰写的对联,意在勉励自己:做事情贵在持之以恒。持之以恒,就要注重平日积累,而非临渴掘井。持之以恒,就要坚持不懈,而非一曝十寒。古今中外很多事例都告诉我们,做事情有恒心方能成功。我们在求学、成长的路途上,也应持之以恒。

思维建模:

1. 这个语段的主要观点是什么?

做事贵在持之以恒。

2. 可以按照什么样的结构来进行构思写作?

可以按照"总—分—总"的结构进行构思,先提出观点,再对两个分论点分别进行论证,最后得出结论。

3.围绕这个观点,可以从哪几个方面进行论述?

紧扣原文中"持之以恒,就要注重平日积累,而非临渴掘井""持之以恒,就要坚持不懈,而非一曝十寒"这两个方面来展开论述。

4.论述时可以扩充哪些内容?

首段提出观点时,可以在保留原文名人名言的基础上增添引用一些诗句加以论述引出观点,或引用一些新闻事件加以论述引出观点;在围绕分论点进行论证时,可选取搜集一些名人事例,加以道理论证。选取论据时,还可以考虑从正反两方面进行论据的搜集,通过对比论证,使论证更有说服力。尾段可加在原文基础上,联系自身生活体验,深入地探讨持之以恒对个人或国家的发展、前进的深刻作用。

写作训练:

(作文格)

五、写作评价

评价指标	评价方式	评价标准		
		是	一般	否
描写是否细腻传神	自评			
	互评			
	师评			
是否有情节的扩充,人物形象塑造是否生动形象	自评			
	互评			
	师评			
是否运用恰当的说明方法凸显事物特征	自评			
	互评			
	师评			
论证思路是否清晰,论据引用是否恰当	自评			
	互评			
	师评			

九年级下第二单元　审题立意

吉安市第十三中学　陈晓明

导语：

审题，就是了解题目的意义、范围和要求。审题的过程就是确定文章的体裁、题材、中心和写法的过程。

立意，就是确定文章的主题（中心思想、中心论点）。"意"就是作者思想感情和写作意图在文章里的集中体现。立意是否正确直接关系到作文的成败，立意是否新颖、高远、深刻是能否拉开作文档次的一个关键。

一、课前导学

（一）审题要审定什么

分点一：审定体裁

体裁不同，写法各异。审题的第一步要审定这个题目为哪种体裁。如果把记叙文写成议论文，或者把议论文写成记叙文，写得再好，也只是"下笔千言，离体（题）万里"，终究达不到及格线。那么，如何从题目中考虑并审定文章的体裁呢？

一般来说，题中有"谈""论""议""……的看法""……的启示""从……说起"这一类字眼的，都应写成议论文；题目中有"忆""记"等字眼的，大多是记叙文；有"颂""赞"等字眼的，应写成抒情散文。但有的题目没有明显的标志。如"上学路上"等。像这类题目，一是根据要求的内容去判定体裁，二是试着加"标志"。"上学路上"之类的题可加"记""忆"等，这类标志加上以后，题目的文体特征就显示出来了。如果有意识地对学生加强这方面的辅导，作文时，就不会因体裁不明而"跑偏"。

分点二：审定范围

在确定文章体裁的同时，要审定写作范围。有时题目对时间、空间、数量等，或写人记事，或说明抒情，都有明确的范围，弄错或弄混，都会使作文失分。

因此,审题时要反复推敲,确切掌握。如"初中生活二三事",这题就明确规定了时间:初中;内容:记事;数量:二三事。至于空间,题中没有规定,只要是发生在初中的事情,不论在学校、家庭或社会,都可以写。又如"当我走进考场的时候"这个题目,时间范围很小,只能写"走进考场"这段时间的所见所闻、所思所感。如果从领到准考证时写起到发通知书时止,显然超过了题目所要求的时间范围。

分点三:审定中心

有的题目中心鲜明突出。如"谈持之以恒"这个题目中"持之以恒"就是中心,如果动笔前对"持之以恒"二字审得好、领会得深,就能彰显一种对学习或事业的热爱。防止对"持之以恒"这一关键词一笔带过,而大谈学习或事业的重要性和必要性。

分点四:审定人称

文章采用第几人称,应因题目而定。一般记事写人的文章可以用第一人称("我""我们"),也可以用第三人称("他""他们")。散文一般用第一人称。总之,文章用什么样的人称是很讲究的。在一篇文章里,人称必须统一,这样才能避免混乱。

分点五:审定寓意

有些题目,不能仅仅从字面上去理解,要理解题目的言外之意。比如"路""蜡烛"这类题目,往往包含着引申、比喻或象征意义。如果审题时考虑到题目的寓意,就可以展开丰富的联想,运用发散性思维选材。比如"路"这个题目,它可以是走的路,也可以是攀登科学高峰的路,可以从一条具体的崎岖小路,拓宽、发展到公路、铁路,以此反映家乡在改革开放中的变化;也可以从无路到有路,暗示勇于开拓、勇于实践的重要性,阐明只要指导思想正确、方法对头、有决心、有毅力,事就能办好,路就能走通。

(二)立意的诀窍

分点一:立意的要求

正确:让读者受到教育或鼓舞。

明确:只有一个主题,中心突出。

深刻:有思想深度,能充分揭示事物的本质与规律。

新颖:新的观念或见解、新的思考角度,给人新的启迪、新的联想。

分点二：立意的方法

1. 以小见大，化大为小炼主旨

小处落笔，大处着眼，选用的是小事物，记叙的是小事情，描写的是小细节，剖析的是小现象，但所表现的是大主题，所阐发的是深刻道理。笔下处处是"小"，眼中时时是"大"。

空气中传着粽香，传着米香，传递着古老味、婆婆味和浓浓的情。"哎！表姐，帮我叫个比萨，要芝士味的！"表弟的这一声喊似乎把东西都打碎了，传着的东西似被断去，断得七零八落。"你这小子，有粽子呢！还吃那鬼东西。"外婆有点生气，我也有点不情愿，那以后的时间似乎再找不到先前的感觉。

粽子包好了，那天晚上就我一个人。爸妈仍在忙，我却陷入了深思……万物于传递绵延不已，而我呼唤着我们的文化，在骚体的诗赋之间，在五月，渴求那文明传承。

——《五月粽叶香传》

片段描写了家中的小细节——吃粽子，但从这件小事中表现了一个大主题——如何传承传统文化的问题。小事表现了大主题，以小见大。

2. 多维立意，纵向开掘求深刻

从多角度、多侧面、多空间思考，从而决定文章主旨。同一事物、同一材料，从不同的角度所做出的判断、所得出的主题不尽相同，要根据实际情况选择其一。

舍弃苦，才会获得甜。如咖啡，舍弃浓甜，获得醇香；如浓茶，舍弃苦涩，获得清香；如清水，舍弃浮躁，获得纯净……

物犹如此，人何以堪？

世界之大，生命之长，又有多少东西需要舍弃？世人追求的名利、金钱、地位，有何不能舍？舍弃这些喧闹，获得一片心灵的澄澈，何乐而不为？很多学生总在羡慕佼佼者的成绩，却不知他们背后的付出。与其羡慕其光艳，不如付出与他们同等的努力，或许付出之后，是一片阳光灿烂。舍弃贪玩，才有可能获得成绩；舍弃浪费，才会获得宝贵的时间。凡有所舍，必有所得，舍弃苦，才会获得甜。

——《舍》

《舍》注意了多维立意。有舍必有得，给人积极向上的动力，催人奋进，鼓舞人心。作者用诗意、凝练的语言,展示了舍弃的丰富内涵。

3. 变相立意,换种想法拓新路

变相立意,即不顺着题目中基本意义思考,而是从其他方向去思考问题,力求意料之外合情理、反弹琵琶显妙趣、平凡之中见新奇、新人新事出亮点,材料作文常需要变相立意。如逆向立意,从基本意义的对立面去思考确定中心或从其他角度多角度分析问题等。材料作文意义丰富,随着思考角度的变化,从中可以解读出不同的意义来。如课本上第一题"猫头鹰迁徙"的例子告诉人们:可用材料的基本义顺向立意,也可深入解析材料的其他意义,变相立意。

二、课前练笔

题目:

阅读下面的材料,在认真审题的基础上,列出两三个写作的主题。

匆匆赶路的猫头鹰遇到斑鸠,斑鸠问它:"你要到哪儿去?"猫头鹰回答:"我打算搬到东方去。"斑鸠不解地问:"为什么呢?"猫头鹰说:"这里的人都讨厌我的叫声。"斑鸠说:"你只要改变自己的叫声就可以了。如果不改变你的叫声,即使到了东方还是会惹人讨厌的。"

思维建模:

这个故事,我们在审题的时候,先要了解一下这个故事说了什么,可以思考如下问题:

1. 这则寓言讲了一个什么样的故事?本来的寓意是什么?
2. 可以从这个故事中悟出什么样的道理?
3. 还可以从哪些角度进行思考?
4. 换一种角度思考,你会有哪些新的发现?

片段展示:

改 变 自 己

猫头鹰因人厌恶自己的叫声而决定向东迁徙,认为换个环境也许境遇会好些。斑鸠却一针见血地说:"你只要改变自己的叫声就可以了。如果不改变你的叫声,即使到了东方,还是会惹人讨厌的。"诚然,在生活中,当我们有不足或缺点时,要善于改变自己。(精要引述材料,抓住要害,亮出观点,干脆利落。)

改变自己,从而完善自我,才能赢得他人的尊重。周处早年横行乡里,蛮横霸道,乡人对他恨之入骨,却敢怒而不敢言。他除了"三害"中的两害之后,被告知第三害就是他本人,于是他痛改前非,洗心革面,最终深受乡人爱戴。正是因为周处改变了自己,完善了自我,才使得境遇前后截然不同。(采用亮观点—典型事例论证—阐释深化等步骤,恰当举例,层层推进。)

身处困境时,需要审视自我。如果困境是由自身造成的,那么我们必须改变自己,而不是改变环境,这样我们才能真正地走出困境。(如果不能改变环境,就多找找自身原因,尝试改变自己,不失为走出困境的一个有效方法,紧扣论点,水到渠成。)

点评:

片段审题立意紧扣材料。作者开头在分析材料(猫头鹰的迁徙)的基础上引出论点——要"改变自己"。第二段,作者以周处为例,从正面论述改变自己才能赢得他人的尊重,摆事实,讲道理,精要阐述为什么要改变自己。结尾紧扣论点,行文自然,思路清晰。

三、课中练习

题目:

从上面"猫头鹰的迁徙"的材料列出的主题中选择一个,写一篇作文。自拟题目,不少于600字。

思维建模:

1. 写作前,如何认真审读材料?如何打开思路?
2. 如何与小组同学进行交流?
3. 面对同学的不同意见、合理建议,应该怎样应对、处理?
4. 如何选择一个有深度且相对新颖的主题进行构思?
5. 写作时如何扣紧题、立好意?
6. 在修改中如何对文章进行优化?

习作展示:

一事能狂便少年

李 娜

古来圣贤皆寂寞,唯有"勇"者留其名。大浪淘沙,历史的如椽大笔一次又一次写下了这样的真理:当一个人被所有人指责时,那么他不是叛逆就是先哲。

(巧改名句,突出"勇者"可嘉,不同凡响,势如破竹。)

所谓"存在便是合理",所谓"富贵不能淫,贫贱不能移,威武不能屈"。当众人都鄙弃我时,我也不能因此而改变自己的个性。因为,它是我存在的特质,也是我的立身之本。(把"个性特质"提升到"安身立命"的高度,名句印证,强化力量。)

其实猫头鹰没有必要为了逃避人们的恶骂而迁徙到其他地方。殊不知,正是因为它那独特的叫声才能证明它的身份——它是一只猫头鹰,而非叫声悦耳的百灵。

我有我的思想,我有发出我独特声音的权利,这不仅仅出于自信,更多的是源于对生命的热爱与尊重。自然界的生命千差万别,各有特色,这样才维持了生态的平衡与世界的多姿多彩。何况,一个经过千百年演化的生命岂能因他人的好恶而轻易更改其特质呢?更何况,发出众人所厌恶的声音的人并不意味着有过错,恰恰相反,他很有可能是先知先觉者。科学的先驱布鲁诺曾被当成"异教徒"而饱受摧残,最后甚至被烈火焚烧。然而,他至死都没有放弃或更改自己的"声音",他的学说在烈火中涅槃从而流传千古。

不仅是布鲁诺,还有哥白尼、伽利略等,他们为了坚持真理,敢于冒天下之大不韪,从不畏惧那些众口非议。时间终将证明一切,后人逐渐发现了这些站在历史浪尖上的巨人们是如此的卓尔不群。(反向思考,独辟蹊径,列举那些具有独特个性的名人事例,石破天惊,增强了文章的说服力。)

与这些人不同的是,有一些意志脆弱、轻而易举就改变信念的人终究会被历史的浪潮推到岸边。比如有的人为了曲意逢迎大众的口味而不惜改变自己,但当历史的潮流退去,他们也将如平沙般隐去。(从反面强调了不轻易改变自己的重要性,发人深省。)

我因我的存在而骄傲自豪,因为我是在为整个人类黎明的到来而热情讴歌。

点评:

文章构思新颖,采用逆向思维的手法,由猫头鹰叫联想到布鲁诺、哥白尼、伽利略等人的事例,阐明了"当众人都鄙弃我的声音时,我也不能因此而改变自己的个性"的观点,新颖独到,条理清晰,语言颇具个性色彩。

四、课后巩固

题目：

以"翻过那座山"为题，写一篇记叙性文章，不少于600字。

提示：

1."记叙性文章"，表明写作时要以记叙为主，综合运用其他表达方式。

2.要注意把握题目中的关键词，探究其含义。"山"指什么？"翻过"又意味着什么？放开思路，从多个角度思考。

3.根据你对题目含义的不同理解，拟出多个主题，筛选感受最深、比较新颖的主题构思成文。

思维建模：

1.写作本文，除了运用记叙外，还可以运用哪些表达方式？

还可以运用描写、议论、抒情等表达方式，写记叙文应根据表达需要，灵活运用多种表达方式，让文章更生动有趣、更富于文采、更具感染力。

2.文题中的关键词是什么？审题时如何抓住文题中的关键词？

在审题时要准确把握题目的中心词和修饰成分，读懂深层含义。"翻过那座山"的中心关键词是"翻过"和"山"，"山"的修饰成分是"那座"，而不是"那一座座"或"那些"，表示只能写一种山。

3.文题中"山"指什么？"翻过"又意味着什么？

"山"可以有多重比喻义，"山"既可以指有形的山，也可以指无形的山，从文题看，重点应放在无形的山上，如学习中的困难、性格上的缺陷、人生中的磨难等。"翻过"就意味着战胜或解除了"山"带来的巨大的阻挠、困惑，跨越了心中的障碍。

4.怎样打开思路，拟出多个思考方向？

文题提示要注意把握题中关键词，探究其意义，且从多个角度思考，列出多个主题，如多种多样的无形的"山"：学习中的障碍、困难；如思想上的偏见、困惑；人际交往中的胆怯、隔阂；自卑、自私、偏激等性格缺陷等。"翻过"意味着克服、战胜、超越等。选择一种含义立意。

5.这篇文章的写作重点在哪里？如何体现出来？

注意把"翻的过程"和"翻过后的心理体验"交代清楚，从而突出文章的重点。

写作训练：

（作文格）

五、写作评价

评价指标	评价方式	评价标准		
		是	一般	否
审题立意是否明确	自评			
	互评			
	师评			
审题立意是否深刻	自评			
	互评			
	师评			
审题立意是否新颖	自评			
	互评			
	师评			

九年级下第三单元　布局谋篇

吉安市第十三中学　颜　艳

导语：

要建一座高楼,第一步应该做什么？工人们按照什么来建？图纸,也就是设计图。作文也一样,需要讲究谋篇布局。

谋篇布局就是思考文章的整体架构,对文章的结构布局。谋篇布局的好处就是使所写的文章结构言之有序,脉络清晰,有章可循。

一、课前导学

分点一：一字（词）贯穿构思法

在研究高等动物的行为时,常常会发生一些趣事,不过逗笑的主角常常不是动物,而是观察者自己。他们在和有高度智慧的鸟或哺乳动物打交道的时候,常常需要不顾自己的尊严,所以,实在不能嗔怪有些外行人批评：研究动物行为的科学家实验的方法怪诞不经。

……………

这一次,却不那么简单了,等它好容易落到桌子上,才发现原来四周都是陌生的面孔,它想了一下,然后突然跳起来,像个直升机一样掠过桌面,一转身就不见了。碟子里面的糖粉经它这么一来,也跟着不见踪迹,桌子的四周却坐了七个涂满了糖粉的老太太,脸上像麻风病人一样白得像雪,每个人的眼睛都闭得好紧,实在是"美"极了！

——[奥]康拉德·劳伦兹《动物笑谈》

分点二：片段组合构思法

一切光,一切声音,到这时节已为黑夜所抚慰而安静了,只有水面上那一分红光与那一派声音。那种声音与光明,正为着水中的鱼与水面的渔人生存的搏战,已在这河面上存在了若干年,且将在接连而来的每个夜晚依然继续存在。我弄明白了,回到舱中以后,依然默听着那个单调的声音。我所看到的仿佛是一种原始人与自然战争的情景。那声音,那火光,都近于原始人类的战争,把我带回到四五千年那个"过去"时间里去。

——沈从文《鸭窠围的夜》

分点三:悬念设置构思法

到第六日,只见管营叫唤林冲到点视厅上,说道:"你来这里许多时,柴大官人面皮,不曾抬举得你。此间东门外十五里有座大军草料场,每月但是纳草纳料的,有些常例钱取觅,原是一个老军看管;如今我抬举你,去替那老军来守天王堂,你在那里闲几贯盘缠。你可和差拨便去那里交割。"林冲应道:"小人便去。"当时离了营中,径到李小二家,对他夫妻两个说道:"今日管营拨我去大军草料场管事,却如何?"李小二道:"这个差使又好似天王堂,那里收草料时,有些常例钱钞。往常不使钱时,不能够得这差使。"林冲道:"却不害我,倒与我好差使,正不知何意?"

——施耐庵《水浒传·林教头风雪山神庙》

分点四:纵横对比法

他正在厨房里,紫色的圆脸,头戴一顶小毡帽,颈上套一个明晃晃的银项圈,这可见他的父亲十分爱他,怕他死去,所以在神佛面前许下愿心,用圈子将他套住了。他见人很怕羞,只是不怕我,没有旁人的时候,便和我说话,于是不到半日,我们便熟识了。

…………

他身材增加了一倍;先前的紫色的圆脸,已经变作灰黄,而且加上了很深的皱纹;眼睛也像他父亲一样,周围都肿得通红,这我知道,在海边种地的人,终日吹着海风,大抵是这样的。他头上是一顶破毡帽,身上只一件极薄的棉衣,浑身瑟索着;手里提着一个纸包和一支长烟管,那手也不是我所记得的红活圆实的手,却又粗又笨而且开裂,像是松树皮了。

——鲁迅《故乡》

分点五:欲扬先抑构思法

花鸟草虫,凡是上得画的,那原物往往也叫人喜爱。蜜蜂是画家的爱物,我却总不大喜欢。说起来可笑,孩子时候,有一回上树掐海棠花,不想叫蜜蜂蜇了一下,痛得我差点儿跌下来……从化的荔枝树多得像汪洋大海,开花时节,满野嘤嘤嗡嗡,忙得那蜜蜂忘记早晚,有时趁着月色还采花酿蜜。荔枝蜜的特点是成色纯,养分大。住在温泉的人多半喜欢吃这种蜜,滋养精神。热心肠的同志为我也弄到两瓶。一开瓶子塞儿,就是那么一股甜香;调上半杯一喝,甜香里带着股清气,很有点鲜荔枝的味儿。喝着这样的好蜜,你会觉得生活都是甜的呢。

我不觉动了情,想去看看一向不大喜欢的蜜蜂。

——杨朔《荔枝蜜》

分点六:时空推(转)移法

君问归期未有期,巴山夜雨涨秋池。
何当共剪西窗烛,却话巴山夜雨时。

——李商隐《夜雨寄北》

二、课前练笔

题目:

古老的建筑、独特的物产、美丽的传说……这些都可能是你家乡的名片。试以"家乡的名片"为题,写一篇作文,不少于600字。

思维建模:

1. 审题立意。研读题目,抓住"家乡"一词确定写作对象;抓住"名片"一词确定写作范围。"名片"意为"交际时所用的向人介绍自己的长方形硬纸片,上面印着自己的姓名、职务、地址等",在"名片"前冠以"家乡"二字,即是向别人介绍自己家乡的特点。故在写作时应选择最能体现家乡特色的事物,来表达对家乡的热爱和赞美之情。

2. 选材。选材应围绕家乡最有特色的地方,可以选择家乡的自然景观、历史悠久的风俗传统、某些著名的人文建筑、某段著名的历史、某些著名的风味小吃、某些极具特色的非物质文化遗产……选材要丰富、真实、典型,能够表现中心思想。这道作文题适合写叙事散文、写景散文。

3. 提纲。列写提纲时,从所确定的文体出发,表现文体特点,切不可胡乱安排,写作时信马由缰,既偏离文章主题,又文体不清。写作时可采用比喻、拟人、排比等手法,使文章语言生动形象。

片段展示:

家乡的名片——煎饼

家乡的特产很多,但我最喜欢家乡的煎饼!(开篇点题,同时照应题目。)煎饼是沂蒙山人的主食,虽然现在大家生活条件好了,饭桌上多了白馒头、大米饭,但是沂蒙山人还是离不开煎饼,一日不吃想得慌。(一个"但是"转到沂蒙山人对煎饼的情有独钟上来。)煎饼,虽说是老百姓一日三餐的寻常饭食,可它松脆香甜,易食耐放,令很多文人墨客和达官显贵为之倾倒。如蒲松龄老先生就曾赞道:"圆如望月,大如铜钲,薄似剡溪之纸,色似黄鹤之翎。"一语道出煎饼薄如纸、色香味俱佳的特点。(引用蒲松龄对煎饼的描写,既写出了煎饼的特点,又增加了文学色彩。)每天早饭,半张煎饼卷上刚炒好的辣椒,再加一根油条,那味道真是又香又辣又爽口,就是拿"燕窝鱼翅"来,我也不跟你换呢!

点评:

作者在熟悉的范围内确定足以代表家乡特色的物产——煎饼,作为家乡的名片,立意符合要求。

三、课中练习

题目:

阅读下面的材料,从中选择你感触最深的一点,把你的故事或感悟写出来。自拟题目,自定文体,不少于600字。

孩子拿着橘子问:"妈妈,为什么吃橘子要剥皮呢?""那是橘子在告诉你,你想要得到的东西,不是伸手就能得到,而是要付出劳动的。""橘子里的果肉为什么是一瓣儿一瓣儿的呢?""那是橘子在告诉你,生活的甘甜和幸福,是用来慢慢享用的。它还告诉你,你手中的东西,不能独自享用,要懂得与别人分享。"

思维建模:

1.这是一道材料作文题,审题立意是写作的关键,立意一旦出现偏差,则全盘皆输。认真研读这则材料,抓住母亲的话,深悟母亲话中的内涵。

母亲话中的第一处关键语"你想要得到的东西……是要付出劳动的",它所表明的深意是:生活中只有付出了劳动,才会有所收获。

母亲话中的第二处关键语"生活的甘甜和幸福,是用来慢慢享用的",它所表明的深意是:要懂得珍惜和享受生活中的幸福和甜蜜。

母亲话中的第三处关键语"你手中的东西,不能独自享用,要懂得与别人分享",它所表明的深意是:和人相处,要懂得同别人分享自己的所有。

2.选择自己最有感悟的立意,围绕此立意确定文体并进行选材。

3.斟酌材料使用的先后与详略,列出写作提纲,并据此写作。

习作展示:

爱在橘子里

记忆中的红皮橘子,因为有爱的滋养,总是闪耀着灼灼的光华。从皮到心,那片赤诚,那种馨香,总是满满地占据着我的心房。(开篇点题,抒发情感。采用倒叙的方法设置悬念,激发读者的阅读兴趣。)

小时候,妈妈早早地离开了人世,爸爸长期在外打工,我和哥哥就成了留守儿童。我的邻居张奶奶,是孤寡老人,双脚残疾,行动不便。我们住在这贫穷的乡村里,就像亲人一样互相照顾着。(交代故事发生的背景,为人物描写蓄势。)

我上小学以后,张奶奶每天都拿一元钱,让我给她买橘子,就在学校对面的水果店里买。一元钱可以买到四个橘子。我买回来交到张奶奶手里,张奶奶不吃,也没叫我吃。那时我还是一个贪吃的小馋猫。

到了晚上,我和哥哥做完作业,张奶奶就把我和哥哥叫过去,坐在她的床前,拿出一个橘子剥开,分给我和哥哥。我伸手想接张奶奶的橘子,哥哥扯了扯我的衣服,叫我别接。张奶奶生气了,说橘子本来就是分着吃的,不分就不香了。哥哥将信将疑,我们伸手接过张奶奶分给我们的橘子。说来也怪,橘子的香气溢满了整个房间。虽然一人只两瓣,但光这香气,就让人满足了。(采用细节描写,刻画了哥哥懂事的形象,并使前后形成对比,突出了分享的魔力。)

这样的夜晚,张奶奶除了分橘子给我们吃,还讲诚实孩子的故事给我们听。在这充满爱心的夜晚,真是快乐。(以讲诚实的故事引出下文张奶奶教我做人要诚实。)

买橘子的时候,卖橘子的婆婆先是用秤称,时间久了,人也熟了,婆婆就不用秤了,让我自己选四个。有一次,婆婆多送给我一个。我拿回去,张奶奶问我是不是多拿了人家的橘子,我说是婆婆送的,张奶奶生气了,她说:"不是自己的劳动所得不能要。"

我记住了张奶奶的话,下一次买橘子的时候,我只要了三个,还了一个。(行为描写,写出我对诚实的理解。)

有一次，我问张奶奶为什么天天要我为她买橘子。张奶奶说："因为爱在橘子里呀！"我不明白，张奶奶解释说："我爱你呀，你如果不为我买橘子，我就看不到你啰。""我也是，帮你买橘子，就能天天跟你在一起了。"

后来，我们分吃橘子的时候，张奶奶指着橘子说："你们看，橘子分成一小瓣一小瓣的，就是告诉我们好东西要分着吃，大家共享。你们再看，从皮到心，都是红色，就是告诉我们，做人要诚实，表里如一。"

我明白了，张奶奶要我为她天天买橘子，除了能天天见到我，与我们分享吃橘子的快乐之外，还有教育我们怎样做人的良苦用心。（点出文章中心。）

张奶奶走了，但给张奶奶买橘子、分吃橘子的快乐却满满地占据着我的心，因为爱在橘子里。（篇末点题。）

点评：

这篇习作构思精巧。从主题上看，文章立意深刻，阐述了"学会分享，诚实做人，生活才会有更多的甜、更多的爱"的道理；从内容上看，内容丰富，作者选取了两个关于张奶奶通过买橘子、分橘子教育我分享与诚实的事例，使主题更全面；从布局谋篇上看，这篇文章在结构安排方面颇具匠心，采取了首尾呼应的结构方式使文章结构更严谨、层次更分明。

四、课后巩固

题目：

我们每天都在路上。生活路上有欢笑，学习路上有艰辛，交友路上有甘甜，追求路上有付出。在路上，我们有坚实的脚步，有丰富的体验，有无尽的期盼与思考。请以"在路上"为题，自定文体，写一篇作文，不少于600字。

思维建模：

1. 材料中列举了诸多"路"，这些路都是延伸出的"路"的象征义。

生活是一条路，在这条路上我们历经了喜怒哀乐；学习是一条路，在这条路上，我们虽有艰辛，但也有丰厚的收获；交友也是一条路，在这条路上，我们要付出真心、诚心才能结交挚友；追求是一条路，在这条路上，我们有无尽的期盼和思考。

2. 赋予"路"其他的象征义。

读书之路、进取之路、拼搏之路、成功之路、人生之路、治国之路、创建文明城市之路等。

3.确定立意,选择素材。

某一次出游、某一次比赛、某一场考试、某一个活动等,这些事例都可以体现"在路上"的丰富体验与无尽思考,可运用人物的语言、动作、神态、细节描写等手法。

4.梳理思路,列写提纲。

写作过程中一定注意紧扣题目"在路上",将内容和"路"结合起来,切不可顾此失彼,导致写作中不见"路"的踪影,文章跑题。

写作训练:

(作文格)

五、写作评价

评价指标	评价方式	评价标准		
		是	一般	否
人物特点是否清楚	自评			
	互评			
	师评			
详略安排是否得当	自评			
	互评			
	师评			
人物描写是否生动	自评			
	互评			
	师评			

九年级下第四单元　修改润色

吉安市第十三中学　颜　艳

导语：

好文章是改出来的。曹雪芹"披阅十载,增删五次",最后才完成文学巨著《红楼梦》；鲁迅创作散文《藤野先生》,先后改动九十多处才最终定稿；列夫·托尔斯泰写过一篇《为克莱塞尔乐章而作》的文章,全文只有五页,可手稿却有八百页；海明威《永别了,武器》的最后一页修改了三十多遍,《老人与海》的手稿读了近两百遍才拿出付印……今天,我们就来学习写作课《修改润色》,提高我们的写作水平。

一、课前导学

修改文章要兼顾"言"和"意"。言指言辞和表达；意指立意和思想内容。前面已经讲过"审题立意",这里着重讲"言"的修改。

分点一：达,即文从字顺

病文：在学习上她有一种不怕困难、坚持不泄的精神。每次做作业,她都是那样的认真,表现出一副胸有成竹的样子。有一次,一个问题也被她困扰住,她经过反复思考,冥思苦想,顺利地完成了作业,最终解决了困难。在我心目中,她是那种做什么事都是那样认真、那样直着。从她身上我明白了无论做什么事,只要用心去做、锲而不舍,就会克服困难的道理。

修改：(1)"泄"改"懈"；(2)"胸有成竹"改"一丝不苟"；(3)"一个问题也被她困扰住"改为"她被一个问题困扰住",或"一个问题把她困扰住"；(4)"她经过反复思考"的前面加"但是"等转折连词；(5)删掉"反复思考"或"冥思苦想"；(6)"顺利地完成了作业"和"最终解决了困难"调换位置；(7)"直"改"执"；(8)"那样执着"后加"的人"或"的学生"。

分点二:雅,即丰富生动

1.扩展情节

选文:今天夜里,家里人都出去了,留我一个人在家里看家,我非常害怕。直到妈妈回来了,我才松了一口气。

思维建模:你为什么害怕?你当时是怎么想的?你当时的反应如何?

修改:在一天夜里,我一个人在家里。天要下雨了,电闪雷鸣,我害怕极了。那雷声一阵接一阵,震耳欲聋,把窗子都震得哗哗作响。忽然,又一道电光闪过,妈呀,又要有一声惊雷了!我赶快捂住耳朵。尽管如此,雷声还是穿透我的手掌,震撼了我的鼓膜,就好像在我的头顶炸响了一样。我更加害怕了,飞快地钻入了被窝,用被子使劲地蒙着脑袋,心里不停地祈祷:爸爸妈妈,你们快回来吧!

2.片段分解

选文:小刚带着球,飞速冲向球门,猛地一脚,把球踢入网底。

思维建模:把这一进球过程分解为接球—带球—过人—射门—进球,再构思每个动作的具体情景,最后把这一连串的动作连接起来。

修改:小刚在中场用胸部熟练地接住同伴传来的球,习惯性地用大腿轻轻一颠,将球巧妙地挑过对方防守队员的头顶,以灵活的动作躲过后卫的拦截,又避开已经扑到跟前的守门员,一脚抽射——球进啦!

3.增添细节

选文:表弟在河里一上一下,我非常着急,伸手去拉他,可几次都没有成功。我更急了,一点办法也没有。这时,河对岸一个过路的老人冲我喊:"找根树枝让他抓住!"我照老人的话做了,终于把表弟拉上了岸。

思维建模:急的表现是什么?急的程度有什么不同?怎么会由"急"到"更急"的?怎么"拉"的?拉了几次?为什么不成功?树枝是哪里来的?我是怎样把表弟拉上岸的?

修改:表弟在小河里一上一下,我急得像热锅上的蚂蚁,慌忙伸手去拉。可我另一只手没有抓住东西,身子向前一冲,差点也掉进河里,好不容易才稳住身子。表弟在河里呛了几口水。我不敢耽误,蹲下身子,一手抓住河边的一棵小树,一手又伸向表弟,可他够不着,表弟害怕得哭了。我也害怕得眼泪直流,怎么办呢?

这时,河对岸一个过路的老人冲我喊:"找根树枝让他抓住!"真是一语惊醒梦中人。我抬头看去,河岸上有许多长长短短的树枝呢!我赶紧止住了哭,顺手捡了一根长一些的树枝,急忙伸向表弟。这下他够着了!我咬紧牙,一手抓牢小树,一手使劲拉树枝,终于把表弟拉上了岸。

4. 巧用修辞

选文:人的身体总是不停在运动着,偶尔也做短暂的停留。

思维建模:不停运动的身体像什么?运动的状态是怎样的?休息的时候又像什么呢?

修改:身体,是一艘没有航道的船,从生命诞生的那一刻起,就像天上的云一样飘着,像海中的鱼一样游着。从早到晚,从春天到冬天,我们的身体游走于大地,就像船在海洋里行进着,有时后退,有时打转,有时也停泊到一个码头,或进入港口休憩。

5. 时空顺序,感官角度

选文:这里的菊花色彩缤纷、姿态各异,真是令人眼花缭乱、目不暇接。

思维建模:描写菊花的姿态,可以依据一定的顺序,从上到下、从左到右,或从满园怒放到零零星星地开着……还可以从视觉、听觉、嗅觉、触觉等不同的方面进行描写,这样写出的菊花才会有声有色,让人欢喜。

修改:红的、黄的、紫的……这里的菊花不仅颜色各异,而且姿态万千——有的彬彬有礼,有的羞羞答答,有的倒挂枝头,有的昂首怒放。瞧!那一株像美丽的少女安详自若,那一株又像翩翩少年笑迎秋风……一阵微风吹来,芳香四溢,沁人心脾。

二、课前练笔

题目:

(一)阅读下面的短文,根据你的理解和感受,试着修改润色这篇习作。

寻 人 启 事

一节作文课上,老师一边讲寻人启事的要点,一边叫我们写一则寻找妈妈的寻人启事。

"最前面的是姓名和性别。"同学们快速地写下几个字。

"然后就是年龄。"我和大部分同学很快地写好了两个数字:有的同学想了几秒也很快写上了;还有的同学涂涂抹抹写了好几次也没写出准确的数来。

"写好了吗?再然后就是外貌特征。你们知道什么是外貌特征吗?""我妈妈有一颗痣!"一位同学说道。"很好,"老师说,"要写出具体的位置哦。"我们都努力地回想着。脸上好像有一颗痣,可我到底在哪儿呢?胳膊上应该有条疤,可是到底有没有啊?我胡乱编了几条特征写了上去。大部分同学则干脆空着不写。

"下面是很重要的一点——穿着。今天早上看到妈妈时,她穿着什么衣服呢?""我妈好像有一件紫色的上衣吧?""我记得她穿一条黑裤子,是今天吗?"……平时哪个同学的衣服好看,或是穿了双名牌鞋,大家很快就发现了;虽然没当面见过最喜欢的明星,但他在什么场合穿什么衣服,都一清二楚。然而早上刚送自己来上学的妈妈穿的是什么样子的衣服,大家却没有注意过。

最后,一则简单的寻人启事,竟没有一个人写完整。可当我回家后请妈妈写一则寻找我的寻人启事时,她却写得又迅速又具体。

思维建模:

1.增添人物语言、动作、心理等描写方法。同学们听完写作任务后的反应会是什么?对于老师的要求,彼此在底下会交流些什么?

2.增添拟人、比喻、排比等修辞手法,使文章句子更具体、更生动。

3.增添对比、衬托等表现手法,使"同学们"这一群体形象更为鲜明。

4.增加结尾。可以点明文章主旨,揭示同学们没有完成写作任务的最终原因在于对父母的忽视、不用心,呼吁大家从现在开始行动起来,给父母多一点关心多一点爱,让爱成为双向轨道,爱才能走得更远,从而达到升华主题的效果。

习作展示:

寻找妈妈的寻人启事

孙道荣

作文课上,老师教完了应用文写作后,当场给同学们布置了一个题目:假设自己的妈妈丢了,请每一个人写一则寻人启事。老师还给每个同学发了一份寻人启事样本,大家可以照葫芦画瓢,但是,里面的内容必须根据自己母亲的真实情况撰写。(丰富了具体的任务。)

同学们似乎还没有反应过来,自己的妈妈丢了,写一则寻人启事?面对着寻人启事样本,同学们一时都不知道该如何下笔。见同学们都没什么动静,老师说:"这样吧,我再讲一遍寻人启事的要点,大家一边听,一边写。首先,写下丢失人的姓名。"(添加了同学们面对这一任务的茫然,为下文不会写启事埋下伏笔。)

大家埋头在纸上写了自己妈妈的名字。

老师说:"性别。"

女。大家"唰唰"写下。("唰唰"一词写出了同学们写得很迅速,姓名、性别等常识人人皆知,与下文写母亲具体情况时的生疏形成鲜明对比。)

"丢失人年龄。"老师的话音刚落,教室里就炸开了锅。(比喻生动形象)有人说:"我妈好像42岁了吧。"有人说:"我妈妈从来没告诉过我她多大啊。"有人说:"我今年14岁,我妈妈该有三十八九岁了吧。"几十个同学,竟然没有一个人能够准确地说出自己妈妈的年龄。(写出了同学们对自己母亲的不了解。)

老师摇摇头:"年龄先空着吧。下面是最重要的部分,请写出丢失人的体貌特征。"

"我妈妈特别爱唠叨……""我妈妈很勤快,每天都要洗很多衣服,还要做饭、搞卫生……""我妈妈总是要管我,连电视都不让我看,说我浪费时间……""我妈妈最疼我了,有什么好吃的都留给我……"

大家七嘴八舌,似乎对自己的母亲很了解。(通过语言描写,写出了同学们说起母亲的性格特点时都非常熟悉。)老师打断了大家的话:"同学们说的,也许是你母亲的特点,但是,现在请大家写的是母亲的体貌特征,比如脸上有颗痣,手背上面有道伤疤,背有点驼什么的。"

同学们停止了议论,歪着脑袋(动作描写,呼应后文都"努力回想"。),努力回想着妈妈的形象。每天都见到的妈妈,到底有些什么体貌特征呢?脸上有没有长痣?好像是有的,但想不起来在哪了。妈妈干活时,经常会受伤,可是,哪儿留下过伤疤倒真的没注意过啊。妈妈的背这几年确实有点驼了,总是直不起来,可能是太累了的缘故吧?可是,好像每个人的母亲都是这样的啊,这也算是体貌特征吗?(心理描写,写出同学对自己母亲体貌特征的不熟悉,也暗示了孩子们对母亲缺乏关注。)

同学们勉强写下了几个特征,既像是自己母亲的,又似乎不太像。

老师说:"请同学们接着写,今天,妈妈穿的是什么衣服和鞋子。如果妈妈真的丢了,那么,最后离开家时穿的衣服,将是很重要的鉴别辨认依据。"

教室里再次炸开了锅。穿着干净漂亮衣服的同学们,叽叽喳喳地议论开了:哪个同学早上新穿了一双运动鞋,大家立即注意到了;最喜欢的那个电影明星,喜欢穿什么样式、什么牌子的衣服,大家总是一清二楚……(熟悉同学与明星的穿着,却记不起自己母亲的衣着,与下文形成鲜明的对比,再次反衬出同学们对母亲的漠视、不用心。)可是,早上和自己一起出门,甚至骑着车子将自己送到学校门口的妈妈,穿着什么颜色、什么样式的衣服,却真的没有留意,从来也没有留意。(对比,发人深省。)

作文课彻底失败了,一个简单的寻人启事,竟然没有一个同学写完整、准确。最后,老师面色凝重地对大家说:"不是寻人启事难写,是大家对自己的妈妈,根本就不关注、不了解啊。"(点明大家未能完成写作任务的原因。)

天底下的爸爸和妈妈,都是用心去看自己的孩子的,所以,孩子的每一个细小动作,都逃不过父母的眼睛。记住爸爸妈妈其实一点也不难,只要用心,就足够了。(点明中心。)

每个人的成长都不是一件理所当然的事情,可是,我们偏偏对精心呵护我们的父母视而不见:只看见了可口的饭菜,却不见忙碌在厨房的身影;只欣喜于获得的优异成绩,却忘记了深夜伴读的双眸;只盼望着自己的成长,却忽略了因操劳而佝偻的背影……(三个排比句从细节处有力地写出同学们平时对父母的忽视,让人不禁做出自我反省。)要到何时,我们才能有一颗心,用它看清父母的面容,记住父母的深情?让我们学会关爱他人,先从关爱自己的父母开始。(呼吁大家要用心去关爱自己的父母亲人,再次点明中心,升华主题。)

点评:

本文角度新颖、构思巧妙,借一则寻人启事的写作任务揭示出当今学生对自己父母的忽视与淡漠。作者采用大量语言、动作、心理等描写手法,形象地描绘了一群关心同学、关心明星却对自己父母知之甚少的失爱同学形象,以对比的手法使这群同学的形象更加突出鲜明,从而引发读者的自我反思。篇末升华主题,呼吁大家关爱父母,引起读者的共鸣。

三、课中练习

题目:

选一篇自己这学期写的作文,从"言"和"意"两个方面进行修改。

思维建模：

1.重读以前的作文，你可能在布局谋篇上会有一些更好的想法，不妨做一些修改。

2.可以尝试边朗读边修改。通过朗读，往往会更容易发现哪些地方顺畅，哪些地方拗口。也可以读给同学听，请他们提出修改建议。

3.修改之后与原稿进行对比，说说你修改的理由。

四、课后巩固

题目：

回顾自己以往的写作情况，如写了哪些文章，哪几篇写得好，哪几篇写得不好，好与不好的原因是什么，等等。以"谈谈我的写作"为题写一篇作文，不少于600字。

思维建模：

1.首先梳理自己写作的基本情况，用简洁的语言进行介绍。

2.总结写作中表现好的方面，想想不足的方面，提出改进的方法。围绕"言"与"意"两方面去思考。

3.写完后先放一段时间，再进行修改，看看除了字、词、句以外，立意、结构等方面是否还需要进一步调整、完善。

写作训练：

（作文格）

五、写作评价

评价指标	评价方式	评价标准		
		是	一般	否
人物特点是否清楚	自评			
	互评			
	师评			

续表

评价指标	评价方式	评价标准		
		是	一般	否
详略安排是否得当	自评			
	互评			
	师评			
人物描写是否生动	自评			
	互评			
	师评			

九年级下第五单元 有创意地表达

吉安市第十三中学 匡菊招

导语：

在人际交往中，说话者有创意地表达自己的意愿往往能让听者感觉耳目一新，说话人如果谈吐非凡，自然会给人留下深刻印象。同理，写作时有创意地表达也是文章抓人眼球的重要因素。那么，怎样做才能让表达富有创意呢？

一、课前导学

分点一：选材新颖别致，原料鲜活，可读性强

从大的方面说，要写社会生活中的新事物，特别是具有时代特点的事物，能让人感受到清新的时代气息；从小的方面说，要写属于自己的经历、体验、感受中那些富有个性的东西，这样文章才能够感染并打动读者。

我说道："爸爸，你走吧。"他往车外看了看，说："我买几个橘子去。你就在此地，不要走动。"我看那边月台的栅栏外有几个卖东西的等着顾客。走到那边月台，须穿过铁道，须跳下去又爬上去。父亲是一个胖子，走过去自然要费事些。我本来要去的，他不肯，只好让他去。我看见他戴着黑布小帽，穿着黑布大马褂，深青布棉袍，蹒跚地走到铁道边，慢慢探身下去，尚不大难。可是他穿过铁道，要爬上那边月台，就不容易了。他用两手攀着上面，两脚再向上缩；他肥胖的身子向左微倾，显出努力的样子。这时我看见他的背影，我的泪很快地流下来了。我赶紧拭干了泪。怕他看见，也怕别人看见。我再向外看时，他已抱了朱红的橘子往回走了。过铁道时，他先将橘子散放在地上，自己慢慢爬下，再抱起橘子走。到这边时，我赶紧去搀他。他和我走到车上，将橘子一股脑儿放在我的皮大衣上。于是扑扑衣上的泥土，心里很轻松似的。过一会儿说："我走了，到那边来信！"我望着他走出去。他走了几步，回过头看见我，说："进去吧，里边没人。"等他的背影混入来来往往的人里，再找不着了，我便进来坐下，我的眼泪又来了。

——朱自清《背影》

分点二：立意新颖脱俗，意蕴悠长，余音绕梁

立意新颖，这就要求避免思维定式，要深入发掘题目的内涵，变换不同的角度思考问题，甚至是反弹琵琶出新调。

唱彻阳关泪未干，功名余事且加餐。浮天水送无穷树，带雨云埋一半山。

今古恨，几千般，只应离合是悲欢？江头未是风波恶，别有人间行路难。

——辛弃疾《鹧鸪天》

分点三：角度新颖奇特，别开生面，气度不凡

我又化成了一滴水，和瀑布里另外的水大声喧哗着扑向山下。在高山上，我们沉默了那么久，终于可以敞开喉咙大声喧哗。一路上，经过了许多高大挺拔的树，名叫松与杉。还有更多的树开满鲜花，叫作杜鹃，叫作山茶。经过马帮来往的驿道，经过纳西族村庄里的人们，他们都在说：丽江坝，丽江坝。那真是一个山间美丽的大盆地。从玉龙雪山脚下，一直向南，铺展开去。视线尽头，几座小山前，人们正在建筑一座城。村庄里的木匠与石匠，正往那里出发。后来我知道，视野尽头的那些山叫作象山、狮子山，更远一点，叫作笔架山。后来，我知道，那时是明代，纳西族的首领木氏家族率领百姓筑起了名扬世界的四方街。四方街筑成后，一个名叫徐霞客的远游人来了，把玉龙雪山写进了书里，把丽江古城写进书里，让它们的名字四处流传。

——阿来《一滴水经过丽江》

分点四：语言新颖清丽，别具匠心，独树一帜

风暴终于姗姗地来了。我们怅然发现，所做的准备多半是没有用的。事先能够抵御的风险毕竟有限，世上无法预计的灾难却是无限的。战胜灾难靠的更多的是临门一脚，先前的惴惴不安帮不上忙。

当风暴的尾巴终于远去，我们守住零乱的家园。气还没有喘匀，新的提醒又智慧地响起来，我们又开始对未来充满恐惧的期待。

人生总是有灾难。其实大多数人早已练就了对灾难的从容，我们只是还没有学会灾难间隙的快活。我们太多注重了自己警觉苦难，我们太忽视提醒幸福。请从此注意幸福！幸福也需要提醒吗？

提醒注意跌倒……提醒注意路滑……提醒受骗上当……提醒荣辱不惊……先哲们提醒了我们一万零一次，却不提醒我们幸福。

——毕淑敏《提醒幸福》

分点五:形式新颖俊秀,万千姿态不落窠臼

文章的形式好比建筑物的外观,有新颖之处才会引人注目。变换文章形式也会给读者带来新鲜的阅读感受。

狭窄的座席之间,客人们一点一点地移动着身子坐下,有人还招呼着迟到的朋友。吃着面,喝着酒,互相夹着菜。有人到柜台里去帮忙,有人随意拉开冰箱拿来东西。什么廉价出售的生意啦,海水浴的艳闻逸事啦,什么添了孙子的事啦。十点半时,北海亭里的热闹气氛到达了顶点。

就在这时,店门被咯吱咯吱地拉开了。人们都向门口望去,屋子里突然静了下来。

两位西装笔挺、手臂上搭着大衣的青年走了进来。这时,大伙才都松了口气,随着轻轻的叹息声,店里又恢复了刚才的热闹。

"真不凑巧,店里已经坐满了。"老板娘面带歉意地说。

就在她拒绝两位青年的时候,一位身穿和服的妇人,深深低着头走了进来,站在两位青年的中间。

店里的人们,一下子都屏住了呼吸,耳朵也竖起来了。

"唔……三碗阳春面,可以吗?"穿和服的妇人平静地说。

听了这话,老板娘的脸色一下子变了。十几年前留在脑海中的母子三人的印象,和眼前这三人的形象重叠起来了。

老板娘指着三位来客,目光和正在柜台里找韭菜的丈夫的目光撞到一处。

"啊!啊……孩子他爹!"

面对不知所措的老板娘,青年中的一位开口了:

"我们就是14年前的大年夜,母子三人共吃一碗阳春面的顾客。那时,就是这一碗阳春面的鼓励,使我们三人同心合力,度过了艰难的岁月。这以后,我们搬到母亲的老家滋贺县去了。

"我今年通过了医生的国家考试,现在在京都的大学医院里当实习医生。明年四月,我将到札幌的综合医院工作。弟弟现在在京都银行里工作。我和弟弟商谈,计划了这生平第一次的奢侈的行动。就这样,今天我们母子三人,特意来拜访,想要麻烦你们烧三碗阳春面。"

边听边点头的老板夫妇,泪珠一串串地掉下来。

坐在靠近门口的蔬菜店老板,嘴里含着一口面听着,直到这时,才把面咽下去,站起身来。

"喂喂!老板娘,你呆站着干什么!这十年的每一个大年夜,你都为等待他们的到来而准备着,这十年后的预约席,不是吗?快!请他们上座,快!"

被蔬菜店老板用肩一撞,老板娘这才清醒过来。

"欢……欢迎,请,请坐……孩子他爹,二号桌阳春面三碗——"

"好咧——阳春面三碗——"可泪流满面的丈夫却应不出声来。

店里,突然爆发出一阵欢呼声和鼓掌声。

店外,刚才还在纷纷扬扬的飘着的雪,此刻也停了。皑皑白雪映着明净的窗子,那写着"北海亭"的布帘子,在正月的清风中,摇曳着,飘着……

——[日]栗良平《一碗阳春面》

分点六:表现手法新颖,珠圆玉润,回味无穷

忽一人大呼"火起",夫起大呼,妇亦起大呼。两儿齐哭。俄而百千人大呼,百千儿哭,百千犬吠。中间力拉崩倒之声,火爆声,呼呼风声,百千齐作;又夹百千求救声,曳屋许许声,抢夺声,泼水声。凡所应有,无所不有。虽人有百手,手有百指,不能指其一端;人有百口,口有百舌,不能名其一处也。于是宾客无不变色离席,奋袖出臂,两股战战,几欲先走。

忽然抚尺一下,群响毕绝。撤屏视之,一人、一桌、一椅、一扇、一抚尺而已。

——林嗣环《口技》

译文:

忽然有一个人大声呼叫:"起火啦!"丈夫起来大声呼叫,妇人也起来大声呼叫。两个小孩子一齐哭了起来。一会儿,有成百上千人大声呼叫,成百上千的小孩哭叫,成百上千条狗汪汪地叫。其中夹杂着噼里啪啦的声音、房屋倒塌的声音、烈火燃烧物品爆裂的声音、呼呼的风声,千百种声音一齐发出;又夹杂着成百上千人求救的声音、众人拉塌燃烧着的房屋时一齐用力的呼喊声、抢救东西的声音、救火的声音。凡是在这种情况下应该有的声音,没有一样是没有的。即使一个人有上百只手,每只手有上百个指头,也不能指明其中的任何一种声音;即使一个人有上百张嘴,每张嘴里有上百条舌头,也不能说清其中一个地方。在这种情况下,宾客们没有一个不变了脸色,离开席位,捋起衣袖,伸出手臂,两腿打着哆嗦,差一点争先恐后地跑了。

忽然醒木一拍,各种声响全部消失了。撤去屏风一看里面,只有一个人、一张桌子、一把椅子、一把扇子、一块醒木罢了。

有创意地表达应注意：一是要在题目要求的范围内进行；二是不能为求新而求新，弄巧成拙；三是立意要积极健康。

二、课前练笔

题目：

坐公交车上下学要在车站候车，会与形形色色的路人擦肩而过，人生的旅程中也会经历很多车站，请以"车站"为话题写一篇文章。

思维建模：

1. 就写实物的车站肯定是不容易下笔的，车站有什么更深层的含义？

2. 该选取什么材料来谋篇布局呢，什么材料能让写出来的文章新颖，能让读者有兴趣阅读？

3. 围绕车站表现什么样的主题，让文章的立意更深刻、更耐读，让读者有耳目一新之感呢？

4. 语言是要幽默风趣些还是要富有一定的哲理让读者常读常新？

5. 用什么新颖的形式？采用题记式，还是用日记形式，或是小标题的形式？

6. 用什么写作手法能让文章更出彩些，更有可读性？

片段展示：

车　　站

人生就像一场旅程，说短不短，说长不长。然而旅途中也少不了车站。它是起点，也是终点。在我看来，车站就像一块吸铁石，不管我们身在何方，总会回到人生的车站。（比喻句有哲理思辨色彩，耐人寻味，让读者咂摸出人生的理趣。）

母亲·车站

皎洁的月光下，一位年轻的母亲怀里依偎着一个孩子，聆听着秋风扫过树叶，聆听着蟋蟀的鸣声。（环境描写渲染了宁静和谐的氛围，在静谧中感受母亲的爱。）孩子与母亲一起仰望天空，看那星星调皮地眨眨眼睛，孩子也眨眨眼睛，问这年轻的母亲："妈妈，你会离开我吗？"看着孩子困惑的小脸，她慈祥地笑了，轻轻摸着孩子的头说："妈妈保证，永远不会离开你。"孩子听了，脸上露出了甜甜的笑。年轻的母亲也紧紧抱着孩子，仿佛抱着一件无价之宝。（人物动作描写，有力地刻画了母子情深。）

后来,孩子长大了,国家被外族侵略。年轻的孩子与母亲道别,毅然从军。孩子走后,母亲对着孩子的背影喃喃道:"孩子,去吧。但要记住,我们那时月夜的承诺,我永远不会离开你,我永远是你的车站,等着你回来。"(点题,比喻性的语句凸显主题。)

点评:

题目新:用了小标题的形式,把母亲写成了人生历程中的车站。

形式新:用小标题照应总标题,贯穿全文,结构严谨。

角度新:不是泛泛而谈平铺直叙他的一生,而是抓住有代表性的阶段表达感情的寄托。

立意新:写一个人丰富的情感,格调高、立意深。

语言新:形象细腻的环境描写,准确感人的人物刻画,用词恰当,生动有力。

三、课中练习

题目:

将所写的片段写完。题目自拟,不少于600字。

思维建模:

1. 车站有什么更深层的内涵?单纯地写车站肯定是很难下手的。

2. 围绕这个话题要表现出什么样的主题?怎么让主题更深刻些,让文章更有韵味?

3. 如何由车站这一具体的事物引申为更耐人寻味的深层内涵的事物?

4. 车站不是只经历一个,人生蜕变的旅程也不止一个里程碑,怎么找到实物的车站和人生经历的车站的衔接点?

5. 用什么形式使得文章的结构浑然一体?

6. 怎样组织好这些材料让文章更有力地表现主题?

7. 语言也要有点文采,甚至要有哲理思辨色彩,要能和主题相匹配。

四、课后巩固

题目:

根据所给的素材,尝试进行下面的练习,不少于600字。

秋天到了,一片片枯黄的树叶,渐渐落下。树下的女孩,捡起地上的落叶,透过阳光,细细地看着它的脉络,那里曾经有过生命的韵律。她不由地读出泰戈尔的诗句:"生如夏花之绚烂,死如秋叶之静美。"<u>风再次吹起,落叶已融入泥土中,那是生命的终结,更是生命的开始。</u>

练习:

1.如果用所给素材写一篇文章,请你为文章取一个新颖的题目。

如《秋叶·生命》《秋叶的回忆》。

2.如果是你写这篇文章,你会选择什么角度去阐述,来抓住读者的心?

运用第一人称,从一片叶子的角度去写从迷茫到重新认识自己生命价值的过程。

3.尝试修改画线句,让语言的表达有创意。(注意用词、修辞)

思维建模:

1.细读材料,从中提炼出什么样的信息,根据这些信息想表达什么主题?

可以是生命的轮回、无私的奉献精神、生命的接力、有限的生命里焕发出无限的光彩……

2.怎么去看待生命的终结?生命的意义是什么?

热情、乐观、坚强、豁达……这些词能传达出我们对生命的理解。

3.选取哪些素材去谋篇布局?怎么让文章更新颖?

可选用孔繁森的事迹、雷锋精神、保尔的故事等。

4.采用什么表现手法、什么形式来叙写文章?

可以采用对比、侧面烘托、欲扬先抑等。

5.语言表达上是有哲理思辨色彩,还是富有诗意?用散文体裁更好,还是用议论文体裁更好?

材料作文写散文更容易些。

写作训练:

(作文格)

五、写作评价

评价指标	评价方式	评价标准		
		是	一般	否
选取的材料是否新颖	自评			
	互评			
	师评			
文章主题是否新颖	自评			
	互评			
	师评			
人物描写是否生动	自评			
	互评			
	师评			

后　　记

　　本书既是初中生写作训练教材,也是普通高校汉语言文学专业(师范类)学生中学语文教学法类课程的辅助教材,目的是通过教材培养中学生写作素养,也为汉语言文学专业学生教育实习提供帮助。本教材由井冈山大学人文学院中文系组织策划,由广东省东莞市各中学、江西省吉安市各中学一线语文教师分工撰写。这些老师在中学语文一线从事教学工作多年,在各自领域都有所建树,其中不乏特级教师、中学语文名师,好几位老师是名师工作室的主持人,比如欧阳伟、陈晓明、朱宝琴等。特别是吉安市第十三中学的陈晓明老师,其所创办的"美丽新语文"工作室在语文界有着较大影响。

　　本团队针对当代中学生的特点,对中学语文教学内容、教学方法进行了多年研究。在教材编写任务下达后,他们很快就进入编选示例文章、撰写文本的实质性阶段。编委会召开了多次编写会议,听取了各方面的意见,统一编写原则、编写体例等。经过反复修改、打磨书稿,终于成了今天大家看到的样子。

　　本书充分借鉴、吸收了当前国内新出中学写作类教材的特色优点,在编写过程中,参阅了一些书刊和相关论著,选用了一些作家的作品,借鉴了一些专家、学者的观点,恕不一一注释,在此谨向原作者致以衷心的感谢! 同时,由于参编人数较多,时间紧迫,本书难免出现各篇质量参差不齐甚至疏漏等问题。在此,我们恳请一线教师、同行专家、各地中学生朋友,以及关心初中教育的社会有关人士,提出宝贵意见,我们将不断努力,加以改进。

　　本书由陈冬根博士负责统稿,由朱宝琴老师和欧阳伟老师分别负责江西省教师和广东省教师的编写和协调工作,龚奎林教授参与了教材的策划和审定。需要说明的是:本书为井冈山大学人文学院两项教改项目,即江西省基础教育研究项目一般课题《创意写作背景下初中语文精细化作文教学策略研究》(课题编号:SZUJGYW2021-1083,龚奎林主持)和江西省教学改革重点项目《应用转型背景下普通高校专业选修课程的成绩评定模式探索——以汉语言文学(师范)专业为例》(课题编号:JXJG-19-9-4,陈冬根主持)的阶段性成果。

最后,我们真诚感谢井冈山大学和江西高校出版社,感谢吉安市教体局和东莞市教体局,感谢井冈山大学人文学院刘晓鑫院长、康永书记等领导。同时,要感谢责任编辑吴笛老师付出的辛勤劳动。有了你们的支持,本书才得以顺利出版。

本书编委会

2022 年 5 月